U0145839

国土空间生态安全研究

谢花林　何亚芬　欧阳晓　著

科学出版社

北　京

内 容 简 介

国土空间生态安全研究面向区域生态安全，着眼于国土资源开发利用和国土空间配置的当下和未来。在当下，国土空间生态系统面临什么样的风险，哪些空间是维护区域生态安全的关键性空间，"三生"空间冲突对区域生态安全的影响是什么。在未来，如何解决"三生"冲突，优化国土空间格局；如何建立预警机制，提前预报国土空间开发可能对区域生态安全带来的威胁；如何模拟不同情景下国土空间生态安全格局，揭示不同政策执行下的国土空间格局调控效果。面对上述需求，本书着重从国土空间生态风险评估、国土空间生态红线识别、国土空间生态安全预警、国土空间生态安全调控和国土空间生态安全格局优化五个方面开展国土空间生态安全研究，引领高质量发展，构建生态保护大格局，促进人与自然和谐共生。

本书适合土地资源管理、地理学、环境管理、生态学和人口、资源与环境经济学等专业的本科生和研究生阅读，也可以作为政府工作人员参考用书。

图书在版编目（CIP）数据

国土空间生态安全研究 / 谢花林，何亚芬，欧阳晓著. —北京：科学出版社，2024.6

ISBN 978-7-03-077606-8

Ⅰ.①国… Ⅱ.①谢…②何…③欧… Ⅲ.①国土资源－生态安全－研究－中国 Ⅳ.①F129.9②X321.2

中国国家版本馆 CIP 数据核字（2024）第 017144 号

责任编辑：邓　娴 / 责任校对：姜丽策
责任印制：张　伟 / 封面设计：有道文化

科学出版社 出版
北京东黄城根北街 16 号
邮政编码：100717
http://www.sciencep.com

北京厚诚则铭印刷科技有限公司印刷
科学出版社发行　各地新华书店经销

*

2024 年 6 月第　一　版　开本：720 × 1000　1 / 16
2024 年 6 月第一次印刷　印张：15 1/2
字数：320 000

定价：**168.00 元**
（如有印装质量问题，我社负责调换）

作者简介

谢花林，1979年生，江西莲花县人，二级教授，博士生导师，国家高层次人才计划领军人才（2021年），自然资源部科技领军人才（2022年），全国文化名家暨"四个一批"人才（2021年），国家百千万人才工程人选（2017年），国家有突出贡献中青年专家（2017年），享受国务院政府特殊津贴（2016年），国家高层次人才计划青年拔尖人才（2015年）。在 *Land Use Policy*、*Land Degradation & Development*、*Landscape Ecology*、《地理学报》、《中国土地科学》、《自然资源学报》和《生态学报》等国内外权威学术刊物上发表学术论文200余篇，其中SCI/SSCI收录100余篇；出版学术著作20余部。获省部级一等奖1次、二等奖4次。主持国家社会科学基金重大项目和重点项目各1项，国家自然科学基金项目6项。主要研究方向：国土空间优化、土地利用、生态产品价值实现、自然资源管理。

何亚芬，1990年生，江西瑞昌市人，博士，副研究员，硕士生导师。在 *Land Use Policy*、*Land Degradation & Development*、*Journal of Cleaner Production* 和《生态学报》等国内外权威学术刊物上发表论文20余篇。主持国家自然科学基金项目2项、省部级项目6项。主要研究方向：国土空间优化、土地利用、土地资源经济。

欧阳晓，1990年生，湖南邵阳市人，博士，副教授，硕士生导师。在 *Habitat International*、*Land Use Policy*、*Journal of Environmental Management*、《地理学报》、《经济地理》和《生态学报》等国内外权威学术刊物上发表论文20余篇。主持国家自然科学基金项目1项，省部级项目4项。主要研究方向：国土空间演化对生态韧性的影响。

前　言

国土空间是一个复杂的地理社会空间，包括土地资源、水资源、矿产资源、海洋资源、生态资源、社会经济资源等不同客体，涉及国土自然环境、社会经济环境和心理文化环境。国土空间是国民生存的场所和环境，也是一切经济社会活动的载体。国土空间格局是特定时期和地域人地关系的集中体现。特定的人地关系决定了区域"经济-社会-生态"系统的运行状态和效率，塑造了不同国土空间格局和开发利用模式，进而决定了区域生态安全状态。尽管我国在21世纪以来取得了不菲的经济成绩，但与此同时，国土空间开发面临的资源浪费、环境污染、生态退化等问题却日益加剧。世界各国实践表明，上述问题发生的根源在于不符合生态规律的人类经济活动，通过改变国土资源利用方式、利用强度以及配置方式改变了生态系统结构，影响了生态系统的正常运行，导致生态系统服务功能的降低。换句话说，是不合理的国土资源利用和配置方式直接引发了生态安全危机。

国土空间是生态文明建设的载体，优化国土空间格局是生态文明和"美丽中国"建设的主要任务之一。因此，开展国土空间生态安全研究是一项功在当代、利在千秋的公益事业。2012年，党的十八大报告提出"大力推进生态文明建设""优化国土空间开发格局""构建科学合理的城市化格局、农业发展格局、生态安全格局"。[①]《中共中央关于全面深化改革若干重大问题的决定》重申"划定生产、生活、生态空间开发管制界限"。[②]党的十九大报告中指出"加大生态系统保护力度""优化生态安全屏障体系，构建生态廊道和生物多样性保护网络，提升生态系统质量和稳定性。完成生态保护红线、永久基本农田、城镇开发边界三条控制线划定工作""构建国土空间开发保护制度"。[③]2019年党中央、国务院正式印发的16号文件《关于建立国土空间规划体系并监督实施的若干意见》明确提出，建立国土空间规划体系并监督实施，将主体功能区规划、土地利用规划、城乡规划等

---

① 《胡锦涛在中国共产党第十八次全国代表大会上的报告》，https://www.gov.cn/ldhd/2012-11/17/content_2268826.htm。

② 《中共中央关于全面深化改革若干重大问题的决定》，http://www.npc.gov.cn/zgrdw/npc/xinzhuanti/xxgcsbjszqhjs/2013-11/27/content_1814720.htm。

③ 《习近平：决胜全面建成小康社会 夺取新时代中国特色社会主义伟大胜利》，https://www.moj.gov.cn/pub/sfbgw/gwxw/ttxg/201710/t20171030_164973.html。

空间规划融合为统一的国土空间规划，实现"多规合一"。[①]党的十九届四中全会指出，坚持和完善生态文明制度体系，促进人与自然和谐共生，加快建立健全国土空间规划和用途统筹协调管控制度，统筹划定落实生态保护红线、永久基本农田、城镇开发边界等空间管控边界以及各类海域保护线。[②]十九届五中全会提出构建高质量发展的国土空间布局和支撑体系，优化国土空间布局。[③]"生态文明建设实现新进步。国土空间开发保护格局得到优化"写进我国第十四个五年规划。[④]党的二十大报告中指出以国家重点生态功能区、生态保护红线、自然保护地等为重点，加快实施重要生态系统保护和修复重大工程。[⑤]习近平总书记也指出："生态环境是关系党的使命宗旨的重大政治问题，也是关系民生的重大社会问题。"[⑥]要建立健全以生态系统良性循环和环境风险有效防控为重点的生态安全体系，实施主体功能区战略，划定并严守生态保护红线，实施重大生态修复工程，构建科学合理的生态安全格局，筑牢国家生态安全屏障。

可见，国土空间生态安全研究在维护区域生态安全、实现生态文明建设中的重要作用。国土空间生态安全研究面向区域生态安全，着眼于国土资源开发利用和国土空间配置的当下和未来。当前国土空间生态安全领域的重要研究问题包括：在当下，国土资源的不合理开发利用以及国土空间的错配，给生态系统尤其是土地生态系统带来了什么样的风险，如何评估这些风险；在当下，哪些空间是维护区域生态安全的关键性空间，从底线思维出发，如何划定维护区域国土空间生态安全的保护红线；在当下，城镇建设空间、农业生产空间是否与生态保护红线空间存在冲突，存在的空间冲突对区域生态安全的影响是什么。国土空间生态安全研究的最终目的是引领高质量发展，构建生态保护大格局，促进人与自然和谐共生。因此，在未来，面对城镇建设空间、农业生产空间与生态保护红线空间之间的冲突，如何优化国土空间格局；在未来，面对建设空间和农业生产空间的开发需求，如何建立国土空间生态安全预警机制，提前预报城镇建设空间扩张和农业生产空间开发可能对区域生态安全带来的威胁；在未来，权衡粮食安全、经济发展和生态安全三者之间的关系

---

① 《中共中央 国务院关于建立国土空间规划体系并监督实施的若干意见》，https://www.gov.cn/gongbao/content/2019/content_5397679.htm?eqid=e8f9877000009f0300000002645a6373。

② 《中共中央关于坚持和完善中国特色社会主义制度 推进国家治理体系和治理能力现代化若干重大问题的决定》，https://www.gov.cn/zhengce/2019-11/05/content_5449023.htm?eqid=b1eba68e0005979e00000006646ac4e8。

③ 《中国共产党第十九届五中全会公报》，https://www.nia.gov.cn/n794014/n1050181/n1050479/c1361877/content.html?ivk_sa=1024320u。

④ 《中华人民共和国国民经济和社会发展第十四个五年规划和 2035 年远景目标纲要》，https://www.gov.cn/xinwen/2021-03/13/content_5592681.htm?webid=1。

⑤ 《习近平：高举中国特色社会主义伟大旗帜 为全面建设社会主义现代化国家而团结奋斗》的报告，https://www.gov.cn/xinwen/2022-10/25/content_5721685.htm。

⑥ 《人民日报整版阐释：人与自然和谐共生的现代化》，http://politics.people.com.cn/n1/2021/0423/c1001-32085438.html。

将成为重要的政策目标，因此，如何模拟不同情景下国土空间生态安全格局，并揭示不同政策执行下的国土空间格局调控效果。

基于上述思路和思考，本书着重从国土空间生态风险评估、生态保护红线空间识别、国土空间生态安全预警、国土空间生态安全调控和国土空间格局优化五个方面开展国土空间生态安全研究。构建生态良好的国土空间安全格局，保障国家生态安全已经上升为国家重要战略之一，为我国国土空间规划、国土资源利用管理尤其是土地利用管理的理论研究与区域实践指明了方向。国土空间生态风险评估，有利于及时发现国土资源利用和国土空间配置带来的生态环境问题，为及早解决这些问题打下基础。生态保护红线空间识别，有利于提高国土资源利用者的生态安全认知，保障和维护国家生态安全的底线和生命线。国土空间生态安全预警机制的构建，有利于提前防范不安全的国土空间利用行为，引导国土资源有序开发和利用，从而真正实现国土空间生态安全的维护。国土空间生态安全调控，能够比较不同情景下的关键性生态用地的损失量和空间形态，揭示不同政策执行下国土空间格局调控效果，为区域国土空间生态安全格局的构建以及可持续发展提供决策依据。国土空间生态安全格局优化在识别空间冲突的基础上模拟不同生态安全水平下的国土空间格局，为国土空间冲突缓解提供了方向。因此，开展国土空间生态安全研究，可以有效防止土地退化和改善区域生态环境质量，同时对于优化国土空间格局，提升区域生态文明建设水平，为人民提供更多生态福祉，具有十分重大的现实意义。

本书以南方典型山区县A县和典型X城市群为案例，借助景观生态学理论，利用遥感（remote sensing，RS）和地理信息系统（geographic information system，GIS）技术、空间统计学和元胞自动机（cellular automata，CA）建模等方法，在梳理国土空间生态安全领域国内外研究进展的基础上，测度国土空间生态风险程度及其时空演变规律，基于GIS平台从重要性生态空间和敏感性生态空间识别的角度识别区域生态保护红线空间和划定区域生态安全格局，基于蚁群算法对现行乡村聚落空间进行优化，建立CA模型对区域未来不同政策情景下国土空间生态安全格局进行模拟，揭示不同政策执行下的国土空间格局调控效果，构建国土空间生态安全预警机制，提前预报城镇建设空间扩张和农业生产空间开发可能对区域生态安全带来的威胁。

本书共10章，各章节的主要内容如下。

第1章首先介绍本书的研究背景与研究意义，在此基础上阐述本书的研究目的和研究内容、研究思路和技术路线。

第2章从国土空间生态风险评估、国土空间生态保护红线识别、国土空间生态韧性、国土空间生态安全预警以及国土生态安全格局优化五个方面对国内外相关研究进行梳理。

第 3 章探讨国土空间生态安全的理论基础，具体包括土地利用行为理论、生态环境预警理论、国土空间优化理论、土地利用生态安全理论、景观生态安全格局理论、人地关系协调理论等。

第 4 章梳理国土空间生态安全研究领域常用的研究方法，具体包括景观格局分析法、空间统计学方法、系统动力学（system dynimics，SD）方法、多目标求解法、神经网络算法以及复杂系统模拟方法等。

第 5 章以南方 A 县和 X 城市群为案例区，开展基于景观结构的国土空间生态风险评估研究，探究区域国土空间生态风险特征及其时空演变。

第 6 章基于 GIS 技术划定南方 A 县国土空间生态保护红线。形成区域国土空间生态安全格局。

第 7 章构建区域国土空间生态安全预警机制。预报 A 县未来发展可能存在的国土空间生态安全警情，并针对不同警情提出相应的防范策略。并选用 SD 模型对 X 城市群国土空间规模的非线性规则进行仿真预测。

第 8 章调控模拟区域国土空间生态安全格局。并运用人工神经网络揭示不同情景下国土空间的生态效益和经济效益。

第 9 章面向生态安全的区域国土空间格局优化，基于蚁群算法模拟不同生态安全约束条件下的乡村聚落空间优化格局。

第 10 章为国土空间生态安全格局构建的对策启示。具体包括实施国土空间生态安全的分区管制、建立国土空间生态安全的预警机制、创新国土空间生态安全的补偿机制和完善国土空间生态安全的公众参与机制四个方面。

由于国土空间生态安全研究本身较为复杂，涉及众多学科的理论和方法，本书所涉及的研究内容仅仅是对国土空间生态安全研究的粗浅层面。特别是其理论和方法还不成熟，再加上作者能力有限，书中不免有欠妥之处，恳请读者不吝斧正。

本书是在国家自然科学基金青年项目"交易成本对农户耕地利用绿色转型的作用机制与策略优化研究"（42301311）等项目资助下的部分研究成果基础上整理而成。国土空间生态安全研究涉及的领域较广，是一项复杂的系统工程，本书引用了大量的相关文献，在此对相关文献的作者表示诚挚的谢意。

江西财经大学应用经济学院（数字经济学院）朱振宏、成皓、盛美琪、李哲、邹品健、潘依玲等参与了本书部分工作的研究，同时亓有敏、潘依玲、邹品健、成皓、盛美琪、冷克诚、罗世龙、谢尊严、周荧、曹威、曾鸿琛和吴曼玉参与了书稿的校对工作，在此对他们表示衷心的感谢。

目　　录

第1章 绪 论

1.1 研 究 背 景

生态空间是指国土空间生态基质、生态斑块、生态廊道、生态节点等生态功能区的空间组合及其发展变化状况，是影响国土空间生态安全的一个关键因素。数十年来，人类活动正在以不可持续的方式破坏和退化地球土地。人类对土地生态安全的片面认识，导致人类对国土空间进行了前所未有的改造，如砍伐森林、开垦草地，将生态空间转为建设空间，片面地追求生产空间和生活空间的扩大，而忽视了生态空间提供的调节功能、文化功能和支持功能。更有甚者，将生态空间视为取之不尽、用之不竭的"聚宝盆"，对自然资源采取掠夺式的开发利用，造成了水土流失、荒漠化、盐渍化等各种国土资源退化问题，对人类生存环境产生不利影响，严重威胁到国土空间的生态安全。

中国的国土空间利用问题比西方发达国家所经历和面临的更严峻和突出，这与中国在短短 50 年内完成工业化初级阶段的进程、中国国土本身的特点及中国人多地少的国情有很大的关系，特别是进入 21 世纪以来，随着中国广大中西部地区城市化、工业化进一步加深，国土开发利用强度进一步升级，以耕地、湿地、林地等生态空间为代表的绿地大范围减少和建设用地、城镇空间的无序扩张形成了鲜明对比。

森林、草地和湿地是重要的生态用地，但过去几十年它们遭遇了较为严重的破坏，主要表现以下几个方面。一是过度砍伐森林造成了严重的水土流失。依据 2021 年《中国水土保持公报》，2021 年全国共有水土流失面积 $267.42×10^4 km^2$，合 40.113 亿亩①，属于世界水土流失十分严重的国家之一。1997 年的严重旱灾和 1998 年的长江流域洪水之后，我国制定和实施了大规模的天然林保护工程（Natural Forest protection project，NEPP）和退耕还林工程（Grain for Green Program，GGP）等植被恢复措施。天然林保护工程通过禁止伐木和植树造林来保护天然林，而退耕还林工程通过向农民提供粮食和现金补贴，将陡坡上的农田转变为森林和草地。虽然天然林保护工程和退耕还林工程都通过控制水土流失增加了植被覆盖，但全国森林覆盖率仅为 22.96%（据第九次全国森林资源清查），远

---

① 1 亩≈666.67 平方米。

低于全球 31%的平均水平。二是过度开垦草地及放牧造成了严重的草原退化。据原农业部发布的《2016 年全国草原监测报告》，我国草原牲畜超载仍较为普遍，全国有 1/3 左右的草原面临中度和重度退化威胁，土地沙漠化形势严峻。三是围垦湿地滩涂造成湿地面积大量减少，据第三次全国国土调查及 2020 年度国土变更调查结果，全国湿地总面积 5634.93×10^4hm²，湿地面积占国土面积的比率仅为 5.87%。与第一次调查同口径比较，湿地面积减少了 64.89×10^4hm²。综上，国土资源尤其是生态用地资源不合理利用对人类福祉造成的损失依然在不断增加，今后如果不彻底扭转人类对国土资源的过度利用和国土空间的不合理配置，我国国土空间生态安全所受到的压力仍将继续增加。

国土空间格局是特定时期和地域人地关系的集中体现。特定的人地关系决定了区域"经济-社会-生态"系统的运行状态和效率，塑造了不同的国土空间格局和开发利用模式，进而决定了区域生态安全状态。尽管我国在 21 世纪以来取得了突出的经济成绩，但与此同时，国土空间开发面临的资源浪费、环境污染、生态退化等问题却日益加剧。上述问题发生的根源在于不符合生态规律的人类经济活动通过改变国土资源利用方式、利用强度以及配置方式改变了生态系统结构，影响生态系统的正常运行，导致生态系统服务功能的降低。换句话说，是不合理的国土资源利用和配置方式直接引发了土地生态安全危机。

鉴于国土空间生态安全研究在维护区域土地生态安全、实现生态文明建设中的重要作用，本书以南方典型的山区县 A 县和典型的 X 城市群为案例，借助景观生态学理论，利用 RS 和 GIS、空间统计学和 CA 建模等方法，在梳理国土空间生态安全领域国内外研究进展的基础上，测度国土空间生态风险程度及其时空演变规律，基于 GIS 平台从重要性生态空间和敏感性生态空间识别的角度识别区域生态保护红线空间，基于蚁群算法对现行乡村聚落空间进行优化，建立 CA 模型对区域未来不同政策情景下国土空间生态安全进行调控模拟，构建国土空间生态安全预警机制，提前预报城镇建设空间扩张和农业生产空间开发可能对区域生态安全带来的威胁。

1.2　研究意义

1.2.1　理论意义

（1）本书以区域国土空间为研究对象，聚焦国土空间当下面临的生态风险和存在的冲突，以实现区域国土空间生态安全为目标，在识别区域生态保护红线空间的基础上，开展面向生态安全的国土空间格局优化、国土空间生态安全预警以及国土空间生态安全调控研究，丰富了面向生态安全的国土空间规划研究内容。

（2）基于景观格局-过程理论，本书构建了从国土空间生态风险评估→国土空间生态保护红线划定→国土空间生态冲突识别→国土空间生态安全预警→国土空间生态安全调控→国土空间生态安全格局优化的国土空间生态安全研究框架，进一步完善了国土空间规划理论和景观生态安全理论，并丰富了景观生态安全理论在国土空间格局优化中的应用。

1.2.2　实践意义

生态安全已逐渐成为区域可持续发展关注的焦点，而研究包括国土空间生态安全预警、国土空间生态安全调控和国土空间生态安全优化在内的区域国土空间生态安全格局优化问题，对于区域高质量发展具有以下重要的实践意义。

（1）有利于科学、合理地规划和管理国土空间，缓解区域城镇空间与粮食安全、生态安全及经济增长压力之间的矛盾。有利于促进区域国土资源的充分合理利用，保障粮食安全，优化区域农业产业的要素配置和统筹规划。

（2）有利于保护区域关键性生态空间，通过栅格尺度上生态保护红线空间的识别，改善生态环境，保障区域重要生态系统服务功能的稳定发挥和国土资源的可持续利用，实现国土空间生态安全目标。

（3）通过系统地评估区域生态风险，识别生态保护红线空间，构建国土空间生态安全预警机制，模拟不同情景下的国土空间生态安全调控策略以及优化区域国土空间生态安全格局，为区域建立全面、系统的国土空间生态安全保障体系提供框架、技术和案例支撑，有利于区域构建科学、合理的生态安全格局，筑牢生态安全屏障。

1.3　研究目的和研究内容

1.3.1　研究目的

（1）通过系统地探讨区域国土空间生态安全研究的理论体系和主要分析方法，为区域开展面向生态安全的国土空间格局优化工作提供理论和技术支持。

（2）通过案例研究，分析区域国土空间面临的生态风险，探讨区域生态景观结构和动态特征的演变规律，识别区域生态重要性空间和关键性生态空间，在此基础上开展国土空间生态安全预警机制构建、国土空间生态安全调控和国土空间生态安全格局优化等国土空间生态安全格局构建工作，验证研究方法和研究思路的可行性，为其他地区开展国土空间生态安全格局构建工作提供案例支撑和经验借鉴。

（3）为区域国土空间生态安全保障机制设计和制定提供理论依据，促进区域人类-社会-经济-生态环境的协调发展。

1.3.2 研究内容

（1）基于景观结构和生态系统服务的国土空间生态风险评估研究。具体地，在基本判别指标的基础上，构建干扰度指数和景观脆弱度指数，建立景观格局指数与国土空间生态风险之间的定量化表达，借助空间统计学空间化变量的方法探究区域国土空间生态风险特征，构建生态系统服务指数和生态系统健康指数，对 X 城市群展开生态风险评价，并对风险程度进行分类。

（2）基于 GIS 的区域国土空间生态保护红线识别研究。具体地，基于区域（南方 A 县）生态安全面临的主要威胁，选取水源涵养、生物多样性保护、水土保持等生态重要性因子和地质灾害敏感性、洪涝敏感性等生态敏感性因子作为区域生态保护红线空间识别的主要评价因子，在分别识别区域重要生态功能区和生态敏感区的基础上，形成区域生态保护红线空间。同时，在明确区域生态系统服务供需空间格局的基础上，利用最小累积阻力（minimal cumulative resistance，MCR）模型划定 X 城市群生态安全格局。

（3）区域国土空间生态安全预警机制构建研究。在区域生态保护红线空间识别的基础上，运用 CA 模型模拟南方 A 县在自然发展情景下的国土空间格局，通过将模拟预测的国土空间格局与区域生态保护红线空间进行叠加分析，预报区域未来发展可能存在的国土空间生态安全警情。同时，构建土地保障系数和生态影响系数，运用 SD 模型预测 X 城市群不同情景下的国土空间规模。

（4）区域国土空间生态安全调控研究。具体地，在区域生态保护红线空间识别的基础上，综合考虑粮食安全和未来经济发展对城镇建设空间的用地需求，设置底线安全、满意安全、理想安全三种情景，构建国土空间格局演化的 CA 模型模拟不同安全情景下的关键性生态空间的损失量和空间形态等，揭示不同政策情景下的国土空间调控效果。同时，从城市开发和生态保护二元空间视角，运用人工神经网络（artificial neural network，ANN）耦合和 CA 模型提出 X 城市群国土空间模拟模型，揭示不同情景下国土空间的生态效益和经济效益。

（5）基于蚁群算法的区域国土生态安全格局优化研究。具体地，在区域生态保护红线空间识别的基础上，识别区域现状乡村聚落空间与生态保护红线空间的冲突，基于蚁群算法模拟不同安全约束条件下的乡村聚落空间优化格局。

（6）国土空间生态安全格局构建的对策启示。具体包括实施国土空间生态安全的分区管制、建立国土空间生态安全的预警机制、创新国土空间生态安全的补偿机制和完善国土空间生态安全的参与机制四个方面。

1.4　研究思路和技术路线

本书在充分结合土地科学、地理学和生态学理论最新成果和发展动态的基础上，力求站在国土空间生态安全研究理论和实践的前沿，探讨区域国土空间生态安全格局构建问题。本书运用景观格局分析法、空间统计学方法、模型模拟法、情景分析方法等开展了区域国土空间生态风险评估、生态保护红线空间与生态安全格局划定、国土空间生态安全预警机制构建、国土空间生态安全调控模拟和国土空间生态安全格局优化研究，技术路线如图 1-1 所示。

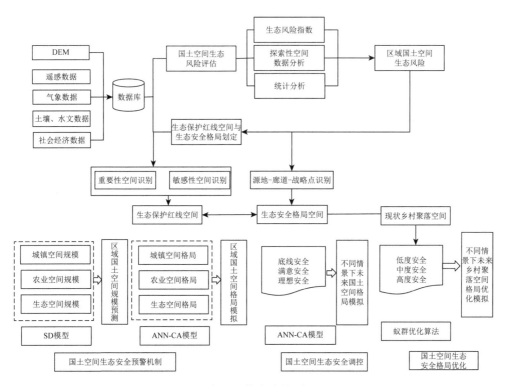

图 1-1　技术路线图

DEM（digital elevation model，数字高程模型）；ANN-CA，应用人工神经网络耦合元胞自动机模型

第2章 国内外相关研究综述

2.1 国土空间生态风险评估研究

2.1.1 国土空间生态风险评估的概念与内涵

生态风险是指生态系统及其组分所承受的风险，其中，自然因素、人类生产干扰、社会经济等诸种因素都可能导致生态风险。自然因素包括极端气候、滑坡、台风、土地沙化等自然灾害；人类干扰则主要指由人类粗放的生产经营方式和不力的监督管控所引发的生态风险，如生物入侵、病虫害灾难等引发的生态风险（荆贝贝，2022）。

生态风险评价根植于环境影响评价，始于20世纪70年代（Calow，1998），由最初的化学污染物风险评价、人体健康评价发展为区域生态风险评价，同时与流域生态学和景观生态学结合并快速发展（许妍等，2012；刘焱序等，2015；王慧芳等，2018）。早期学者将其定义为区域在受一个或多个胁迫因素影响后，对不利于生态后果出现的可能性进行评估的一种方法，其重点是评估人类活动所引起的生态系统的不利改变及效应。毛小苓和倪晋仁（2005）认为生态风险评价的关键是调查生态系统及其组分的风险源，预测风险出现的概率及其可能的负面效果，并据此提出相应的舒缓措施。而随着风险因子数量的不断增加，学者开始关注不同尺度下的生态风险评价，并逐渐重视区域尺度的生态风险评价工作，改变了早期研究过分集中于人体健康尺度和全球环境尺度的状况（彭建等，2015）。

随着对风险源研究的深入，生态风险评估在土地领域的研究逐渐丰富并成为重要分支。众多研究表明，土地利用变化同生态风险之间有着密切的相关性（安佑志等，2011；傅丽华等，2011），全球土壤污染、土壤退化、水体污染等生态环境问题无一不涉及土地利用变化，如吕乐婷等（2018）发现长期粗放式开采使矿区地下水水位大幅下降，采矿区土地资源和森林资源遭到严重破坏，导致细河流域景观生态发生变化（吕乐婷等，2018）；刘希朝等（2021）针对黄河流域生态环境脆弱、水土流失严重等问题，基于黄河流域2000～2018年的土地利用变化数据分析，诊断其景观格局并进行生态风险评估。因此，研究土地利用变化对土地生态系统乃至生态系统带来的风险成为过去20年的研究重点和热点。

基于生态风险的概念，土地生态风险可以认为是自然或人为原因致使土地资源破坏或污染而对人类生存环境造成的一种危害状态，在这种状态下，土地生态系统没有稳定、均衡、充裕的自然资源可供人类利用，土地资源不能维持环境与人类的协调发展（刘勇等，2012）。周启刚等（2014）认为土地利用生态风险是指人类不合理的土地利用导致某些自然异常因素、生态环境恶化或破坏，给人类社会带来损失的可能。随着近年来生态风险与生态系统服务功能的联系越来越紧密，土地利用生态风险的概念和内涵也得以进一步丰富。王洁等（2020）认为土地利用生态风险是指土地利用及其变化过程导致种群、生态系统或景观结构改变及相应生态功能降低的可能性。土地利用生态风险评价是对种群、生态系统或景观在土地利用及其变化过程作用下可能产生的不利后果的评价，依据生态风险评价结果针对土地利用进行生态风险管理的过程。作为生态风险研究的新领域和生态风险评价的重要分支，土地利用生态风险评价可以为生态文明建设背景下的国土空间规划与生态修复提供科学依据和有力的决策支撑。

从生态风险评估的内涵可以发现，生态风险评估已然成为发现和解决环境问题的决策基础，是协调人类-环境-发展关系的纽带（Piet et al.，2017）。然而传统生态风险评价往往以保护生态实体为主要目标，忽略了与实体功能属性密切相关的人类福祉，使得风险管控措施难以落实到具体的决策层面（陈峰等，2019）。为此，部分学者尝试将生态系统服务纳入生态风险评价，生态风险评价的主体也因此逐步转向与人类福祉相关的生态系统服务（康鹏等，2016；曹祺文等，2018；付梦娣等，2021），如王舒等（2022）从生态系统服务的视角对三峡库区生态风险进行量化并开展生态分区研究，由此得到的研究成果不仅能从正反两方面表征区域生态安全状况，还能让管理者根据不同分区，有针对性地提高生态系统服务能力和稳定性，进一步推动区域生态系统的良性循环。在规划领域，生态风险评估作为国土空间生态修复规划中的重要内容，可对未来不确定性风险提前做出预判，有助于提高规划的科学性和指向性。除此之外，生态风险评估也被应用到生态补偿领域，戈健宅等（2022）认为缺少生态风险评价，就无法了解控制生态风险并对已有风险进行修复，无法及时、准确地对相关利益者进行补偿，最终导致区域生态保护管理的失效。因此，生态补偿研究应同时关注区域生态服务供给和存在的生态风险，以此作为确定生态补偿区域及时序的重要依据。

国土空间是指国家主权与主权权利管辖下的地域空间，是国民生存的场所和环境，包括领地、领海、领空等。同时国土空间是一个复杂的地理社会空间，它由水资源、土地资源、矿产资源、生态环境、社会经济等不同主体要素共同组成。国土空间还是一个立体空间，不仅包括平面的地理实体空间，还包括地下矿藏空间、地上大气空间、社会经济与信息联系的虚拟网络空间，地表、地下和地上的国土空间通过人类活动的虚拟空间紧密联系在一起（周鹏，2020）。国土是在土地概念的基础上经过进一步发展形成的，国土的理论内涵比土地更加丰富。二者在理论上的区别和联系在于：土地属于国土中的领陆与内水范畴，国土中的领海及其底土以及领空不在土地的范畴之内；土地的构成是基于事物分类得到的，而国土是全域视角的一个地域范围，国土的构成是基于空间分区得到的；土地概念的核心是土地的自然经济属性，而国土不仅是国家主权管辖范围在地理空间上的表达，更是一个国家在国际上拥有独立自主政治权力的象征。相对于土地而言，国土的概念更加立体化，由地表转向地上地下空间，由陆地转向海陆统筹。因此在进行国土空间生态风险评估时，评估对象应从单一的土地资源转为国土空间内的资源、环境、人口、经济等多个要素（吴秋菊和杨子生，2022）。

　　由于生态系统的复杂性和不确定性，传统风险评价难以兼顾生态系统内多种保护对象，也未能关注保护对象与属性在复杂生态系统下的相互作用。因此，国土空间生态风险评估不仅仅关注某些土地利用对局部或区域生态系统的影响，笔者认为它更加强调国土空间布局和利用方式对生态系统内部的传导机制，关注国土空间复杂系统内部相互联系的多种保护对象状态及其属性的变化。其最终目的是为国土空间生态系统的保护和管理提供决策支持。

2.1.2　国土空间生态风险评估的对象及尺度

　　早期的生态风险评估主要针对环境污染展开研究，评价对象多数是单一风险源和单一风险受体，随着对生态风险研究的深入，从国土空间利用视角评估生态风险逐渐成为研究的主流（刘希朝等，2021）。国土空间包括城市空间、农业空间、生态空间和其他空间，前三类空间事关社会经济发展和生态安全，成为研究的重点。

　　从城市空间角度看，现有生态风险评估的尺度从乡镇到市区再到城市群不等，如王敏等（2016）利用空间自相关分析方法，对上海市青浦区开展了快速城镇化地区生态系统变化及其生态风险时空分异研究，研究发现区域生态风险具有显著的空间集聚特征，其生态风险值呈现显著的空间正相关关系；欧阳晓等（2020）对长株潭城市群展开生态风险评价，并对风险程度进行了分类，结果表明城市群的城市化水平提升，区域生态风险也随之增加，生态系统服务价值、生态系统组织、生态系统活力、生态系统弹性等生态指数呈现下降趋势。在城市化进程中，城市发展以用地为依托，不同土地利用方式和强度下的生态影响呈现出区域性和累积性特征，直观地反映出区域生态系统变化（谢花林，2008；

赵岩洁，2013）。从现有研究看，对快速城市化进程中的大城市，特别是沿海大城市的国土空间生态风险的评价相对较少。

从农业空间角度看，现有生态风险评估研究主要以存在土壤重金属污染问题的耕地、林地为研究对象，如林松等（2022）以姜湖贡米产地为研究对象，探究名特优产品的土壤重金属分布和来源，并对其进行了潜在生态风险评价；刘道荣等（2019）通过对临安山核桃主产区林地土壤及山核桃果仁采样分析，对该地区土壤重金属污染程度以及生态风险进行了评价；魏洪斌等（2021）为全面掌握长江三角洲地区典型县域耕地土壤重金属污染状况与生态风险特征，通过野外实地采样和室内土壤重金属含量化验分析，对宜兴市县域耕地土壤中六种重金属元素进行污染程度和生态风险评价。

从生态空间角度看，现有生态风险评估对象主要为生态脆弱型地区，包括河流流域、绿洲、湿地、湖泊等。如刘希朝等（2021）通过计算景观格局指数，构建生态风险评价模型，从网格和县域不同尺度诊断生态风险，揭示了黄河流域生态风险的时空分异规律、转移特征和地类分布，并分析生态风险的空间关联性；任金铜等（2020）以贵州草海湿地区域为研究对象，利用 RS 影像数据提取土地利用数据，通过构建生态风险指数，分析研究区域生态风险时空演化特征；殷雪妍等（2022）运用层次分析法和模糊综合评价法，构建水生态风险评价模型，对不同时期洞庭湖水生态风险状况进行了分级评价。

在单个空间研究的基础上，国土空间还强调各子系统之间的相互作用关系以及生态系统的整体影响，因此，国土空间综合生态风险评价在区域综合生态风险评估的基础上得以发展。区域综合生态风险评价是在区域尺度上描述和评估环境污染、人为活动或自然灾害对生态系统及其组分产生不利作用的可能性和大小的过程。例如，于化龙等（2016）利用景观损失度指数和景观脆弱度指数构建景观意义上的生态风险指数，探讨怀来县景观生态风险的空间分布和变化特征。戈健宅等（2022）以洞庭湖生态经济区为例，构建了基于生态风险评估的生态补偿空间识别途径，通过依次评估生态系统服务价值、生态供给和生态风险状况，并结合区域经济状况计算生态补偿优先指数，识别生态补偿优先区域，提出了确定各单元生态补偿分配权重的方法。流域是生态压力和风险最大的区域之一，范贺娟等（2020）探讨了天山大小莫合流域野果林区滑坡景观格局的时空变化特征及格局演化的驱动因素，进而进行景观生态风险预测。

由此可见，国土空间综合生态风险评价的主要标志是在暴露和危害过程中考虑景观空间结构，它尤为重视空间要素配置对生态风险过程的影响（殷贺等，2009）。土地利用变化是国土空间要素配置变化的直接原因，随着土地利用的变化，国土空间综合生态风险评价表现出时间动态性、空间异质性及评价过程的复杂性等特征（邓飞等，2011）。

2.1.3　国土空间生态风险评估的框架和范式

国土空间概念提出以来，国土空间规划逐渐成为国家重大部署，随着国家重点区域、重点产业和行业发展战略的深入推进，由人类规划开发所导致的生态风险加剧，部分地区正面临环境污染、生境退化、生物多样性减少等负面生态影响，使得在规划实施前开展生态风险评价变得尤为迫切（聂新艳等，2012）。生态风险评估作为生态环境管理的前奏越来越普遍（Calow，1998）。1992 年，美国国家环境保护局提出了生态风险评价的概念，搭建了生态风险评价的研究框架，此后学者围绕该研究框架在方法和理论等方面进行完善（康鹏等，2016；Chen et al.，2013）。

生态风险评价在美国研究颇深且使用广泛，其代表模型为 1998 年美国国家环境保护局（U.S. Environmental Protection Agency，US EPA）"三步法"框架，即问题形成、分析阶段和风险表征，该框架是目前国际上最常用的生态风险框架。目前我国还没有相对成熟的生态风险评价框架，主要是在引入国外生态风险评价理论和方法的基础上进行研究和应用。结合当前环境评估背景与关注领域，我国风险评价试图融合生态与规划的思想，以期运用生态风险评价理论解决规划中可能存在的风险问题。现行评价框架基本是在以下三类框架（聂新艳等，2012）的基础上根据实际评估主体和评估目的进行相应改良而形成的。

（1）基于 US EPA 评价思路的区域总体规划生态风险评价框架。该框架服务于区域总体规划生态风险评价的框架共分六部分：问题形成、风险源的识别与描述、构建概念模型与组织分析计划、风险分析、不确定性分析和区域生态风险管理（图 2-1）。其内容综合、丰富，侧重评价各类人为风险。在风险管理目标制定、源识别、评价终点确定、风险管理等环节，从工、农、林、牧、渔、旅游等产业发展角度出发，评价规划内容中由产业结构、布局、规模引起的生态风险问题，层次分明、条理清晰。但其生态受体部分未交代清楚，评价尺度参差不齐；由此直接导致了评价缺少风险源与受体之间的耦合性分析环节，生态效应含糊不清，表征描述多以定性为主。在美国国家环境保护局评价思想引进之初，许学工等（2001）对该框架进行了改进，建立了基于景观评价思想的区域生态风险评估框架，该类框架侧重于景观格局及自然风险，已成功运用于辽河及黄河三角洲湿地、洞庭湖流域（卢宏玮等，2003）、干旱区内陆湖（陈鹏和潘晓玲，2003）等区域；其后，陈辉等（2005）就青藏公路铁路这一具体的人为活动展开了风险评价，研究沿线主要自然灾害对该地脆弱生态系统的影响；在与具体规划结合的过程中，文军等（2004）将该模型运用于千岛湖区域总体规划的综合风险评价。

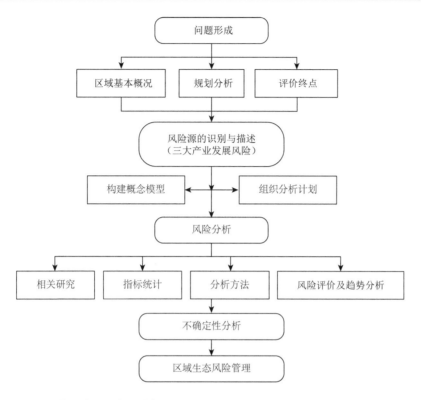

图 2-1　基于美国国家环境保护局评价思路的区域总体规划生态风险评价框架

资料来源：聂新艳等（2012）

（2）基于项目风险评价思路的区域专项规划生态风险评价框架。由于规划类型的不同，在生态风险评价与规划环评具体结合过程中，并未形成统一的评价框架，大多是就规划类型论风险问题，采用的框架多由传统项目风险评价延伸而得。如图 2-2 所示，基于项目风险评价思路的区域专项规划中生态风险评价框架共分五部分：规划方案分析、风险识别、源项分析、风险后果估算、风险管理。大体思路依据建设项目风险评价框架。因此，为大多数评价者熟悉，便于推广，并可依托已有项目风险评价资料，削减工作量。综合评价环节侧重工业生产所带来的风险，符合目前大量经济发展区规划对风险评价的需求；解决了工业布局、城市建设、企业选址等具体问题。但评价毕竟是由多个风险事故组合而成，对于区域中多种类的风险因素与复杂的生态影响过程考虑不足，缺乏区域综合特性。目前，该框架已成功运用于平顶山化工城规划（尹航等，2008），用以评价有毒易燃的化学污染物所带来的风险。

（3）结合"压力-状态-响应"（pressure-state-response，PSR）分析的规划环评区域生态风险评价框架。目前我国规划环评尚处于初级阶段，发展历史较短，

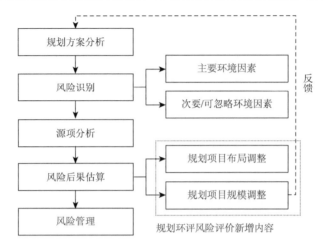

图 2-2　基于项目风险评价思路的区域专项规划生态风险评价框架

法规制度及管理体系不健全，评价方法尚不成熟，但具有立足宏观层次、涉及广泛领域的特点，这就对其中的区域生态风险评价提出了更高的要求，只有以优化产业布局和国土空间开发结构为目的，强调区域环境演变趋势及环境问题成因、区域资源环境承载能力、经济发展过程和产业发展态势等方面来开展风险评价，才能满足当前规划环评对于布局性和结构性环境风险的评价要求。基于此，在美国国家环境保护局框架的基础上，相关学者建立了适应当前规划环评发展需求的区域生态风险评价框架（图 2-3）。该框架共分为风险问题形成、"压力—状态—响应"（PSR）分析、区域生态风险综合评价、风险管理四个部分（聂新艳等，2012）。

展望生态风险评估领域的发展，来自科技进步、政策及公众期望等方面的压力正从各个方向推动区域生态风险评价的前进。评价对象趋于多重风险源、多重压力因子、多种生境、综合生态影响效应；评价内容涉及自然灾害、化学品污染、土地利用变更、地区主导产业发展等；评价尺度趋于大空间尺度与长时间尺度的研究；评价技术与方法趋于多元化。虽然在与我国国土空间规划环境评价制度的结合过程中，还存在较多难点，但也恰恰反映了未来进一步的提升空间。

通过梳理现有文献，当前研究主要将生态系统服务纳入生态风险评价框架进行理论性探讨，如康鹏等（2016）系统分析了生态系统服务在生态风险评价中的应用；曹祺文等（2018）在梳理景观生态风险研究进展基础上，提出了基于生态系统服务的景观生态风险评价框架；付梦娣等（2021）通过构建结合生态系统服务的生态风险评估框架模型，综合生态风险评估和植被退化评价结果，对长江源区生态修复区进行识别。而既有的城市景观生态风险评估大致有两种技术路线（胡云锋和高戈，2020）：一种路线是在"损失与概率叠加"范式的指引下，构建一套基于景观生态学指数的分析方法，如王敏等（2016）提出了一

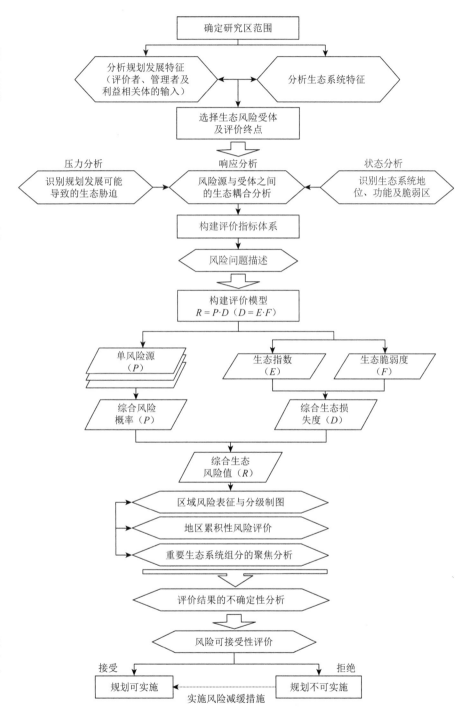

图 2-3　结合 PSR 分析的规划环评区域生态风险评价框架

资料来源：聂新艳等（2012）

套包括景观破碎度、景观分离度、分维指数以及景观生态服务价值系数在内的生态风险评价模型；陈鹏和潘晓玲（2003）则构建了一套包括景观破碎度、景观分离度、优势度以及脆弱度在内的景观生态风险评价方法。另一种路线则是基于景观生态服务"源-汇"理论，构建一套能够综合描述城市景观生态损失机制和风险分布格局的方法，如孙洪波等（2010）在统筹分析风险源、风险受体和风险效应后，构建了风险三要素评价模型，并对江苏昆山地区的生态风险进行分析；张小飞等（2011）将生态风险分为自然灾害、环境污染及生态退化等 3 种类型，继而以土地利用单元作为风险受体，整合自然、人文、景观及环境因子，构建了城市综合生态风险评价的空间分析框架。

2.1.4　国土空间生态风险评估的模型与方法

常用的评价模型和评价方法有如下几种。

（1）相对风险模型（relative risk model，RRM）。风险源多种多样、风险暴露途径复杂、胁迫因子难以量化都是国土空间生态风险评价面临的难题，而相对风险模型为解决这一难题提供了新思路。该模型由 Landis 和 Wiegers 于 1997 年提出，采用分级系统对评价单元内的各种风险源及生境进行评定，通过分析风险源、生境和生态受体的相互作用关系，给出区域风险评价综合方法，从而实现区域风险的定量化（Landis and Wiegers，1997；Suter et al.，2003）。例如，刘晓等（2012）以三峡库区重庆开县（现开州区）消落区为研究对象，运用相对风险模型对研究区土地利用过程中所产生的生态风险源、生态受体进行甄选，构建概念模型，并对消落区的暴露和危害进行详细的计算分析，最后利用风险表征模型对所获得的相对风险密度、生境丰度、暴露系数、响应系数等数值进行综合计算分析，确定研究区域的生态风险等级。张晓媛等（2013）以 2007 年、2010 年两期遥感影像、社会经济统计数据和环境监测数据为基础数据源，采用 PSR 模型构建风险源、风险受体和风险响应评价指标体系，利用综合模糊评价法建立评价模型，对三峡库区屏障带重庆段的土地利用生态风险进行了综合评估。为有效管控社会经济发展中产生的生态环境风险，张天华等（2018）采用适合高寒流域的相对风险模型的风险评估方法，识别了研究区风险源，选择风险受体，计算了各研究单元的风险等级。在应用上，程文仕等（2018）以甘肃省华池县为例，运用 RRM 模型对 15个乡镇的生态风险空间差异进行评价，确定土地整治投入优先序，研究表明运用RRM 模型评价生态风险更符合土地整治工程建设实际，在此基础上确定的土地整治优先序符合西部生态环境脆弱区的实际情况，对于确定土地整治资金投入顺序是一种较好的方法。

（2）"3S"集成技术法。比如，臧淑英等（2005）利用"3S"集成技术，根据黑龙江省大庆市土地利用结构的变化特征,分析了研究区土地利用生态风险的空间分布特征和形成机理。龚文峰等(2012)运用 RS 和 GIS 技术,以城市化流域——松花江干流哈尔滨段为研究区域,引入生态风险指数,建立生态风险评价模型,以揭示城市化背景下土地利用生态风险的时空分布特征、变化规律及形成机理,最大限度地降低城市化过程中土地利用生态风险水平。马彩虹(2013)以 GIS 为分析手段,分析了黄土台塬区土地资源开发利用的特征及土地利用生态风险分布情况,根据分析后的结果为研究区域土地资源开发利用提出了合理性的建议。韦仕川等(2008)基于 RS 和 GIS 技术,以山东省东营市为例,研究了黄河三角洲土地利用变化及结构特征,确定了土地利用生态风险变化系数,并据此分析出研究区土地利用生态风险分布特征。生态风险评价是目前环境科学领域的研究重点,而水土流失问题是造成生态风险的主要因素。常青等(2013)提出了基于 GIS 的矿业城市土地损毁生态风险定量评价与空间防范的思路和方法,并以吉林省辽源市为案例区开展了实证研究,结果表明,基于空间技术进行生态风险定量评价,能更好地识别矿区土地利用中的关键区域,为进一步减少甚至避免矿业资源开发中的土地损耗与生态破坏提供了空间途径,为矿业城市土地利用、土地复垦及综合整治规划提供了科学依据。舒昶等(2015)基于 RS 和 GIS 技术选择干旱、洪涝、水土流失和污染为生态风险源,对湖北省河流、城市、草地、森林等生态系统展开系统评价和实时监测,通过计算综合风险概率及生态综合损失度得到该区域的生态风险值。李耀明等(2017)以生态风险评估理论研究为基础,对生态风险按照生态危险性、生态重要性和生态易损性三部分进行分析,同时结合 RS 数据和 GIS 手段,综合分析北京生态风险等级分布。

我国的"3S"技术起步相对较晚,但经过 40 多年的发展,我国的地理信息行业已经初具规模,可其面临着和国外同样的缺陷,同时国内的应用研究还很少将社会、经济指标融入地理信息中,研究大多只是单纯分析土地资源类型结构的变化,无法定量分析土地利用生态风险的演化规律。

(3)景观指数法。王娟等(2008)将景观生态学原理与分析方法运用到区域生态风险评价中,以云南澜沧江流域为例,在土地利用变化基础上,以景观格局指数为评价指标,揭示其景观生态风险时空变化特征。许妍等(2012)从土地利用变化和景观结构角度构建景观生态风险评价模型,定量评估了太湖地区景观生态风险时空动态变化特征。谢花林(2008;2011)以典型农牧交错带区域和红壤丘陵区为案例区,基于景观结构中的景观干扰度指数和脆弱度指数构建土地利用生态风险指数,并借助空间统计学中的空间自相关和半方差分析方法,进行土地利用生态风险的空间分布和梯度变化特征分析。

(4)土地利用生态风险指数法。土地利用生态风险指数法即通过各土地利类型的面积比例和各地类的土地利用生态风险强度参数构建土地利用生态风险指数（ecological risk index，ERI），并采用网格采样方法进行空间分析。安佑志等（2011）通过对生态风险指数进行半变异函数分析和克里格插值编制生态风险等级图对上海市土地利用生态风险进行分析。叶长盛和冯艳芬（2013）以5km×5km 的单元网格进行系统采样，借助空间自相关和半方差分析方法，探讨了珠江三角洲土地利用生态风险的空间分布及变化特征。赵岩洁等（2013）以 500m×500m 网格为评价单元，借助 GIS 分析平台，对土地利用生态风险指数进行空间插值生成生态风险分级图，分析了三峡库区小流域土地利用生态风险的时空变化特征。李鑫等（2014）利用 3 个不同时段的 TM（thematic mapper，专题制图仪 RS 影像，美国陆地卫星 4 号～5 号专题制图仪所获取的多波段扫描影像），结合社会经济等相关统计数据，建立了土地利用生态风险评价模型，基于 TM 像元定量评估了安徽省升金湖国家自然保护区湿地土地利用生态风险的时空演变规律，研究发现，受人类经济活动的影响，保护区土地利用生态风险不断上升，生态风险面积不断扩大。钟莉娜等（2019）基于研究区内各景观类型的面积比例和景观损失度指数计算得到生态风险指数，分析农用地整理对区域景观动态和生态风险的影响，发现农用地整理通过改变景观格局来影响生态风险。

（5）其他探索性方法。傅丽华等（2011）选取景观及土地利用变化类型、土地利用分级程度、土地利用变化率、不同景观的生态服务价值为主要评价指标，建立生态风险评价模型，对长株潭城市群核心区的土地利用进行了生态风险评价。刘勇等（2012）探讨了土地生态风险评价的理论基础，构建了包含土地质量风险、土地结构风险和土地承载力风险的土地生态风险综合评价模型，并提议将土地生态风险压力因子分为物理因子、化学因子和生物因子。常青等（2013）构建了矿区生态风险源、风险受体及作用对象与过程的因果链模型，结合矿区生态环境问题产生过程的独特性，将土地挖损、占用及塌陷等土地破坏作为矿区的直接生态风险源；基于土地破坏类型提出了适宜矿区的区域生态风险评价流程、指标体系与计算方法；专门在定量化多风险源与多风险受体交互作用上做出探讨，构建生态系统单元暴露指数和土地破坏累积作用指数来评价矿区土地破坏与生态系统单元的暴露与危害作用关系，为矿区生态风险评价的实证研究提供了理论基础与方法框架。王辉和宋长春（2019）基于对人类活动影响湿地直接途径和间接途径的区分以及相应部分风险指标的选择完成三江平原湿地区域生态风险评价研究工作。刘迪等（2020）采用"概率-损失"二维风险模型解构陕西省区域生态风险，基于地貌分区视角识别多源风险类型的同时以景观格局与生态系统服务价值为关联要素合成潜在生态损失。殷雪妍等（2022）基于层次分析法，引入模糊综合评价法，从水质下降、蓝藻水华及湿地退化三个层面开展洞庭湖水生态风险综合评价，选取相关重要指标构建洞庭湖水生态风险评价指标体系和评价模型，实现了对不同时期的洞庭湖水生态风险状况进行分级评价。这些研究都为土地生态风险评价提供了新思路。

综合以上内容可知，国土空间生态风险评估是在国土空间区域尺度上，以各种生态脆弱型地区或存在生态风险评估价值的生态景观为研究对象，结合评估对象和评估目的，通过运用相对风险模型、景观指数法、土地利用生态风险指数法等模型与方法，构建适当的生态评估框架和评估体系，得到研究对象的生态风险状况，以达到在国土空间规划过程中发现和解决环境问题，为国土空间优化布局提供科学参考的目的的多元化综合研究过程。

2.2　国土空间生态保护红线识别研究

2.2.1　生态保护红线空间的概念与内涵

首次提出生态红线并得到实际应用是 2005 年由广东省颁布实施的《珠江三角洲环境保护规划纲要（2004—2020 年）》。环境保护部在 2013 年选取 4 个省开展生态红线试点，于 2014 年 1 月印发了《国家生态保护红线——生态功能基线划定技术指南（试行）》。2017 年中共中央办公厅、国务院办公厅印发《关于划定并严守生态保护红线的若干意见》，划定生态保护红线后需要制定和实施配套的管理措施来实现管理目标，相关研究日渐增多。其中生态保护红线定义为在生态空间范围内具有特殊重要生态功能、必须强制性严格保护的区域，是保障和维护国家生态安全的底线和生命线，通常包括具有重要水源涵养、生物多样性维护、水土保持、防风固沙、海岸生态稳定等功能的生态功能重要区域，以及水土流失、土地沙化、石漠化、盐渍化等生态环境敏感脆弱区域。

"红线"表示建筑物占用土地的边界线、控制线或具有低限含义的数字，其概念起源于城市规划领域。Gao（2019）提出生态红线概念，并划定生态红线区域；饶胜等（2012）指出生态保护红线是我国生态环境保护的制度创新，是一个综合管理体系，可以由空间红线、面积红线和管理红线三条红线共同构成，这三条红线反映出生态系统从格局到结构再到功能保护的全过程管理；郑华和欧阳志云（2014）梳理相关文献，提出生态保护红线是指对维护国家和区域生态安全及经济社会可持续发展，在提升生态功能、保障生态产品与服务持续供给必须严格保护的最小空间范围。陈海嵩（2015）认为生态保护红线包括生态功能红线、环境质量红线、资源利用红线三大类型，涉及生态空间保护、污染物浓度控制、污染物总量控制、能源利用、水资源利用、土地资源利用等多个领域；在生态承载力视角下，生态功能红线、环境质量红线、资源利用红线具有不同的功能定位与规范含义。邹长新等（2015）通过梳理政策文件，认为生态保护红线包括三个方面的内涵，具体为生态服务保障线、人居环境安全屏障线、生物多样性维持线。

基于以上综述，管理红线是基于生态系统功能保护需求和生态系统综合管理方式的政策红线，生态红线一旦划定，需要建立健全相应的配套政策，对于人为活动的强度、产业发展的环境准入以及生态系统状况等方面要有严格且定量的标准。因此，笔者认为生态保护红线是保障区域水资源保护安全、生物多样性保护安全、地质灾害防护安全、水土保持安全，维护区域景观格局完整性和连续性所需的基础性用地空间。它承担着维护生命安全和健康的关键使命，并为社会提供持续不断的生态空间服务，是区域土地生态系统能持续地提供自然空间服务的基本保障，是生态空间的核心所在。

2.2.2　生态保护红线的识别方法

目前，国内有关划定生态保护红线的方法研究主要参考生态环境部发布的《生态保护红线划定指南》，同时，各地结合当地特色实际制定原则与方法，综合划定生态保护红线。经梳理相关文献，研究方法归纳如下。

一是基于区域关键生态过程的景观安全格局分析法。张林波等（2008）通过构建城市最小生态用地空间分析模型，确定了深圳市最小生态用地需求面积及其空间范围，具体方法如下：以维护自然景观格局的连续性为标准，选取深圳市珍稀濒危物种分布区的大型植被斑块和 7 个中型饮用水水源地水库作为研究的种子斑块，以某生态景观单元与种子斑块的距离为评价指标值，对景观的空间属性进行赋值，从而判定景观单元空间结构。俞孔坚等（2009）运用景观安全格局理论，以北京市东三乡为例，先分别确定雨洪管理和生物保护需求的生态用地空间格局，再将基于不同生态过程的生态用地进行空间叠加，得到研究区综合的生态用地。闫玉玉等（2016）、文博等（2017）基于景观安全格局理论和方法构建具有不同安全水平的综合安全格局，探讨土地利用管理中的生态用地保护并提出相关建议。张晟源（2015）、宫雪（2016）等学者就延吉市建成区的生态用地进行了景观格局分析和空间结构评价。田丰昊（2017）对延龙图地区城市生态用地进行了空间结构和空间重要性评价，还运用 CA 模型进行了空间格局优化。赵小娜等（2017）先对延龙图地区生态用地进行空间格局特征分析；接着采用最小累积阻力模型，建立最小累积阻力表面，借助 GIS 空间分析方法逐一识别研究区生态用地景观安全格局的 5 个组分，进而构建研究区生态用地景观安全格局，以此为途径对研究区生态用地保护进行研究；最后将景观安全格局与用地类型图进行叠加，针对景观安全格局 5 个组分分别探讨生态用地保护措施，并提出相应的建议。

二是基于 GIS 技术的生态用地重要性指数评价法。刘昕等（2010）基于生态系统服务功能理论，从生态环境、生态敏感性、气候、土壤和地貌五个方面建立江西省生态用地保护重要性评价指标体系，在 GIS 技术的支持下，研究其生态保护重要性和生态用地的空间分布，并根据生态用地保护重要性将其划分为禁止开发生态用地、限制开发生态用地和可适当开发生态用地三类。谢花林（2011）基于 GIS 技术，从水资源安全、生物多样性保护、灾害规避与防护和自然游憩四个方面，构建了空间尺度上的生态用地重要性综合指数和区域关键性生态用地空间结构识别方法，并进行了京津冀地区的实例研究。该识别方法将有利于指导我国土地的生态管理，开展生态保育和生态建设，维护区域生态系统健康与安全。周锐等（2015）用同样的方法，从水资源安全、地质灾害规避、生物多样性保护三个方面，辨识了河南省平顶山新区生态用地的空间分布，确定了其最小生态用地面积，并应用最小累积阻力模型构建了研究区生态用地的安全格局。结合上述两位的研究，李益敏等（2017）运用层次分析法和 GIS 技术，从水土保持、地质灾害规避与防护、生物多样性保护和水资源安全四个方面，构建流域重要生态用地识别指标及方法，并识别出流域重要生态用地的空间分布，对云南星云湖进行了研究。该研究的识别结果较好地反映了重要生态用地流域的生态安全。以星云湖流域为高原湖泊流域的典型展开研究，为高原湖泊生态保护指明了方向。李明玉等（2016）采用加权指数求和法，从生态服务功能、景观生态空间格局以及生态敏感性三方面建立生态重要性空间识别指标体系，结合 GIS 空间分析功能对延龙图地区生态用地的生态重要性进行空间识别，为土地利用规划分区和生态用地分级保护提供了参考与借鉴。考虑到目前对生态用地的研究主要集中在概念与类型的界定、生态用地数量与布局优化研究，而对生态用地重要性识别研究以及生态保护性的界定研究较少，王志涛等（2016）以地处农牧交错带的河北省沽源县为研究区构建基于水源涵养、地质灾害防护以及土壤保持三方面的生态用地重要性识别指标体系，识别出对该县生态稳定具有重要作用的生态用地，并根据各单一生态过程的识别结果进行生态用地类型的划分，以期为沽源县生态用地的保护与生态建设提供数据支持与科学依据。袁家根（2017）运用 RS 准确地定义和选取训练样本，进行土地利用解释，并根据陕西省安康市具体生态环境特征，选取水源涵养、土壤保持、生物多样性保护和生态防护四个指标，构建生态重要性评价指标体系，将生态用地的识别结果作为安康市生态保护的最大空间，将安康市生态系统服务功能极重要区作为安康市生态保护的最小空间，分析并尝试提出最小生态保护力度和最大生态保护力度下的生态空间开发与管理调控策略。孔令桥等（2019）以长江流域为对象，选择生态系统服务指标（水源涵养、洪水调蓄、水质净化、水土保持和生物多样性维护）和生态敏感性指标（水土流失、石漠化和土地沙化），提出一种流域的生态空间规划方法，探讨面向流域生态空间规划的方法与管理对策。谢花林等（2018）以自然生态环境脆弱的鄱阳湖生态经济区为研究区，结合国内外学者的相关实践经验和研究成果，基于 RS 和 GIS 等相关空间信息技术，通过生态系统服务功能重要性评价和生态系统敏感性评价方法，因地制宜地选取评价指标，以栅格为单元辨识了鄱阳湖生态经济区生态保护红线。

三是国土空间规划背景下的生态空间划定方法。目前，学术界对"三生"空间中生态空间识别做了大量研究，并取得了系列成果。高吉喜等（2020）认为自然生态空间格局构建的最终目的是对国土空间开发行为进行管控，理顺保护与发展的关系，最终达到保护重要生态空间及促进区域可持续发展的目的，构建自然生态空间格局对于优化国土空间开发格局，指导生态保护与建设具有重要意义。李广东和方创琳（2016）从土地功能、生态系统服务和景观功能综合的视角构建城市生态-生产-生活空间功能分类体系，并以生态系统服务价值评估为基础系统整合空间功能价值量核算函数群，通过纵横对比的方法确定空间功能主导类型。张雪飞等（2019）以《生态保护红线划定技术指南》为基础，对福建省开展基于资源环境承载能力评价和国土空间开发适宜性评价要求的陆上全域生态保护等级和保护优先序评价，探讨和实践省级空间规划中生态空间和生态保护红线的划分方法。柯新利等（2020）将未来土地利用变化纳入"三区"划定过程中，提出一种基于土地利用情景模拟，结合指标体系评价与决策树特征挖掘的"三区"划定方法。丁乙宸等（2020）指出应在充分尊重既有法定规划成果的基础上，因地制宜地构建国土空间开发适宜性评价指标体系，先结合生态保护重要性评价划定生态保护红线。不同空间尺度下生态空间的范围、承载功能均不相同，生态空间范围界定也存在争议。一是国土空间中除自然生态空间外，农业生产用地也具有重要的生态功能；二是城市生态要素空间兼具显著的生态功能与生活功能，甚至部分空间的生活功能可能更强（江曼琦和刘勇，2020）。

此外，胡海龙等（2011）尝试构建了多智能体（multi-agent system，MAS）与蚁群算法耦合模型，用以解决城市生态用地选址问题，为城市区域生态保护红线划定提供了新的思路和方法借鉴。周锐等（2015）基于生态系统服务的生态足迹模型确定维持黑河中游社会经济系统正常运行的最小生态用地数量，结合生态重要性与土地生态适宜性识别进行生态保护红线优化。但是此项研究选取生态系统服务价值、生境质量、人类生态需求作为生态用地重要性识别的三个依据，存在一定局限。今后应该结合区域的实际情况，进一步优化识别指标，比如，将景观连接度、水资源安全等因素纳入研究中。

2.2.3　生态保护红线优化调整研究

随着社会经济不断发展，在新时期国土空间规划背景下，针对生态保护红线精准落地的目标，何杰（2021）提出生态保护红线优化调整的相关工作重点逐步转移到其与保护地整合，以及协调其与城镇开发边界、永久基本农田边界冲突等方面。由于保护地管理与生态保护红线优化调整工作缺乏同步性、国土空间规划开展时序不统一、边界冲突区域协调路径尚未形成定论等问题，如何针对新时期国土空间规划背景明确生态保护红线的优化调整路径仍然值得探讨（方勇等，2020）。

目前生态保护红线划定技术方法研究未考虑空间连通性，划定结果存在斑块破碎、空间连通性差的问题，降低了生态保护红线的生态功能。刘冬等（2015）通过重要性、敏感性评价将对生态系统服务功能、生物多样性和生境保护方面最为重要的土地优先划入生态保护红线内，面积比例以占到陆地国土总面积的30%以上为宜；根据我国现有部门职能分工，提出建议强化环境保护部门对生态保护红线区域的统一监督管理职能，制定生态保护红线管理办法，在生态保护红线区域内实行分级分类管理，从而整合与优化我国现有的各类保护区域。王成新等（2017）则以青岛市为例，将形态学空间格局分析方法（morphological spatial pattern analysis，MSPA）和最小路径法等生态网络构建方法引入生态保护红线优化中，通过构建生态廊道和踏脚石连接破碎生境，使之形成完整的景观和生物栖息地网络，优化生态保护红线格局。徐樑等（2020）认为生态保护红线优化调整应该从细化操作性规程与完善红线制度两个方面着手。在细化操作性规程方面，应该尽快明确生态保护红线与永久基本农田保护红线的衔接规则，明确人为活动空间的管制规则，加强对"调入"空间的指导；在完善红线制度方面，应该加快建立生态绩效考核机制，研究出台生态保护红线价值转换机制，研究生态保护红线内的事权细化，研究制定生态保护红线优化调整机制。李怡等（2021）以基于生态系统服务和权衡的综合评估（integrated valuation of ecosystem services and trade-offs，InVEST）模型进行生境质量评价以识别生态源地及其缓冲区，采用水土流失敏感性修正基本阻力面，运用最小累积阻力模型构建江西省奉新县生态安全格局，通过定量衡量与定性分析相结合对生态安全格局进行有效性评价，继而提出奉新县生态保护红线优化方案。刘延国等（2021）以地质环境与地理环境互馈为基础，构建西南山区生态地质环境脆弱性评估指标体系，以我国典型山区四川省为研究区，通过将脆弱性格局与基本方法划定的生态保护红线叠置分析，提出了基于"生态地质环境共同体"理念的山区生态保护红线划定优化方法。

综合现有研究，更多的是关注特定时间节点下土地利用结构及生态特征从而对生态保护红线进行优化调整，但未能有效地考虑随时间推进而发生的生态系统稳定性变化、外部干扰变化、政策变化及由此类变化引发的土地利用结构及功能的变化，从长时间角度思考生态保护红线优化调整的研究还有待深入。

2.2.4　生态保护红线管控研究

根据《关于在国土空间规划中统筹划定落实三条控制线的指导意见》和 2020 年自然资源部发布的《生态保护红线管理办法（试行）（征求意见稿）》，规定管控原则，即生态保护红线内，自然保护地核心保护区原则上禁止人为活动，其他区域严格禁止开发性、生产性建设活动。法律法规另有规定的，从其规定。

生态红线一旦确定，需要制定和实施配套的管理措施，实现生态红线的管理目标，针对生态保护红线管控，学者也展开了大量的讨论和研究。饶胜（2012）等学者认为生态保护红线管控应从以下方面展开：一是生态红线的管理应坚持自然优先；二是生态红线的管理应坚持生态保护与生态建设并重；三是生态红线的管理应坚持部门协调和公众参与；四是同步做好生态红线管理平台建设。张书杰（2022）等学者从生态保护红线的管控内容和管控强度提出建议，使其与对应的各类生态空间管控要求更好地协调。具体包括：在管控内容方面，建议对生态保护红线内、自然保护地核心保护区外，允许开展的"有限人为活动"的正面清单进行相应的补充；在管控强度方面，补充影响评估方法指南或导则以及"有限人为活动"的强度指标和标准范围等，将管控强度尽可能予以量化。

关于生态保护红线管理框架，侍昊等（2015）认为生态系统管理的概念框架应包括范围划定、管控分级、目标设定、动态监测、综合分析、管理策略和反馈优化七个方面。妙旭华等（2018）从生态保护红线管控的全生命周期理论出发，构建了祁连山保护区生态保护红线管控"234"政策框架。王桥等（2017）提出了以 RS 数据为主要驱动、基于国家治理理念的政府主导和公众参与的生态保护红线监管业务化运行体系的构建思路，包括基于"天-空-地"一体化监测技术体系，基于台账的监测评估体系，以及基于国家治理理念的生态保护红线业务化运行体系三部分。邓伟等（2017）以三峡库区为案例，划分出"底线、满意、理想"三个生态安全等级，以实现对库区的分级分类空间管控。

关于生态保护红线管理体制，解品磊（2017）从公平视角构建基于成本收益的生态保护红线周边居民间的利益博弈模型，分析公众参与生态保护红线的困境及解决对策，提出设立完整的奖惩机制、出台规章制度约束居民参与行为、加大对生态保护红线科普宣传以增强意识，成为推动公众参与生态红线保护的主要路径。李江南（2017）认为应该基于大环保体制要求，在横向和纵向上重新分权，形成上下畅通、同级协调、公私合作的大环保体制，以促进生态保护红线制度的实施。徐梦佳等（2020）总结长三角区域生态保护红线的成功实践经验，分析长三角生态保护红线依然面临的区域性法律法规和配套制度体系不完善、监督管理存在行政壁垒等问题，最后从强化生态命运共同体意识、加快推进法治化进程、建立区域生态保护红线监管机制、建立区域管控制度和配套措施、创新生态修复和治理模式、加大生态保护红线宣传和教育六个方面提出长三角一体化背景下的生态保护红线管理建议。

国内学者对生态保护红线管控路径进行了积极的探索，但仍存在不足，缺乏关于生态保护红线管控体系研究以及针对不同对象的多样化政策创新研究，这与生态保护红线尚处于探索阶段有关，也与生态保护红线的跨领域、跨部门、范围广有关，所以如何实施跨区域生态保护红线的管控合作，实现生态系统完整性保护的目标，这方面的研究需要进一步拓展。

2.3　国土空间生态韧性研究

2.3.1　生态韧性的内涵

1973 年 Holling（霍林）提出了"resilience"一词，可以解释为恢复、弹性与韧性。本书将国内社会-生态系统及其相关领域文献中该词的翻译情况进行了统计与原因分析。研究表明，"resilience"翻译成"韧性"，最接近其学术内涵，将其表述为系统吸收外界冲击后的状态变化，以及维持稳定的能力。以 Holling 对"resilience"的定义为基础，学者们从适应或者恢复的角度对生态韧性进行了解释。其中，恢复角度下的生态韧性是指在外界干扰下生态系统偏离平衡状态后所表现出的自我维持、自我调节、抵抗外界各种压力及扰动的能力（陈世栋等，2017；Yao et al.，2022；Zhao et al.，2021），该概念提供了理解生态系统如何响应干扰和扰动的理论框架，被学者广泛运用于生态系统管理、城市规划等领域。适应角度下的生态韧性是指生态系统对外界变化的抵抗程度（Fu et al.，2017），该概念提供了理解生态系统承载力的理论框架，被学者广泛运用于生态风险预警、生态功能区规划等领域。人地关系地域系统理论是揭示自然和人文要素交互作用与反馈作用对地理环境的动态影响规律，进而为人地关系复杂性、可持续性等理论问题探讨和定量模拟提供科学参考（刘彦随，2020）。国土空间生态韧性是人地关系复杂性和可持续性的具体表现，因此，综合了现有生态韧性概念界定的研究内容，基于人地关系地域系统理论，本书中的观点认为国土空间生态韧性是以达到人与自然和谐共生的现代化为目标的，国土空间生态系统整体对自然因素和人类行为不确定影响的吸收、恢复或转换能力。其中，吸收是指生态系统能够承受外界影响，且生态系统内部结构不受改变；恢复是指外界影响消除后，生态系统结构在短期内从不稳定回到初始稳定状态；转换是指生态系统结构从初始稳定状态过渡到新的稳定状态。而在构建国土空间治理现代化时，需要充分利用上述三种生态系统的状态，用于分析国土空间人地关系演变过程，推动社会-生态耦合过程优化调控。

2.3.2　生态韧性评价

现有研究从单一恢复指数或综合恢复指数方面进行生态韧性评价，表征生态系统对人类活动的最大承受能力以及生态系统在受到外界干扰后实现自我修复的能力。其中，从恢复时间单一视角表征生态韧性，广泛用于评价灾害风险（暴雨、干旱、火灾等）对生态韧性的影响，Fu 等（2017）指出，恢复时间与干扰有关，生态系统受到的干扰越严重，恢复时间越长。综合指数主要基于城市韧性、经济韧性等现有评价模型，构建生态韧性的评价模型，其中，修春亮等（2018）提出了"规模-密度-形态"的城市韧性评价模型；彭翀等（2021）构建了"成本-能力-能效"的城市韧性评价模型；夏楚瑜等（2022）从抵抗力、适应力和恢复力三个方面构建了城市生态韧性评价模型。

评价方法包括阈值法、替代指标法以及实验测度法。其中，阈值法在相关研究中使用较为普遍，通过分析生态系统面临外界压力时所能维持内部结构和生态功能完整性的能力来测量恢复力。Carl（2006）指出生态系统受到非线性动力学的影响，阈值法可以表征生态系统之间非线性的转换。替代指标法是在生态系统中找出与恢复力有一定联系并且能够测量的因素，并将其作为恢复力因子的替代指标。Tong 等（2020）指出植被覆盖是衡量生态恢复状况的重要指标，是陆地生态系统的重要组成部分，在调节区域气候、维持地表能量平衡和生物多样性方面发挥着举足轻重的作用，能够反映当前和未来的生态系统状况。同时，傅伯杰和刘焱序（2019）认为生态系统服务是耦合生态系统和社会系统的桥梁，可以用于表征生态系统演变情况的重要指标。实验测度法是利用实验方法对生态扰动因素进行人工调控，在对其恢复过程进行分析的基础上测算恢复力（Yao et al.，2022）。Stoddard 等（2021）利用试验区的已知参考条件来监测评估长期生态修复对生态韧性的影响。总的来看，虽然目前测度生态韧性的方法很多，但对于随机的、不确定性的干扰事件的量化能力有限。其中，阈值法需要较多假设前提，导致其适用对象有限；替代指标法现阶段处于探索时期，需要进一步分析替代指标选取的科学性以及实施的可操作性；实验测度法受区域自然和社会条件限制很难得到推广，并且生态系统内部的组织与结构复杂多样，实验可重复性较低。

2.3.3　生态韧性的作用机理

1. 自然维度下的国土空间生态韧性

自然维度下评价国土空间生态韧性为解决自然灾害、极端气候等不确定性的干扰提供了新思路，将自然生态系统与社会要素有机结合起来，已成为国内外学者研究的热点话题。因此，国内外通过实践层面和理论层面对自然维度下的国土空间生态韧性进行了研究。其中，实践层面围绕灾害风险、提升应对灾害能力，先后开展了"海绵城市"和"气候适应性城市"建设试点，尝试建立健全韧性城市绩效评级和考核方法，提高城市韧性（郑艳等，2018）。2002 年，国际区域可持续发展理事会在联合国可持续发展全球首脑会议上将"恢复力"引入城市建设和防灾减灾领域。2016 年 2 月，中国颁布了《城市适应气候变化行动方案》，旨在推动城市有效适应当今气候变化，而最终目标是提高城市韧性，即提升城市吸纳和应对气候变化带来挑战的能力。理论层面则主要聚焦自然灾害、气候变化与国土空间生态韧性之间的关系。例如，Yao 等（2022）指出干旱是人类面临的主要自然灾害，对生态系统结构和功能造成破坏。生态韧性是理解和描述生态系统对干旱响应的重要指标。Ruan 等（2021）建立了暴雨内涝情景下城市韧性的定量评价模型，对城市功能与洪水事件的关系进行分析，解决了现有研究仅从减少洪水或洪水损失单一视角带来的不足。同时，"山水林田湖草"作为生命共同体，各要素之间相互依存，需要从整体、系统和一体化的维度进行保护、修复和治理（图 2-4）。因此，研究需要系统地定量概括和整合自然环境特征，研发精确的模拟模型揭示复杂生态系统的运行过程。

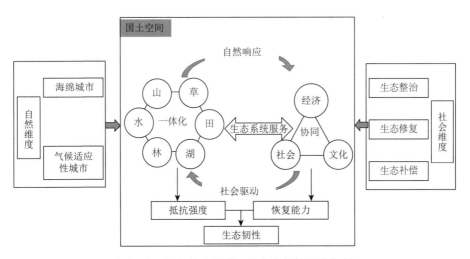

图 2-4　自然-社会维度下的生态韧性研究框架

2. 社会维度下的国土空间生态韧性

社会维度下评价国土空间生态韧性为深入研究人类活动与生态环境的交互作用与机制提供了全新视角。我国学者较早将韧性理念运用到区域经济、社会（社区、贫困）、资源（水资源、土地资源）等不同领域中。目前，社会维度下的国土空间生态韧性研究集中于生态整治、生态修复、生态补偿对生态韧性的影响（图 2-4）。例如，Stoddard 等（2021）指出大规模的森林恢复项目，能够增强对气候压力的抵抗力，提升生态系统韧性。Zhang 等（2020）认为人口的增长和经济的快速发展对生态系统结构和功能造成了负面影响，而生态修复是提升生态韧性的关键手段。国土空间生态韧性受到不同程度上区域社会、经济以及生态状态及其变化的影响，如何厘清社会维度下国土空间生态韧性演变及作用机理是该领域研究面临的巨大挑战。因此，国土空间生态韧性的研究要从社会-生态系统视角构建指标体系，同时还应结合地理大数据和人工智能在国土空间生态韧性研究中的应用。

针对国家的重点战略发展需求，目前在国土空间生态韧性作用机理明晰、动态演化评估以及优化调控分析等方面仍有诸多不足之处。

一是尚未明晰国土空间生态韧性的作用机理。生态系统的复杂性、不稳定性以及人类活动的高度延展性，显著影响生态系统结构与功能，进一步产生对国土空间生态韧性的异质效应（邓楚雄等，2022）。不同的风险干扰对国土空间生态韧性的作用程度、频率及持续时间不同，而且各种作用相互交织产生的危害放大效应以及在不同尺度上作用的转化程度也有所差异（Meyer et al.，2018）。因此，生态系统多要素与过程耦合的作用机制需进一步探索和明晰。研究国土空间生态韧性需要分析各类压力源及其交互作用，同样也需要明晰生态系统多要素间的耦合过程，理解国土空间生态韧性的内涵是什么、机理是什么。目前相关研究大多围绕洪涝、干旱、地震等单一自然扰动（Laurien et al.，2022），而研究自然与人为耦合扰动对国土空间生态韧性的影响相对不足，未能深入分析多重风险间的联系和多重风险叠加对国土空间生态韧性的近远期与近远程的作用，以及国土空间生态韧性对多重风险叠加的适应性。

二是亟须构建国土空间生态韧性动态测度模型。人类活动与自然环境存在着复杂多样的非线性交互联系，如何有效模拟这一动态演变过程是国土空间生态韧性研究的突破点（白晓航等，2022）。目前关于生态韧性测度方法的研究相对不足，尚未形成普遍认同的评估体系与测度模型，已有研究中利用指标模型的指标甄选、权重确定以及结果检验等方面的可行性需要进一步加强，还应充分结合前沿的统计和数理模型（Chen et al.，2022；Battamo et al.，2021）。同时，国土空间生态韧性在不同尺度上表现出不同特征，而在一定尺度上的韧性又受到区域特定的状态及其演变的影响（Zhang et al.，2020），如何明晰不同尺度国土空间生态韧性的相互联系与作用关系是该领域研究面临的关键问题，也是构建国土空间生态韧性动态测度模型需要解决的难点。

三是较少关注国土空间生态韧性的调控作用。"未来地球计划"指出"人类需要理解地球是如何发挥服务功能的、了解生命进化的各种模式以及驱动机制，还要明白如何管控人类自身的作为"（樊杰和蒋子龙，2015）。因此，不应将国土空间生态韧性当成结果导向的行为，而是应该将其视为过程导向的行动。国土空间生态韧性不仅是关于韧性评估、影响因素识别以及作用机制剖析等有关结果导向的分析，而且是国土空间规划实施监测体系构建的关键指标（Liu and Zhou，2021）。2019 年，联合国将 2021～2030 年作为生态系统恢复时期，主要目的是预防、减少全世界生态退化程度，并进一步认识推进生态系统恢复的重要性（Strassburg et al.，2020）。当前针对大规模生态恢复有效性的评价较为薄弱，对于生态修复措施的评估存在不足，主要是由于目前获取的时空变化信息有限，以及人类对生态环境作用强度认识不足（Zhai et al.，2022；Liu et al.，2022）。缺乏有效性评估生态恢复效益的方法，限制了生态修复与国土空间规划和相关决策的实施。因此，有必要动态监测国土空间生态韧性，以此为基础对国土空间生态修复进行优化调控。

2.4　国土空间生态安全预警研究

2.4.1　国土空间生态安全预警的概念

"预警"一词多是指在灾害或灾难、危险发生前，根据以往总结规律或观测到的可能前兆，发出紧急信号、报告危险情况，从而最大限度地减轻危害及损失的行为（樊杰等，2017），可以理解为对危机或危险状态的一种预先警报或警告。在自然生态领域，傅伯杰（1991）认为狭义的预警仅指对自然资源或生态安全可能出现的衰竭或危机而建立的报警，而广义的预警则涵盖了对生态安全维护、防止危机发生的过程，从发现警情、分析警兆、寻找警源、判断警度以及采取正确的预警方法将警情排除的全过程预警，尽管从程序上区分了狭义和广义上预警的概念，但就预警的内容而言，他强调的是自然资源或生态安全所表现出的危机状态。樊杰等（2017）则从资源环境承载能力角度对资源环境预警进行了定义，即对承载力各构成要素及其组合变化规律的预言预判，对未来可能出现的危险进行报告，以避免或缩小因承载力逼近超载临界或超载带来的损失，该定义突出强调了资源环境监测评价的重要性。鉴于生态、资源与环境之间的紧密关系，张琨等（2018）从生态、资源、环境三个方面定义生态安全预警，指对区域社会经济发展与生态保护的失调程度、资源开发强度超过生态承载力的程度、生态环境的恶化趋势等进行预测和警告。事实上，资源环境乃至生态系统危机产生最主要的来源是人类活动的影响，为此陈国阶和何锦峰（1999）将生态环境预警定义为对人类活动造成的生态环境退化甚至恶化进行及时预报和警告。

根据人地关系理论，人类活动主要通过改变土地利用或土地覆被变化来影响生态系统的结构和功能，从而导致资源环境危机和生态安全危机。化解危机最终的目的是实现安全，因此，不少学者从生态安全的角度开展了生态安全预警研究，尤其是土地生态安全预警研究。毛子龙（2007）认为土地生态安全预警是指在土地生态安全评价的基础上对土地利用变化活动趋势的把握和应对各种警戒信息及相应的调控措施。吴冠岑（2008）认为土地生态安全预警即是对土地生态安全状况进行测度、分析和评价，并预报范围和危害程度及提出防范和调控措施。徐美等（2012）认为土地生态安全预警是对土地生态系统所处现状及未来发展趋势和状况的评价、预测和警报。高奇（2015）认为土地生态安全预警就是探讨土地生态安全警情演变规律、构建情景指标体系、划分警情标准、分析和预测警情演变趋势、预报警情时空范围和危害程度等一系列活动。熊建华（2018a）在综合上述概念的基础上提出土地生态安全预警是指在对土地生态安全内涵把握的基础上，通过土地生态安全评价，对土地生态安全警情变化趋势做出预判和预测，预报其未来可能面临或者潜在的风险、危害及其等级，在此基础上确定土地生态安全调控模式和方向，并制定相应的调控对策，促进土地生态安全状况的维护和改善。他认为土地生态安全预警内涵包括四个方面的内容：①准确把握土地生态安全的要义是开展土地生态安全预警的前提；②土地生态安全评价是土地生态安全预警的基础；③进行土地生态安全预测和警情预报是土地生态安全预警的核心；④提出土地生态安全风险应对之策是土地生态安全预警的目标。从上述概念看，学者更多的是对土地自身生态系统状态进行评价和预警，较少分析在土地生态系统运行过程中土地利用变化对其的影响。张成等（2020）认为土地生态安全预警是指在一定的时空范围内，评估和预测土地生态安全的影响来源、受威胁状态以及响应效应，综合判断是否达到土地生态安全的阈值，并对可能出现的警情进行警报。还有类似谭术魁等（2022）提出的耕地生态安全预警，它是指可以通过对各项耕地生态安全指标进行监测，获取监测值，将其用于耕地生态安全情况的预先分析和迅速警报，以便采取适当措施消除或降低生态风险，改善和保护耕地生态系统。

土地利用变化是通过改变土地生态系统的结构，进而影响其功能，而土地生态系统是一个自然系统，有其自身的运行规则，因此沿用社会经济系统中构建指标体系的方式作为警情的定义和判断依据并不能有效地反映土地生态安全的本质。为此，He等（2022）将土地利用生态安全预警定义为利用景观生态学原理，通过景观过程（包括城市的扩张、物种的空间运动、水和风的流动、灾害过程的扩散等）的分析和模拟，判别对这些过程的安全和健康具有关键意义的景观元素、空间位置及空间联系，从而识别区域景观生态安全格局。同时根据资源现状、经济发展、人口需求、社会目标等内容预测不同情景下土地利用变化格局，以景观生态安全格局为刚性框架预报未来土地利用潜在的空间冲突范围，及其对区域土地生态安全危害程度，并提出土地利用生态安全风险防范应对之策。

国土是一个带有政治含义的概念，强调的是国家主权管辖的政治权力属性。在理论边界上，国土范畴比土地范畴更广；在空间边界方面，水平方向上的国土的边界即国界，有具体的空间形态，土地的边界是人地海关系最复杂的海岸带，垂直方向上国土比土地的范围更广（吴秋菊和杨子生，2022）。

国土空间是一个复杂的地理社会空间，包括土地资源、水资源、矿产资源、海洋资源、生态资源、社会经济资源等不同客体。在政府部门，国土空间按照《全国主体功能区规划》分为城市空间、农业空间、生态空间和其他空间四类（吴次芳等，2019）。

尽管国土与土地的概念不完全一致，国土与土地的边界也存在差异，但目前在生态安全预警领域，国土与土地的内涵差别并不明显，两者也常常被学者们互用。因此就目前来说，从国土空间具有的内涵（国土资源利用方式和国土空间配置）来看，国土空间生态安全预警的概念可以用土地生态安全或土地利用生态安全预警的概念来表示。

2.4.2　国土空间生态安全预警指标体系

国土空间生态安全预警也称为土地生态安全预警，土地生态安全预警很重要的一环是在对土地生态安全内涵把握的基础上实现土地生态安全评价和预警，因此，构建符合土地生态安全内涵的预警评价指标至关重要。从现有的研究看，在土地生态安全预警指标体系构建方面大体形成了三种指标体系，一是基于 PSR 或驱动力-压力-状态-影响-响应（driving force-pressure-state-impact-response，DPSIR）框架构建的指标体系，例如，马世五等（2017）基于 PSR 框架构建三峡地区的土地生态安全预警指标体系；冯祎琛（2021）应用 PSR 模型建立了祁连山国家公园试点区甘肃省片区生态安全预警指标体系；焦士兴等（2022）基于 DPSIR 框架构建了耕地生态安全预警评价指标体系；谭术魁等（2022）基于 PSR 框架构建了耕地生态安全预警指标体系；柯小玲等（2021）基于 PSR 概念模型构建了城市生态安全预警指标体系；苏迎庆等（2021）通过 DPSIR 框架构建了汾河流域土地生态安全预警指标体系。具体地，以汾河流域土地生态安全预警指标体系为例，在该文构建的指标体系中驱动力层包含了人口自然增长率、国内生产总值（gross domestic product，GDP）增长率、人均 GDP、城镇居民可支配收入和城镇化率 5 项指标；压力层包含人口密度、化肥使用强度、土地垦殖系数、单位面积 GDP 产值和人均建设用地面积 5 项指标；状态层包含地形坡度、人均粮食产量、人均耕地面积、人均水资源量、水土协调度、城市人均公园绿地面积、第一产业比重和第二产业比重等 11 项指标；影响层包含单位播种面积粮食产量、农业机械化水平、农民人均纯收入和第三产业比重 4 项指标；响应层包含污水处理类、生活垃圾处理率、建成区绿化率和环保投资占 GDP 比例 4 项指标。虽然在具体指标选取和构成上会根据学者自身的理解有所差异，但在系统层面学者们选取的主要还是围绕土地生态系统受到胁迫压力、土地生态系统状况与动态变化特征以及响应措施与治理能力等方面的社会经济指标。

二是基于经济-环境-社会（economic-environment-society，EES）、自然-经济-社会（natural-economic-society，NES）、资源-经济-环境-社会（resource-economic-environment-society，REES）、自然-经济-环境-社会（natural-economic-environment-society，NEES）等理论框架构建的指标体系。例如，刘清丰（2021）选取了西安市高陵区地质资源为研究对象，运用 EES 模型建立地质生态安全预警评价指标体系。张英佳等（2017）运用 NES 模型从自然、经济和社会角度选取森林覆盖率、人口自然增长率、农药化肥使用量、三产比重等 13 项指标构建了土地生态安全评价指标体系。王惠勇等（2007）采用 REES 模型从资源、经济、环境和社会角度选取人口密度、路网密度、住宅投资占 GDP 比重、废水处理率等 25 项指标。李洁等（2018）采用 NEES 模型从自然、经济、环境和社会角度选取年降水量、经济密度、人口承载力、废水排放量等 31 项指标构建了土地生态安全评价指标体系。

三是综合 PSR 模型和 EES、NES 等理论框架构建的复合指标体系。例如，张秋霞等（2016）通过 PSR 和生态-环境-经济-社会（ecological-environment-economic-society，EEES）模型框架构建土地生态安全评价指标体系，并以障碍度模型分析河南省新郑市耕地生态安全障碍因子，发现地均化肥施用强度、耕地复种指数、人均粮食产量等是其耕地生态安全的主要障碍因子和改善重点。杨振民和刘新平（2021）基于改进的 NES-PSR 模型建立了阿克苏河流域土地生态安全预警指标体系。周颖（2021）综合运用 PSR 模型和 EES 理论框架构建安徽省滁州市土地生态安全预警评价指标体系。具体地，以滁州市土地生态安全预警指标体系为例，在该文构建的指标体系中压力-环境层选取了化肥施用强度、农药使用强度、农膜使用强度 3 项指标；压力-经济层选取了农业经济比重、GDP 增长率和万元 GDP 能耗 3 项指标；压力-社会层选取了城市人口密度、人口自然增长率和城镇化 3 项指标。状态-环境层选取了有效灌溉面积、森林覆盖率、人均公园绿地面积和人均水资源量 4 项指标；状态-经济层选取了经济密度、地均固定资产投资和地均财政收入 3 项指标；状态-社会层选取了单位播种面积粮食产量、人均建设用地面积和人均城市道路面积 3 项指标。响应-环境层选取了造林面积比重、建成区绿化覆盖率、污水处理厂集中处理率和生活垃圾无害化处理能力 4 项指标；响应-经济层选取了人均 GDP、第三产业占 GDP 比重和城镇居民人均可支配收入 3 项指标；响应-社会层面选取了农业机械化水平、节能环保支出占财政支出比重和科技教育投入占 GDP 比重 3 项指标。该框架下的指标体系更加细化。

综上，已有研究仍存在以下问题。第一，在指标体系构建上，无论是基于 PSR 框架、EES 模型框架还是混合模型框架构建的指标体系均存在一些问题。例如，无论哪一种模型框架，它们都只是概念模型，价值在于提供研究思路，但对于解决土地生态安全或者说国土空间生态安全的实际问题作用不大，评价结果的科学性、可靠性以及实际应用性存在质疑。第二，目前的各类指标体系中各指标层存在相互作用，多重影响评估结果，这也导致研究结果的重叠性。第三，目前的指标体系过多地选取了社会、经济等方面的指标，对自然系统方面的指标考虑较少，难以鲜明地体现出土地或者国土生态安全状况。

2.4.3　国土空间生态安全预警的模型和方法

在土地生态安全预警评价方面，学者运用了许多不同的方法，如灰色模型 (1, 1) [Grey Model (1, 1)，GM (1, 1)] 预测、能值分，BP（back propagation，反向传播）神经网络、可拓分析以及情景分析等。其中，人工神经网络分析方法的原理是大量简单的基本单元——神经元相互连接构成神经网络，通过模拟人的大脑神经处理信息的方式，构建信息并行处理和非线性转换的复杂网络系统。该方法对解决非线性问题有着独特的先进性，它可以避开复杂的参数估计过程，同时又可以灵活、方便地对多成因的复杂未知系统进行高精度建模，因此在评价类的研究中得到广泛应用，如曾浩等（2011）选取 21 项指标构建土地生态安全指标体系，运用 BP 神经网络分析方法对武汉市的土地生态安全进行评价，发现武汉市的土地生态安全指数有提高的趋势。主成分分析方法是将多个具有相关性的要素转化成几个不相关的综合指标的分析与统计方法，综合指标有可能包含众多相互重复的信息，主成分分析在信息最少丢失原则下，对原来的指标进行降维处理，把一些不相关的指标省去，将原来较多的指标转换成能反映研究现象的较少的综合指标，这样能够简化复杂的研究，在保证研究精确度的前提下提高研究效率。王鹏等（2015）通过主成分分析法对衡阳市的土地生态安全进行评价，在 SPSS（statistical package for the social sciences，社会科学统计软件包）软件的支持下选取 8 项指标，结果发现，产业结构是影响衡阳市土地生态安全的主要因素。孙奇奇（2012）等通过主成分分析方法，运用

SPSS 技术分别从社会、经济和自然因素中选取 21 项指标对哈尔滨市 2001～2008 年的土地生态安全进行评价，结果发现哈尔滨市的土地生态安全度有上升的趋势，但仍然存在不足。

PSR 模型的优点在于使用了"压力-状态-响应"这一思维逻辑，体现了人类与环境之间的相互作用关系。人类通过各种活动从自然环境中获取其生存与发展所必需的资源，同时又向环境排放废弃物，从而改变了自然资源储量与环境质量，而自然和环境状态的变化又反过来影响人类的社会经济活动和福利，社会则通过环境政策和经济政策的颁布，以及宣传来达到影响人类的意识和行为进而对自然和环境状态的变化做出反应，如此循环往复，构成了人类与环境之间的 PSR 关系。艾克旦·依萨克（2022）基于 PSR 框架模型，合理选择影响土地生态安全的因素作为预警指标，专门性构建阿克苏河流域土地生态安全预警指标体系，并用综合指数法来计算相应的土地生态安全综合指数，从而反映研究阶段内土地生态系统的发展情况与安全水平。陈美婷等（2015）通过 PSR 模型构建土地生态安全评价体系，利用熵权法和径向基函数（radial basis function，RBF）模型对广东省 2000～2016 年的土地生态安全进行评价，发现广东省的土地生态安全预警度有降低趋势。韩晨霞等（2010）将 PSR 模型与 EXCEL 程序相结合构建生态安全状态评价预警模型，对石家庄 1999～2020 年的生态安全进行定量评估以及动态预测，发现石家庄的生态安全预警状态由中警逐渐过渡到轻警，生态安全综合指数逐步提高。陈勇等（2016）通过 PSR 模型构建生态安全评价体系，运用模糊综合评价指标法对地下铁矿山土地生态安全进行评估，发现山东省的土地生态安全状况虽然有不断改善的趋势，但是仍然不容乐观，并据此提出了相关的政策与建议。然而，在指标选取上，已有的 PSR 概念模型不能把握系统的结构和决策过程，人类活动对环境的影响只能通过环境状态指标间接地反映出来，对生态安全本质与安全机理的探讨也不足。基于此，欧洲环境署对 PSR 模型进行修正提出了"驱动力（driving force）-压力（pressure）-状态（state）-影响（impact）-响应（response）"（DPSIR）概念模型从系统角度看待人和环境的相互关系，具有系统性、综合性等特点，能够监测各指标之间的连续反馈机制，有利于反映土地生态安全的系统过程。苏迎庆等（2021）以 DPSIR 理论框架构建研究区预警指标体系，采用乘算模型定量在测算 2006 年、2013 年、2018 年基准期的安全预警指数的基础上，运用空间自相关模型及地理探测器揭示空间相关性及异质性机理，探明研究区土地生态安全警度时空演变的驱动机制及发生原理。黄海等（2013）通过 DPSIR 概念框架模型构建土地生态安全指标体系，利用优劣解距离法（technique for order preference by similarity to ideal solution，TOPSIS）模型对山东省 2006～2013 年的土地生态安全状况进行评测。徐美等（2012）通过 DPSIR 模型分别从驱动力、压力、状态、影响和响应五个方面构建土地生态安全预警评价模型，对 2001～2010 年湖南省的土地生态安全进行评价，发现湖南省的安全系统和状态系统呈现逐渐上升的趋势，而压力状况则呈现下降的趋势。杨振民和刘新平（2021）在改进的 NES-PSR 模型基础上构建了土地生态安全评价指标体系，采用熵权法和层次分析法进行综合权重赋值，分析了阿克苏河流域 1999～2018 年警情变化及沿河六县市的土地生态安全空间格局，最后运用障碍度模型分析不同年份的主要障碍因子，以期为流域未来的调控和管理提供建议。

　　GM（1，1）是指对系统行为特征值的发展变化进行预测，对既含有已知信息又含有不确定信息的系统进行预测，也就是对在一定范围内变化的、与时间序列有关的灰色过程进行预测。其优点在于尽管灰色过程中所显示的现象是随机的、杂乱无章的，但其本质是有序的、有界的，因此可以通过对原始数据进行生成处理来寻找系统变动的规律，生成有较强规律性的数据序列，然后建立相应的微分方程模型，从而预测事物未来的发展趋势。温明馨（2021）利用 GM（1，1）预测了 2028 年和 2038 年的土地生态安全警情水平，采用相对误差对模型模拟的结果进行了精度检验。预测结果表明，2028 年和 2038 年，巢湖流域整体的土地生态安全发展较为稳定但局部地区有恶化趋势。李玲等（2014）通过 GM（1，1）分析河南省未来的土地生态安全态势，发现土地生态服务系统遭到一定的破坏，需要对其进行安全规划管理。上述综述表明，可用于生态安全预警的方法较多，如何结合区域特征和研究目标选择合适的研究方法非常关键。严超等（2015）通过 PSR 评价框架以及 GM（1，1）模型对池州市 2001～2010 年的土地演变趋势进行考量，发现池州市土地的生态趋势在转好，影响土地生态安全的主要因素有人口密度、自然增长率等，这些均是今后调控的重点。

　　土地生态安全是一个随着时间动态演进的过程，伴随着人们对生态环境的重视，土地利用生态安全的预警可能会从中警逐步过渡到重警。当然，人们对土地粗放式使用同样也会使土地生态安全状况逐年恶化，所以对土地生态安全的研究应当在一个时间的尺度上进行。周颖（2021）基于 PSR 模型和 EES 理论框架构建滁州市土地生态安全预警指标体系，应用组合赋权法、综合指数法测算 2009～2019 年滁州市土地生态安全预警指数值以研判其警情等级及变化规律，并利用 GM（1，1）模型对滁州市 2020～2024 年土地生态安全警情演变趋势进行动态预测，同时引入障碍度模型及耦合协调评价模型，进一步深入探究制约滁州市土地生态安全警情水平提高的主要障碍因素以及影响其土地生态子系统间协调发展状况的评价指标。焦士兴等（2022）依据 DPSIR 模型，构建了河南省耕地生态安全预警评价指标体系，采用熵权法对其预警进行定量评价，利用障碍度模型分析其主要障碍因子，运用 GM（1，1）模型预测 2019～2023 年的警情发展趋势。魏小衬和李陇堂（2021）运用 DPSIR 模型和 TOPSIS 法对中卫市旅游生态安全警情现状、时序变化及发展趋势进行分析，最后，运用障碍度模型客观诊断旅游生态安全的主要障碍因子。柯小玲等（2021）以长江经济带全流域为研究对象，基于 PSR 概念模型建立生态安全预警指标体系，然后运用 SD 理论构建长江经济带生态安全预警仿真模型，模拟预测 2007~2025 年长江经济带 11 个省市的生态安全状况，从时间和空间两个维度深入分析其发展趋势，并提出生态安全预警的应对措施与建议。荣联伟等（2015）基于 PSR 模型构建土地生态安全评价体系，通过 GM（1，1）模型对黄土高原山区晋城市 2001~2010 年的土地生态安全状况进行动态评测，发现晋城市的土地生态安全值有上升的趋势，而土地生态安全的"敏感"度有下降的趋势。刘庆等（2010）通过选取自然、经济和社会方面的指标构建土地生态安全评价体系，对 1999~2007 年长株潭城市群的土地生态安全进行动态评价，发现该地区的土地生态安全综合指数呈现下降的趋势。许月卿等（2015）从土地自然基础状况、土地利用状况、土地污染、退化状况等六个方面构建土地生态安全评价体系，运用综合指数法对生态脆弱区张家口 2000 年和 2010 年的土地生态安全状况进行动态监测，结果发现由于退耕还林和其他生态工程建设，土地的生态安全综合指数逐步上升。熊勇和赵翠薇（2014）通过 SPSS 软件和 GM（1，1）模型对贵阳市 1992~2011 年的土地资源生态安全进行动态分析，发现土地生态环境的良性循环潜力大，但是生态脆弱性依然存在。城市生态系统是一个人口高度集中的复合生态系统，它的生态安全性更加脆弱，柯小玲等（2020）采用 SD 理论与方法进行城市生态安全预警研究，应用 PSR 概念模型建立城市生态安全预警指标体系，基于 SD 构建城市生态系统安全仿真模型，以武汉市为样本，通过系统流图、方程及仿真揭示该市 2004~2020 年的生态安全演化趋势，进行生态安全预警分析。

上述学者的研究表明，土地生态安全在空间上存在差异，即存在空间的异质性，因此及时对土地利用的生态安全进行预警显得尤为重要。霍文敏和陈甲斌（2022）基于 PSR 模型与土地利用和土地变化（land-use and land-cover change，LUCC）构建煤炭资源区生态安全预警指标体系，选取涵盖经济、社会、环境、生态四个维度的 26 项指标，并通过极差法对上述指标进行标准化计算，运用熵权法对指标赋权重，从而得到研究区的生态安全指数。张利等（2015）在 RS 数据和 GIS 技术的支持下，以栅格为评价单元，利用分类树法对滨海快速城镇化地区的生态安全预警状态进行分类，发现该地区处于不安全预警、亚安全预警、快速退化预警状态的土地占土地利用总面积的比重较大。吴冠岑等（2008）基于权变理论、层次分析法和预警指标的动态发展趋势构建土地生态安全预警的惩罚型变权模型，对淮安市 1996~2005 年的土地生态安全进行评测，发现淮安市的土地生态安全处于轻警区间并有逐步提高的趋势。黎德川等（2009）基于灰色关联预测模型，以及预警的原理和过程，通过明确警义、寻找警源、分析警情、预报警度和排除警患五个步骤对江西省乐安县的土地生态安全进行评测并提出相关的政策与建议。庄伟等（2014）通过 PSR 模型、GM（1，1）模型等一系列预测模型对 2004～2014 年重庆市长生桥镇的土地生态安全进行预警评价，发现该地区的生态安全指数有上升的趋势。郜红娟等（2013）通过能值分析法，对贵州省 2000～2010 年耕地利用的投入产出进行分析，发现贵州省的耕地利用生态安全指数有所下降，且生态安全预警状况由轻警恶化到中警。谭敏等（2010）运用 ArcGIS①空间分析方法、因子加权以及数理统计方法，采用地形地貌、水文和地质灾害等预警因子构建土地生态安全预警评价体系，发现北京市房山区土地生态安全预警由低到高的面积呈现逐步下降的趋势。王耕等（2007）通过将状态和隐患结合起来，以淮河流域为例，采用预警指数测算方法对区域土地利用生态安全未来的演变趋势进行相应的判断和状态预警。胡和兵（2011）采用人工神经网络分析模型和生态足迹分析方法对池州市进行生态安全敏感地区预警评价，发现 1996～2004 年池州市对土地的利用超过了该地区的生态足迹，预警状态为不安全状态。张强等（2010）通过可拓综合分析方法以及"状态－胁迫－免疫"模型对陕西省 1997～2007 年的生态安全进行预警评估，发现这些年陕西省的生态环境从"不安全"逐步过渡到"安全"，生态安全综合指数增高。高宇等（2015）通过多元线性回归模型，针对榆林市 2012～2021 年的生态安全构建四种情景模型，发现榆林市的安全指数向不安全级别靠近，生态安全问题的全面解决是一个较为漫长的过程。马志昂等（2014）基于 BP 神经网络分析方法构建土地生态安全评价模型，并以 15 项指标构建土地生态安全评价指标体系对安徽省 1998～2012 年的土地生态安全综合指数进行评价，研究发现安徽省的土地生态预警指标从 1998～2002 年的"非常不安全"逐步过渡到2008～2012 年的"较不安全"，土地生态安全综合指数逐年增高。

此外，部分学者也运用"3S"技术对土地生态安全警情进行评价。孙芬等（2012）充分利用 RS 数据、DEM，在 GIS 软件的技术支持下，对重庆市丰都县沿江地区的土地生态安全进行警情分析，发现长江南岸的土地生态状态良好，而长江北岸主要以轻警为主，土地生态功能退化较为严重。曲衍波（2008）运用 DEM、RS 数据对栖霞市的土地生态安全进行预警研究，并将警情划分为四个等级。彭文君和舒英格（2017）在 RS 和 GIS 的技术支持下建立土地利用空间动态分析模型对石漠化山区的土地生态环境进行测度，结果发现耕地、草地等农用地和未利用地发生了剧烈转换，城市化进程的加快对土地生态安全构成了严重的威胁。王娟等（2015）在 GIS 技术的支持之下，对甘肃省合水县进行土地利用生态安全状况的空间分析，研究结果表明土地生态安全状况较好的地区多是城镇较少的区域，

---

① ArcGIS：专业地理信息软件。

林地分布较多的区域往往对应良好的生态安全状况。西藏是我国重要的生态安全屏障，资源承载力长效监测预警机制的建立有助于明晰资源开发利用现状，科学利用区域自然资源，促进地区生态保护和可持续发展，刘玉洁等（2020）基于西藏"一江两河"地区县级统计数据，定量计算水、土和生态等资源承载力，并根据定量评价结果构建资源承载力监测体系并应用于"一江两河"地区。

2.4.4　国土空间生态安全预警机制构建

土地利用的生态安全预警研究表明我国各地区的生态安全预警状态普遍不高，存在改善的空间，许多学者认为应当建立相应的生态安全预警机制，使土地利用的生态安全状态有自发提高的动力。谭术魁等（2022）将耕地生态安全相关理论和方法，与人工智能技术进行有机结合，综合运用熵权法、多因素综合加权法和随机森林与多层神经网络集成模型这一关键技术，开发了耕地生态安全评价、预测和预警的完整系统，并将该系统应用到中国粮食主产区耕地生态安全预警机制。周士园（2020）研究在归纳总结景观生态安全预警目的、准则和作用的基础上，依据湿地景观演化多情景模拟结果和景观生态安全评价结果，构建了包括预警触发、警情分析和预警反馈三大模块的湿地景观生态安全预警机制。同时从整体调控策略和具体调控措施两个层次提出了湿地景观生态安全调控对策。张成等（2020）将土地生态安全相关理论和方法与计算机技术进行了有机结合，形成了土地生态安全评价、预测和预警的完整体系。综合应用数据库技术、数学模型和矩阵实验室图形用户界面（matrix laboratory graphical user interface，MATLAB GUI）编程技术开发了土地生态安全预警系统，实现了对土地生态安全状况的定量化、可视化、自动化的评价和预测及实时预警。马晓钰和叶小勇（2012）将人口承载力预警模型和最少人口规划界限相结合，针对新疆"脆弱生态环境-人口"安全问题构建预警机制，对人口减少、环境破坏和经济停滞做到提前预警。王瑾等（2010）对生态安全预警进行简要的分析，提出将生态预警机制作为政府考核机制，积极呼吁学术界重视生态安全预警，并在预防生态危机和减少人员财产损失等方面提出相应的政策建议。王军等（2007）基于农业生态学原理、环境库兹涅茨曲线与生态安全耦合性研究针对河南省农业状况日益变差等问题建立了生态安全预警机制。定量化、可视化、自动化评价和预测土地生态安全状况并进行实时预警具有重要意义。张成等（2020）基于 PSR 模型构建了土地生态安全评价指标体系，采用投影寻踪模型对土地生态安全状况进行评价，采用主成分相关分析法诊断土地生态安全的主要影响因子，采用空间差异系数模型分析土地生态安全的时空格局，采用 Markov（马尔可夫）模型对土地生态安全水平进行预测，通过划分土地生态安全预警等级建立预警机制，并利用 MATLAB[①]的图形用户界面开发了土地生态安全预警系统。城市化导致区域土地利用格局发生巨大变化，并威胁到区域生态安全，Xie 等（2020）以 2010 年为基准年，使用 Markov 模型预测了被调查区域在 2015 年和 2030 年的新建筑用地需求，并建立 CA 模型，预测了与建设用地扩张和耕地征地补偿平衡有关的土地利用分布，将现有的区域关键生态空间与预测的土地利用变化分布相叠加，得出潜在的生态安全警情，明确了土地利用生态安全预警机制可以有效预警土地利用带来的生态威胁，帮助决策者提前防范风险。

尽管国内外学者对土地利用生态安全预警进行了大量的理论与实践研究，但仍存在一定缺陷及不足。首先，研究目前的土地生态安全预警仅以县（区）和流域为研究单元，忽视了对县（区）内部的空间异质性和更大空间的研究。其次，土地生态安全预警指标体系的数据选取过多地依赖于统计年鉴提供的资料，缺乏实际调研数据，导致对土地生态系统自然属性的研究还远远不够。最后，研究忽视了对土地生态安全预警系统在空间上的聚集规律和关联模式等空间演变特征和过程的考察。

2.5　国土生态安全格局优化研究

土地利用生态安全格局是指能够满足和保障区域土地资源生态安全的土地利用格局（张虹波和刘黎明，2006；黎晓亚等，2004）。土地生态安全格局的问题从本质上说是利用景观生态学原理解决土地合理利用的问题。随着景观生态学原理渗透到土地合理利用的问题中，格局优化成了土地利用规划的核心内容（Guan and zhang，2003）。在自然资源统一管理后，可以认为国土生态安全格局是针对国土空间中的生态环境问题，在应对气候变化和人类活动干扰的基础上，能够维持生态系统结构和过程的完整性、实现对生态环境问题有效控制和持续改善的区域性国土空间格局（傅伯杰，2019）。

2.5.1　国土空间冲突研究进展

1. 国土空间冲突的概念与内涵

冲突（conflict）的概念最早源于社会学，是指两个或两个以上的社会单元在目标上互不相容或互相排斥，从而产生心理或行为上的矛盾。20 世纪 60 年代以来，土地利用冲突概念与内涵探讨相继出现于国内外相关研究成果。国外学者一

---

① MATLAB：是 matrix & laboratory 两个词的组合，意为矩阵工厂（矩阵实验室），软件主要用于数据分析、无线通信、深度学习、图像处理与计算机视觉、信号处理、量化金融与风险管理、机器人、控制系统等领域。

般用 land use conflict 表示土地利用冲突，对于其概念尚没有明确而统一的定义，大多根据土地利用冲突的实际应用给予一定解释。其中比较具有代表性的有：①土地利用方式对稀缺资源的竞争，如 Campbell（2000）等基于放牧、农业耕作与野生动植物保护之间的关系对肯尼亚卡贾多区土地利用状况进行研究，指出土地利用冲突是各种土地利用方式对稀缺水土资源的竞争；②对土地权利的不同利益诉求产生的矛盾对抗或农民为改变不平等的土地社会关系所做的抗争（Upreti，2004）。

在国内，部分学者延续社会冲突视角提出对土地利用冲突的理解，如谭术魁（2008）将土地利用冲突定义为单位或个人围绕土地发生的过激行为。阮松涛和吴克宁（2013）等认为土地利用冲突是围绕土地客体产生的各种社会矛盾的综合。孙月蓉和李永清（2012）通过对农村土地利用冲突的考察，将土地利用冲突解释为不同社会主体在争夺土地资源权益时发生的对抗性互动过程。喻琳（2014）认为土地利用冲突是利益驱动下不同参与者之间的矛盾。也有学者引入利益相关者理论和博弈论，进一步丰富社会冲突视角下土地利用冲突的内涵，如于伯华和吕昌河（2006）、杨永芳和朱连奇（2012）认为土地利用冲突表现为土地资源利用中各利益相关者对土地利用方式、数量等方面的不一致和不和谐。

随着人类土地利用系统与生态环境关系的愈加密切，需要从生态环境、人与环境协调的视角去看待土地利用空间冲突问题（王健和刘欣雨，2022），因此，土地利用冲突包含了人地关系失调导致的土地利用与环境关系之间不可调和的矛盾这一内涵，例如，于伯华和吕昌河（2006）在其提出的土地利用冲突概念中强调了人地关系中各种土地利用方式与环境方面的矛盾状态。土地利用冲突的产生加剧了经济利益、生态利益与社会利益之间的矛盾（江颂和蒙吉军，2021）。这种矛盾随着社会发展程度的加深、生态环境问题的日益显现，得到越来越广泛的关注。

土地利用冲突不仅体现在社会权益和资源环境矛盾两个维度上，还更为直观地体现在空间维度上，例如，常见的有生态空间与农业空间的冲突、生态空间与建设空间的冲突等。空间冲突是源于空间资源的稀缺性和空间功能外溢性的一种客观地理现象，是在人地关系作用过程中伴随空间资源竞争而产生的空间资源分配过程中的对立现象（周国华和彭佳捷，2012）。地理学视角下空间冲突的基本指向在于不同类型的地理空间在结构比例、空间组合以及相互转化过程中的不协调（贺艳华等，2014）。空间功能的相对性意味着空间开发利用过程中不是非此即彼的关系，很多时候是出于主观性鲜明的现实发展需求。特别是随着改革开放以来，城镇、工矿空间的扩大，占用了大量的生态空间和农业空间，其中一部分是客观发展的需要（Zhou et al.，2017）；而另一部分则是无序的蔓延，当这种无序蔓延到一定量的时候，资源浪费和环境恶化集中爆发，就会出现土地利用的冲突，或者是不同功能区的冲突(孟宝,2020)。土地冲突的表现形式是多样的,既有环境恶化的直接表现,也有空间景观的不协调等导致的空间宜居性下降,还可能导致后续开发利用出现一些潜在的问题和危害。

近年来,随着"国土"意识的强化,国土空间冲突开始进入人们的视野。周国华和彭佳捷(2012)认为国土空间冲突是在人地关系作用过程中伴随空间资源竞争而产生的空间资源分配过程中的对立现象。在此基础上,周德等(2015)将国土空间冲突定义为各土地利用主体和利益相关者在以土地为核心的资金、技术、人口、水资源、基础设施和公共政策等资源要素的综合竞争及博弈过程中所产生的对国土空间的配置方式、配置数量和配置结构等方面的矛盾与对立。高磊(2019)认为国土空间冲突是指随着城镇化进程中的各种土地类型(功能)变换产生的人与自然间的不和谐现象,在空间上主要表现为生态用地空间与建设用地空间比例失调、土地景观破碎化、复杂化等问题。而程进(2013)认为国土空间冲突是不同空间层级在区域发展互动过程中因发展理念、文化差异导致共同利益目标偏离协调发展的理想状态,可以总结归纳为经济利益上的冲突对立。

上述国土空间冲突的概念基本延续了土地利用冲突的内涵,体现了权益、资源和空间等多维度的特征,但笔者认为国土空间作为一个复杂地理社会空间的范畴,包含了土地资源在内的多种资源,因此,土地利用冲突是国土空间冲突的表现之一,它应该包括更广范围的资源利用冲突,如土地资源、水资源、矿产资源、生态资源等国土空间涵盖的资源之间的冲突,常见的有围海造陆所引发的水陆冲突。此外,国土概念和属性的确定为国土空间规划提供了统一治理的机遇,因此,从这一点上看,国土空间冲突还包含了各类各级规划冲突、多部门分头治理冲突的含义。

2. 国土空间冲突识别与分类

科学评价与识别国土空间冲突的潜在发生区域,是因地制宜有效预防和破解国土空间冲突的基础。梳理相关文献,目前国土空间冲突识别方法主要有以下几种。①参与式调查法,一般以问卷调查、半结构访谈为实现手段(杨永芳和朱连奇,2012)。Henderson(2005)将澳大利亚作为研究区,针对其城市发展问题,通过结合实地调查法与访谈的方法来探究城市发展空间和农业生产空间之间的冲突;杨磊和刘建平(2014)通过田野调查,同时结合案例研究法,基于城镇化进程探讨了湖北省两个地区国土空间冲突的演化过程并构建了相关治理机制。②博弈论,常应用于研究各理性决策者在其行为发生相互作用时的决策及决策均衡问题(阮松涛和吴克宁,2013)。在土地利用冲突研究中,将土地利用利益相关者的利益引入博弈分析,建立相关数学模型来分析各利益相关者在做出不同用地选择时的利益差异，从而找出最为合理的用地策略（江颂和蒙吉军，2021）。③PSR 模型即"压力-状态-响应"，在土地利用冲突研究中，选取压力、状态和响应的三类指标，可得到反映土地利用冲突综合情况的指数。有学者采用 PSR 模型，针对江西省德兴矿粮复合区、太行山区域分别探讨了农业空间、城镇空间的冲突和生态空间、城镇空间的冲突并构建相关解决方案（冯玮，2017；薛朝浪和赵宇鸾，2018）。而在 PSR 模型的基础之上，于伯华等（2006）对其进行了扩展，得到"压力-状态-影响-响应"（PSIR）、"压力-活动-状态-影响-响应"（PASIR）和"驱动力-状态-响应"（DSR）等扩展模型，但其核心逻辑基本相似。④多目标适宜等级排列组合法，基本思路是通过评价地块单元对多种利用方式的适宜性差异，将对多种利用方式具有同等且较高适宜性的地块作为冲突区，体现了多种用地方式对有限土地资源的竞争。Carr 和 Zwick（2005）、David（2008）、Faucett（2008）运用基于不同利用方式适宜性级别的土地利用冲突识别模型对研究区域进行国土空间冲突判别，并将判别成果应用在新增城镇空间选址、未来城市生态空间、城镇建设及农业空间规划上。在此基础上，李俏等（2018）同时考虑空间适宜性差异和驱动力因素，采用改进的土地利用冲突识别模型，构建基于建设、农业和生态空间倾向的三层潜在国土空间冲突评价指标体系。此外，也有学者将地块的适宜利用方式与实际利用方式相对比，使用数字编码进行测度，实际利用方式与适宜利用方式相差越大则该地块的冲突越强（Pacheco et al.，2014）。⑤景观生态风险评价，土地利用格局变化对区域生态安全产生不同程度的风险（郑岚等，2021）。彭佳捷等（2012）借鉴景观生态学中的生态风险评价与景观生态指数方法，构建空间冲突强度测算模型，测度经历快速城市化过程的长株潭城市群空间冲突水平。而陈永生（2016）在分析扬州市土地利用冲突时，构建指标评价体系除考虑社会因素和经济因素等因素外，还将研究区景观生态因素纳入指标评价体系。

　　国土空间冲突分类是国土空间冲突研究的重要内容，也是深入研究、解决和规避国土空间冲突的前提。国土空间冲突涉及自然、经济、社会、生态、政治等多个领域，根据研究目的和研究视角不同，国土空间冲突分类体系不同（Babette，2006）。有的学者从冲突范围角度出发，将国土空间冲突类型划分为微观与宏观内部的冲突、微观与宏观之间的冲突和微-宏观冲突三大类 19 小类（Warner and Jones，1998；Warner，2000）。也有学者按照空间持有目的分类，孙磊（2010）将国土空间冲突划分为经济效益冲突、经济效益与社会效益的冲突、经济效益与生态效益的冲突。在此基础上，周国华和彭佳捷（2012）按利用空间资源获取经济利益、保护生态环境和实现社会效益将国土空间冲突分为空间经济冲突、空间生态冲突、空间社会冲突、空间复合冲突。此外，有学者根据国土空间系统组成要素的不同来划分国土空间冲突，如杨永芳和朱连奇（2012）认为依据国土空间系统组成要素的不同，可以把土地利用冲突形式分为要素性冲突和功能性冲突，并进一步细分为四种类型；而王丹阳等（2022）从区域资源环境禀赋条件出发，将空间冲突划分为资源环境限制型空间冲突或空间功能多宜型（资源环境禀赋型）空间冲突。还有学者从地理学视角、生态安全视角将空间冲突进行分类。地理学的冲突测度主要建立在地理空间协调度分析的基础之上，主要从格局和过程这一地理学研究的核心内容出发，围绕结构空间组合、结构比例和相互转化等来进行冲突测度；生态学的冲突测度方法主要借鉴景观生态风险评价的理论和方法，从风险源、风险受体和风险效应等方面构建冲突指数。孟宝（2020）基于地理学视角、景观生态视角及土地利用现状和国土空间适宜性评价叠加分析的视角对宜宾市国土空间冲突进行解析，将国土空间冲突分类为开发强度冲突、景观生态指数冲突、用地现状和适宜性评价冲突、乡镇空间冲突等几类。

总体而言，首先，对于国土空间冲突的识别的单一方法往往存在一定缺点，例如，参与式调查法多目标适宜等级排列组合法均具有主观性较强的缺点。而博弈论是建立在相关利益者理性的条件下，对于冲突中可能发生的非理性行为不适用。同时，土地利用中的利益往往难以量化，使得土地利用冲突中的博弈分析结果具有一定不确定性。其次，PSR 模型的缺陷也很明显：一是依赖于大量的社会经济统计数据，由于评价单元多是行政单元，结果只能反映出土地利用冲突在行政单元上的相对强弱，不能精准地反映出冲突的具体地理位置；二是 PSR 模型的应用要求对研究区土地利用冲突有准确的认识，只有明确冲突的压力来源，才能选择合理的压力指标。最后，景观生态风险评价对社会经济因素考虑较为间接，评价结果难以体现冲突产生的原因。因此对于国土空间的识别往往需要结合其他方法，如参与式调查法通常需要与定量方法结合，而多目标适宜等级排列组合法往往需要通过与社会经济因素的灰色关联度分析或回归分析来进一步揭示冲突的驱动力。由于土地利用冲突的压力来源区域差异明显，PSR 模型可以结合相关分析或参与式调查法进行选取。

3. 国土空间冲突产生的原因

国土空间作为一种稀缺的资源，受特定时段内发展战略的影响及主体利益诉求的驱动，某类空间的急剧扩展或是空间相互的争夺势必难免，空间冲突成为发展常态。探究国土空间冲突产生的原因与机制是有效解决或避免国土空间冲突发生的基础，也是国土空间冲突研究中的热点。

国内外学者在探讨和分析土地利用冲突原因方面做了大量工作，相关研究揭示了气候（Froese and Schilling，2019）、土壤要素（Junior et al.，2014）、城市扩张（Lin et al.，2020）、人口及其需求的增长（Dong et al.，2021）、经济发展（de Jong et al.，2021)、产权制度(Dadashpoor and Ahani，2019)、政策因素(Howard，1998)、种族歧视与信仰(von der Dunk et al.，2011)等因素对土地利用冲突的影响关系。上述土地利用冲突的驱动因素多种多样，涉及自然、人文、经济、文化、制度等多个方面，但归结起来，土地利用冲突的影响因素呈现以下特征。①土地利用冲突驱动因素的区域性，受不同地区社会经济发展水平和自然地理区位的限制，不同区域的土地利用冲突关键影响因素差异较大，如在对非洲部分地区的土地利用冲突研究中发现，难民大规模返回(Deininger and Castagnini，2006)、族裔(Potgieter et al.，2014)等因素极大地影响了区域土地利用冲突的发生。②土地利用冲突驱动因素的尺度性，即土地利用冲突的影响因素在全球和地方尺度上很可能不同(Zhou et al.，2019)。③土地利用冲突驱动因素的复杂性，尽管不少学者着重分析了某些关键因素对土地利用冲突的影响，但现实土地利用冲突的发生是多种因素复合作用的结果。

正是因为上述特征的存在，有学者指出区域土地利用冲突是区域尺度下内部因素和外部因素作用的结果。其中，内部因素是指土地自身的自然资源属性，如空间资源的有限性和用途的适宜性被认为是土地利用冲突的关键内部因素(李占军和刁承泰，2009)，在数量有限的国土空间上，对不同用途的国土空间和不同功能的国土空间进行取舍，进而引发国土空间冲突。因此，国土空间资源的有限性是导致国土空间冲突的基本原因。由国土空间用途的适宜性导致的冲突一般包括两种：①空间资源的多宜性决定了空间开发可用于不同目的，满足不同需求，从而引发冲突(周国华和彭佳捷，2012)；②在地块单元本不具有某类用地适宜性或某类用地开发强度已经超越了土地承载能力的情况下，选择了该种不适宜的利用方式或开发强度，不利于生态环境的可持续发展，从而形成国土空间冲突(Pacheco et al.，2014)。人类是土地利用冲突中的重要利益主体，因此土地利用冲突的外部因素主要来源于人类对生产、生活和生态环境的不同需求。例如，陈群弟和董玉祥(2013)以广州市为例，发现城市扩张、城乡土地利用结构不合理和土地污染对城市空间冲突起重要作用；唐凯和周国华(2013)从经济学视角对长株潭城市群进行分析，认为空间冲突是一种客观存在的社会经济现象，本质是利益主体因争夺空间资源而产生的对立现象；冯玮等(2017)采用 PSR 模型，分析了江西省德兴矿粮复合区土地利用冲突，指出矿产资源产生的正向外部效应的空间利益分配不均是冲突产生的原因。综上，土地资源的稀缺性与土地利用的多功能性是土地利用冲突产生的根本原因(江颂和蒙吉军，2021)。人们对土地的权属、利用方式和开发强度等方面的认识的分歧，直接导致了各种类型的土地利用冲突的发生(周晓艳和宋亚男，2017)。土地资源的有限性和土地利用的负外部性导致土地利用冲突日益凸显(周国华和彭佳捷，2012)。

4. 国土空间冲突的管理

随着国土空间冲突问题形势日趋严峻，国土空间冲突管理研究逐渐引起国内外学者的广泛关注。针对国土空间冲突的不同驱动因素，相应的管理、协调方法已被广泛提出。空间资源的有限性、适宜性主要源于自然的限制因素，一般来说，人类改变的余地相对较小，但土地集约利用是应对土地资源紧缺的有效措施；当不同利用方式对土地产生竞争，对各用地方式的博弈和土地价值重构则有助于寻找各类用地竞争中的最优解（阮松涛和吴克宁，2013）。针对"三生空间"需求下社会经济发展驱动的冲突，常见的管理方法包括多规融合、空间管制、完善法制、合理补偿、沟通调节、参与式共同管理等。①源于产权制度不完善产生的冲突，查清法制漏洞，完善相关法律和制度是关键。②源于土地利用的负外部性或盲目占用的冲突，对利益受损的利益相关者提供合理的补偿是缓和矛盾的重要方法，且补偿不仅仅局限于经济手段，而是要结合非经济手段的补偿更能促进和谐状态的稳定。③利益相关者之间的沟通调节和参与式的共同管理既能尽可能地协调各方的利益诉求，又能充分发挥当地居民的本土知识，被认为是解决国土空间冲突的有效机制（江颂和蒙吉军，2021）。④在通过空间管制来管理国土空间冲突中，对城市空间进行空间资源优化研究是解决国土空间冲突的重要手段（班茂盛，2007；张鸿辉等，2011；赵明月等，2016），研究方法呈现出由单一学科向交叉学科扩展的趋势。例如，针对城镇空间，可以发展旅游产业来划分空间管制分区（徐萍等，2003）；针对农牧交错区域，可以建立生态农业种植产业来划分空间管制分区（马瑛，2007）；针对农业用地空间，可以采用保护生态湿地、保护生态园林和城乡统筹发展相结合的方法来缓解空间冲突（张红旗等，2015）。⑤在对"三生"空间优化中，廖李红等（2017）对平潭岛三生空间格局进行分析，借助景观生态指数方法构建空间冲突指数，推动了中小尺度的国土空间冲突管理与调控。例如，赵旭等（2019）采用 CLUE-S 模型预测河北省昌黎县 2025 年土地利用格局及景观生态指数构建空间冲突测度模型，评价县域"三生"空间现状冲突水平以及未来2025 年空间冲突强度，实现空间冲突预警。此外，王丹阳等（2022）考虑了不同区域资源环境本底和国土空间开发适宜性的差异性，基于资源环境限制性和空间功能多宜性分析国土空间冲突，以江苏省为例进行实证研究与验证，提出空间冲突的国土空间优化分析框架。

综上所述，当前，学术界对于国土空间冲突的不断探索形成了较为丰富的理论和实践成果，其中常见的管理方法包括多规融合、空间管制、完善法制、合理补偿、沟通调节、参与式共同管理等。但在多规融合方面，国土空间冲突与规划冲突彼此互为反映，表现为规划基础数据的不一致，技术缺乏统一标准，规划内容重叠，空间边界矛盾，空间布局混乱。回顾现有研究，较为缺乏将生态保护、土地资源本底禀赋共同纳入适宜性评估考量中去。为顺应生态文明新时代要求，我国提出要融合各类空间规划、编制国土空间规划重大战略部署，实现"多规合一"，就必须解决国土空间冲突重大难题，因而国土空间冲突的识别和管理尤为重要。因此，我国的空间规划基础研究应该借鉴国外成熟空间规划体系覆盖经济、社会、资源、环境以及区域等多个方面进行"多规合一"。目前开展的国土空间规划体系构建，与早期的"多规合一"密不可分，并且建立健全国土空间管制共识是空间冲突权衡的基础。

2.5.2　面向生态的国土空间格局优化

目前，在以土地资源可持续利用为导向的区域土地利用结构优化的研究中，生态因素成为重要的约束条件和优化目标，生态安全的理念也得到体现。

在面向生态的土地利用结构优化方面，国外学者进行了一定研究。Makowski（2000）以欧盟农用土地资源面临的主要的污染问题为导向，以氮流失量最小为规划目标，建立了欧盟农用土地利用结构优化模型。Herrmann 和 Osinski（1999）应用系统工程方法，从土壤肥力、地下水质量、地表水、群落生境和景观五方面选取指标作为生态约束条件，进行乡村土地利用结构优化设计。结合土地资源可持续利用研究，我国学者也开始了面向生态的土地利用结构优化方法的探讨。徐学选（2001）应用线性规划模型，以土壤侵蚀量为生态约束条件，探讨了黄土丘陵区生态建设中农林牧土地结构优化模式。林彰平和刘湘南（2002）针对生态脆弱的东北农牧交错带的主要生态问题，提出了生态安全条件下土地利用模式优化的概念框架，并采用灰色线性规划模型，以生态效益最佳为目标，探讨了以生态安全为目标的优化技术规程、沙区分步优化判定层次标准、沙区土地利用分类和生态安全评价等，为沙区土地高效利用提供了技术支持和优化范例。刘艳芳等（2002）对基于最佳森林覆盖率的生态优化方法进行了探讨。他们对生态标准的量化引入了"绿当量"的概念，在考虑耕地与草地的生态服务价值的基础上，引入森林和耕地、草地之间的基于"绿量相当"的面积换算关系，定量测算出该类用地的生态绿当量；针对不同的区域，根据区域降水量、土壤饱和蓄水能力以及土壤自然含水量来计算区域最佳森林覆盖率，并将此作为该地区生态优化的目标，这对于土地利用优化中关于生态标准的量化探讨有着重要的启示意义，但对土地利用结构生态标准的衡量只取了森林覆盖率一个指标，还不够全面，有待进一步完善。王观湧等（2015）引入反映生态效益的指标生态绿当量和土壤有机碳储量，评价研究区土地利用结构在不同发展阶段的生态效益，借助 TOPSIS[①]模型对

---

① TOPSIS：technique for order preference by similarity to an ideal solution，优劣解距离法。

历年土地利用结构进行生态合理度评价，并在此基础上以经济发展和生态效益并重为目标，构建多目标优化模型，获得注重生态用地保护、生态效益和生态合理度得到提升的土地利用结构优化方案。宁珊等（2019）指出通过土地利用结构优化能够实现区域生态效益的最大化，采用单位面积当量因子法估算了玛纳斯河流域1990～2015年各项生态系统服务的价值及其变化；借助灰色线性规划模型（grey linear programming model，GLP）进行土地结构优化，探讨了最大化生态效益目标下土地结构优化前后研究区生态服务价值的变动。在国土空间规划背景下，土地利用结构优化对实现中国土地资源高效利用具有十分重要的推动作用。唐丽静等（2019）以山东省沂源县为例，以生态优先、生态经济协调发展为原则，借鉴生态足迹理论，依据国民经济核算规则，测算国民经济发展目标生态足迹需求，结合土地利用状况及"多规"土地利用计划，以生态平衡为底线优化"多规合一"背景下的土地利用结构。何毅等（2021）分析了1998～2018年漓江流域土地利用结构的调整对生态系统的影响，并在此基础上选用 GM（1，1）灰色线性模型对2018～2028年漓江流域未来生态价值进行预测；借鉴土地利用的空间变化，将其与生态系统服务价值空间变化有机结合，探讨出一种以生态效益最大化为目标的土地利用结构优化方案。

综上所述，早期我国的土地利用结构优化研究多关注土地利用数量结构的生态优化（如林地覆盖率、坡耕地比例等），忽视了土地利用空间格局对诸多生态过程的影响，如地表水的径流、侵蚀，物种的多样性，以及干扰的传播或边缘效应等。

2.5.3　国土生态安全格局优化方法

结构和功能、格局与过程之间的联系与反馈是景观生态学的基本命题（Turner，1989）。景观生态学的一个最基本假设是空间格局对过程（物流、能流和信息流）具有重要影响，而过程也会创造、改变和维持空间格局（Wu and Hobbs，2002；Wu et al.，2014）。景观生态学中的最优景观格局原理和生态安全格局原理为土地利用结构优化提供了重要的途径（Yu，1996；Seppelt and Voinov，2002；张虹波和刘黎明，2006）。

但是传统的来自景观格局优化的土地生态安全格局构建方法，如线性规划、灰色系统规划、层次分析法、SD 模型等，缺乏定量的空间处理功能，难以刻画景观要素空间上水平方向的相互作用（张惠远和王仰麟，2000；秦向东和闵庆文，2007）。为了体现景观生态学对格局优化的要求，人们开始求助于空间直观模型。国外比较成功的案例有 Seppelt 和 Voinov（2002）对农业土地利用格局优化的研究，其中的优化模型建立了不同管理措施下的养分平衡，将不同土地利用方式和施肥措施下的最大农业产出值作为判别标准，建立了一个空间显性的动态生态系统模拟模型进行数量模拟，利用基于随机过程的蒙特-卡罗方法来模拟检测优化结果的可信度。从城市土地生态安全格局来看，构建山水型城市高、中、低三种水平生态安全格局，可有效协调该类城市空间扩展与生态要素限制之间的矛盾。储金龙等（2016）以安庆市为例，运用高分辨率遥感影像识别生物多样性保护、水资源安全、地质灾害规避三类生态用地，采用 GIS 空间分析技术并基于多因子综合评价，将生态用地划分为极重要、较重要、一般重要三个级别；将极重要生态用地与相关法规、标准及政策所规定的禁建区作为源，利用最小累积阻力模型，获得安庆市综合生态安全格局；另外，在生态安全格局的基础上，提出建设用地开发策略。雷金睿等（2020）以海南岛为研究区，基于 PSR 模型构建海南岛湿地景观生态安全评价体系，在 RS 和 GIS 技术的支持下分析了1990～2018 年海南岛湿地景观生态安全状况及其空间分布特征。杨彦昆等（2020）以三峡库区重庆段为例，通过生态重要性和敏感性综合识别源地，构建连通度指数修正阻力面，利用最小累积阻力模型提取生态廊道，从而构建三峡库区重庆段生态安全格局，提出生态安全格局构建旨在识别研究区的重要生态区域并保持它们之间的连通，是实现区域协调发展的重要途径，生态阻力面的科学构建和修正则是生态安全格局建立的技术难点。沈润等（2022）基于生态系统服务和生态敏感性，采用热点分析法提取生态源地，构建景观破碎化综合指数修正地物赋值的阻力系数，识别出生态廊道和生态节点，构建和优化西双版纳傣族自治州的生态安全格局。

土地生态安全格局的构建方法经历了由定性分析评估到定量计算、由静态优化到动态模拟、由固定条件下的孤立寻优到可变条件下的趋势分析、由数量配置为主到预测空间变化的过程，定量、可变、动态的空间模拟将是土地生态安全格局相关研究的主要方式。土地利用格局变化与生态过程改变互为因果，了解局部演变的时空规律及其演变驱动机制是结合生态过程进行土地利用格局分析和优化的前提与基础。但现阶段对土地利用格局、过程和功能相互作用的研究还不够成熟，还不足以对土地生态安全格局设计进行理论指导。

将土地利用格局变化与生态过程改变结合起来看，一方面土地生态安全格局对动态的空间模拟提出越来越高的要求，另一方面空间模拟迟迟得不到景观尺度上定量化规律的有力支持，使传统"自上而下"的优化思路难以依靠模型实现自动化。要在目前景观生态学的基础研究水平上解决这个矛盾，似乎只有采纳复杂性科学所倡导的复杂性研究方法——"自下而上"的构模方法。这类模型能够将特定的生态过程纳入格局分析中，使其无限接近土地利用格局变化的真实过程。

在这方面，元胞自动机（CA）具有天然优势。基于 CA 的空间直观模型不关心景观尺度上定量化的规律，而是直接在较低的一个尺度上，从景观组成单元入手，模拟它们的状态和局部相互作用，即能在总体上表现土地利用格局的演变过程。这也是基于 CA 的空间直观模型在模拟土地利用空间格局与过程相互作用的研究中被广泛应用的主要原因（邬建国，2000）。目前，国外已有一些学者基于 CA 进行了土地利用规划的研究。例如，Strange 等（2002）发展了一种基于 CA 的进化优化算法，它能有效解决造林规划的空间决策问题。Mathey 等（2007）通过设计一种基于 CA 的进化算法整合了时间和空间目标，探索了一种协同演化的 CA 模型，用于空间显现自然动态过程的森林规划。

近年来国内也有部分学者开始尝试运用 CA 探讨土地利用格局的优化问题。Chen 等（2008）在综合使用"自上而下"的 GLP（grey linear programming，灰色线性规划）方法和"自下而上"的 CA 方法的基础上，建立了土地利用格局优化模拟模型，对中国北方农牧交错带生态安全条件下的土地利用格局优化进行了模拟研究。刘小平等（2007）提出了基于"生态位"的 CA 新模型，并探讨了如何通过"生态位"CA 和 GIS 的结合进行城市土地可持续利用规划。该模型可方便地探索不同土地利用政策下的城市土地利用发展前景，能够为城市规划提供有用的决策支持。杨小雄等（2007）探讨了在政策及相关规划约束、邻域耦合、适应性约束、继承性约束及土地利用规划指标约束下的反映土地利用规划布局的 CA 模型，并以广西东兴市为例进行了模型的仿真研究。赵冠伟等（2009）利用 CA 理论进行了城市边缘区多地类变化模拟的尝试；杨娟（2010）提出了基于多类支持向量机的 CA 模型（MSVM-CA），使 CA 不仅能模拟从非城市用地到城市用地的转变，还可以应用于模拟多种土地利用类型之间的演变。苏凯等（2019）对东北森林带 2000～2015 年的景观格局变化进行生态系统结构、生态系统转换方向、景观指数变化分析，运用 MCE-CA-Markov 模型模拟 2020 年东北森林带景观格局变化趋势。成超男等（2020）以山西省晋中主城区为例，从生物多样性保护、自然灾害预警和人为活动干扰三方面出发，判定其城市环境的生态敏感度，采用 CA-Markov 模型分析和模拟土地类型的演变趋势，合理划分城市生态分区，为优化晋中主城区的生态空间布局和保障其生态安全提供了参考。张晨星等（2021）对白洋淀流域 2008～2018 年的景观时空变化特征进行分析，应用传统 CA-Markov 模型和结合环境因子的多标准评价的 MCE-CA-Markov 模型，分别对白洋淀流域 2023 年景观进行模拟，通过构建景观格局指数评价体系探讨白洋淀流域 2008～2023 年景观格局变化规律。施成超等（2022）采用 GlobeLand30 数据集为基础数据，利用土地利用变化动态度分析、LUCC 转移矩阵、CA-Markov 模型构建、景观格局指数分析等方法综合研究云南省德宏傣族景颇族自治州的土地利用格局演变。王娜等（2022）借助长沙市最小累积阻力模型识别生态网络，结合研究区自然、经济社会等现实情况，综合考虑多种景观类型变化驱动因子，初步评价各类景观适宜性，并兼顾生态重要性和邻域空间特征，基于 CA-Markov 模型模拟在生态网络约束下的 2035 年景观格局，提出一种生态网络约束下的景观适宜性修正方法。

值得注意的是，目前一些研究探索在进行土地利用动态模拟时将 CA 模型与 MAS 相结合，以弥补 CA 模型未考虑人类决策行为影响土地利用变化的缺憾。例如，Ligtenberg（2001）结合 MAS 和 CA 模型，建立了多智能体共同进行空间决策的土地利用情景模拟模型；Torrens 和 O'Sullivan（2001）在分析 CA 模型缺陷的基础上，建议利用 CA-MAS 耦合模型进行土地利用动态模拟；Valbuena 等（2010）基于多智能体系统在区域尺度上进行了土地利用变化与规划的模拟研究；Ligtenberg 等（2001）进一步论述了基于多智能体模型进行空间规划的验证问题。国内学者则主要将 CA 模型与 MAS 相结合应用于城市土地扩张模拟。例如，刘小平等（2006）提出了结合 MAS 与 CA 的微观规划模型，模拟了广州市海珠区 1995～2010 年的城市土地扩张，并讨论了在不同规划情景下城市土地资源的利用效率及合理性。杨青生等（2007）运用 MAS 与 CA 相结合的方法来模拟城市土地扩张过程。聂云峰等（2009）通过集成 MAS、GIS 和 CA，建立了城市发展模型，并以广州市番禺区为例进行了仿真实验。全泉等（2011）利用 CA 模型和 MAS 模型相结合的方法，在 GIS 技术手段的支持下开展了上海城市扩展动态模型研究。杨俊等（2016）基于行为描述面试（behavior description interviewing，BDI）决策和 MAS-CA 模型对大连金石滩 2020 年和 2030 年的城镇区域面积进行模拟，Kappa（卡帕）系数达到 0.635，研究结果表明 BDI 决策补充了 MAS-CA 模型决策的不足，使模型整体框架进一步完善，模拟结果具体准确，精度达到 89.1%；滨海地区的生态环境容易被破坏，政府应该采取措施寻找土地利用与生态环境保护的完美平衡点。马欢等（2017）利用 GIS 空间分析和重心迁移模型分析沙漠化景观时空变化趋势，并以 2010 年沙漠化分类数据为基期年数据，利用 Logistic-CA 模型，引入 MAS 模型修正转移规则，预测 2015 年沙漠化分类情况及其空间分布格局，结果精度较好。

综上所述，传统的土地生态安全格局设计大多停留在指标相互作用关系的静态设计上，且难以定量地考虑格局的空间优化。以空间显性模型为核心的格局模式，真正触及了土地利用格局的形成机制，并体现了景观生态学强调水平方向生态学过程的特征。因此，通过模拟格局演化进行设计的客观性和自动性程度较高，而且模拟演化过程本身就验证了生态安全方案的效果和可实现性。

第3章 国土空间生态安全的理论基础

3.1 土地利用行为理论

3.1.1 土地利用个体行为理论

从新古典经济学的角度看,土地作为生产要素,其用途的转移是土地经营者追求效用最大化的结果,土地经营者为追求更高的利润将土地要素配置到更高效益的投入产出组合上。对于土地生产要素本身来说,其用途转移的本质是不同用途对同一土地竞标活动的结果。竞标胜负的决定因素是收益或效用的大小,遵循最优利用原则:土地资源趋向于向那些出价最高的经营者手中转移,趋向于向那些收益最大的用途转移。这种从经济学上解释土地经营者个体行为的理论被称作土地利用的基本竞争模型(李秀彬,2002)。它具有深远的历史,可以追溯到19世纪初杜能和李嘉图关于地租的经典著作。

1. 地租

传统地租理论将地租视为土地使用的代价,是土地投入到生产过程所得到的报酬。在完全竞争的假设条件下,得到土地租用权的是出价最高的土地使用者,而为了付得起比其他竞租者更高的地租,租用者必然要为这块土地安排收益更高的用途或者生产要素之间更优的投入组合。如若土地竞租者之间没有任何差别,那么这种土地使用者之间的竞争也可以理解为各种用途之间对土地的竞争。竞争的胜负以各种用途在该土地上所能产生的地租大小为准。同一用途在不同土地上地租产出能力的大小,决定于土地之外其他生产要素的投入产出函数。杜能的随市场距离缩短而增大的区位地租,源于运费的减少;李嘉图的随肥沃度提高而增大的肥沃度地租,源于因生产力差别造成的单位农产品成本的节约。

2. 竞租曲线

如果把地租成本也考虑在内,当土地使用者租用不同的土地获利相同时(经济获利为零),便达到了均衡状态。这时,运费的减少量或单位产品成本的节约额恰好与因此而产生的地租冲抵。达到均衡状态的地租在不同土地之间的变化曲线被称为竞租曲线或集约边际线。各种用途的竞租曲线,其斜率是不同的。单就区位地租而言，竞租曲线的斜率主要受三个因素的影响，即运输成本、集约度以及固定投入的高低（李秀彬，2002）。

竞租曲线斜率大的用途，在靠近市场的区位比其他用途的地租产出能力更强；相反，竞租曲线斜率小的用途，在远离市场的区位比其他用途的地租产出能力更强。根据最优利用原则，地租产出能力最高的用途通常首先占据对这种用途来讲利用能力最大的土地。地租产出能力较低的用途往往被排挤到利用能力较低的土地上，在那里，它们才有足够能力与地租产出能力更低的用途竞争（李秀彬，2002）。

3. 土地利用空间均衡与转移边际点

当占用不同土地的各种用途获利相同时，便达到了各种用途之间在空间上的均衡状态。杜能的农地同心圆圈层模式、Burgess（伯吉斯）的城市地域同心圆圈层模式、Hoyt（霍伊特）的城市地域扇形模式、Harris（哈里斯）和 Ullman（乌尔曼）的城市地域多核心模式，均可理解为均衡状态下的土地利用空间模式。在空间均衡状态下，两种用途竞租曲线的交点被称为转移边际点。在转移边际点左边，土地转为地租产出能力更高的用途更为有利；在转移边际点之外继续这种用途，直到其粗放或者无租边际，均可获利（李秀彬，2002）。

4. 均衡与变化

土地利用空间均衡和转移边际的概念较好地解释了完全市场条件下土地利用的空间分布。从这一理论出发，土地利用变化的解释就应建立在对打破均衡条件的分析上，如图 3-1 所示。均衡的打破表现在某一用途的无租边际点和不同用途间的转移边际点发生空间位移，导致土地利用变化。一般来讲，均衡的打破有以下几种可能的形式。①竞租曲线的斜率发生变化。一方面，技术的进步使原来不能利用的土地投入使用或者生产成本降低，进而使市场上土地的有效供给增加。这时无租边际右移，竞租曲线斜率趋缓。另一方面，技术的进步也有可能使土地利用集约化程度提高，从而使竞租曲线斜率趋陡。②竞租曲线平移。反映供给和需求关系的价格涨落是这种变化的主要原因。上涨使竞租曲线上移，反之下移。

上述土地利用的空间均衡和转移边际分析，是只就土地单一要素市场来解释土地利用变化过程。正如巴洛维所言，"土地要素不与其他生产要素发生联系就没有什么经济价值"。因此，关于土地利用变化深层次原因的解释，依赖于对劳动力市场、产品市场、资本市场与土地市场间关系的综合研究，即经济学上所称的一般均衡分析（李秀彬，2002）。

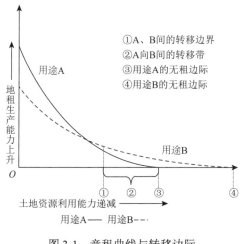

图 3-1　竞租曲线与转移边际

资料来源：李秀彬（2002）

3.1.2　土地利用社会群体行为理论

1. 经济学解释土地利用变化的难点

经济因素往往是土地利用变化的首要驱动因素。然而只从经济学角度出发，不可能全面刻画土地利用变化的机制。归纳起来，从经济学角度解释土地利用变化的难点主要有以下几个方面。①土地市场很难实现完全竞争。土地利用能力的差异性和位置的固定性使得土地作为资源的替代性甚弱。此外，某些用途由于给土地附着了大量的人造资本，造成转移成本过高，使土地利用变化成为不可逆的过程。②土地利用的外部性。土地作为生态环境和特殊资源载体的属性和人类活动空间的属性，使得土地利用对周边或其他地区的自然和社会经济造成影响。正如 Platt（1996）所言，"即使是一块未利用的空地，对其周边的土地利用也有正面的或负面的功能"。③土地作为公共物品的属性。许多土地属于公共物品，如道路等基础设施；许多土地密集型产业具有某种程度上的公共事业的性质，如农业。更为重要的是，地权关乎全体国民的生存，国家通过宪法、法律对不同层次上的地权进行限制（李秀彬，2002）。

2. 制约土地利用的三重框架

上述分析表明，市场失灵的情况可能在土地问题上更为突出，需要从法律法规及政策等体制因素出发解释社会群体行为对土地利用变化的影响。巴洛维提出应在自然条件的可能性、经济的可行性以及体制的可容性三重框架下解释人类的土地利用活动。实际上，土地利用并不只是被动地适应法律法规及政策等体制因素，两者的关系是互动的。Platt（1996）设计了一个刻画这种互动关系的概念模式，为土地利用变化的社会群体行为分析奠定了理论基础。

3.“土地利用-环境效应-体制响应”反馈环

人们利用土地的活动，任何时候都发生在自然系统、经济系统及体制系统的三重框架之内。自然系统指的是以资源、环境和生态为核心的地表自然环境；经济系统可以理解为土地利用变化系统；而体制系统则由相互作用的私人部门、公共部门和立法机构共同组成。对于每一框架，都可以单独地研究。但实际上，这三重框架却是相互关联（图 3-2）、共同起作用的（李秀彬，2002）。

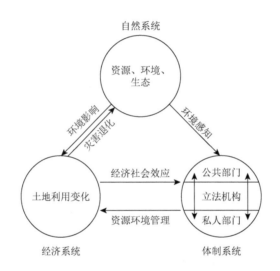

图 3-2 “土地利用-环境效应-体制响应”反馈环

资料来源：李秀彬（2002）

任何形式的土地利用活动都或多或少地对地表自然环境施加影响。后者也同时反作用于前者，这种反作用有时候以极端的形式出现，比如，自然灾害使土地利用系统受到直接的打击。地表自然环境的变化往往表现为自然资源的衰竭和环境的退化，当这一问题足够严重以至于引起公众的关注时，体制系统就可能通过法律法规及政策等资源和环境管理手段调整土地利用系统。除了环境变化，土地利用系统还通过自身的经济表现和社会效应为各个层次的决策者提供信息，指示其自身在经济上的可行性和社会上的可容性（李秀彬，2002）。

从立法的角度看，个人与公众的土地利用目标常常出现差异，甚至发生冲突。土地的直接经营者往往以土地利用的经济效益为首要目标，并且只关注土地利用立地的、直接的环境和资源效应；公共土地管理部门往往更加注重土地利用系统在区域层次上的社会、经济及资源环境效应，这些效应对土地的直接经营者来讲，属于外部性效应。当然，各级公共土地管理部门依据其所处的层次不同，或者主管的行业和环境部门不同，目标也不尽相同。"土地利用-环境效应-体制响应"反馈环的作用机制随社会制度、经济发展阶段以及不同时期社会价值取向的不同而变化，是一个非常复杂的过程（李秀彬，2002）。

4. 信号强弱与社会群体土地管理行为

为了解释社会群体行为对土地利用变化的作用机制，需要关注上述反馈环中体制系统的两个输入信号。从社会群体的角度出发，两种信号作用于各级立法机构和政府，进而形成土地管理的法律法规及政策。各级立法机构和政府面对这些信号是否采取行动，往往取决于信号的强弱。信号的强弱除了与资源环境问题和经济社会效应本身有关外，更与社会各方面对这些问题的重视程度有关。在这些信号与各级立法机构和政府之间，公众、社会舆论、学术界往往起到重要的作用，后者不只影响信号的强弱，而且影响信息的准确性和对问题的解释，进而影响决策（李秀彬，2002）。

政府的土地管理政策，往往受强信号的驱动。1998 年夏季长江流域的大洪水和 2000 年春季北方地区的沙尘暴就是这种环境强信号的典型例子。而西部脆弱生态区的耕地扩张和植被破坏，在灾害发生后成为政府、学术界和公众关注的焦点，"退耕还林还草"成为政府在土地管理上的主要政策取向。另一个例子是 20 世纪 90 年代中期围绕着中国食物安全的讨论，人们普遍认为中国的食物安全受到威胁，1997 年以后政府对耕地的保护采取了更加严厉的政策和措施。如果说在前两个例子中自然灾害这种环境强信号起到了主要的作用，那么在后一个例子中，学术界、公众及大众传媒所起的作用可能更大。当然，学术界和传媒对洪水和沙尘暴的原因解释也是促使政府调整西部地区土地管理政策的重要因素（李秀彬，2002）。

值得注意的是，在环境强信号驱动下的决策往往以应急措施为主。尤其是在公众舆论的压力下，行动的快慢而不是如何行动成为衡量政府效率的首要标准。这种决策机制往往造成处理问题时综合分析的欠缺。常常出现这样的情况：短期目标得到重视而长期目标受到忽视；下游的问题得到重视而上游的问题受到忽视；生态的问题得到重视而资源的问题受到忽视（李秀彬，2002）。

3.2　生态环境预警理论

人类赖以生存的生态环境是一个不断变化、演替的体系，而变化或演化，既有正向（进化），又有逆向（退化）；变化或演化的原因既有自然过程的作用，也有人类活动的影响和干扰；但更多的是人为过程与自然过程相互综合的作用。只不过生态环境自身的演化或变化是漫长的、缓慢的（只有在灾变、突变的特殊情况下才较显著，如破坏性大的洪水、干旱、台风、地震等）；而人类活动引起的生态、环境变化往往相对激烈，往往能在较短的时间或时段内就引起生态系统或环境质量较大（或质）的变化（陈国阶和何锦峰，1999）。伴随着我国社会经济的发展，城市化和工业化的进程日益加快，在给人类创造财富的同时也带来了一系列生态环境问题。土地利用变化带来的生态系统演替和环境质量的变化直接影响人类社会的健康、安全和可持续发展。要保证社会-生态-经济系统的可持续发展就要抑制生态环境的恶化，这就要求在制定和实施土地利用等社会经济发展规划前，将规划对生态环境可能造成的影响进行分析和预测，保证发展规划的可持续性，生态环境预警理论由此被引入土地生态安全中来（陶聪等，2009）。预警是以可持续发展为目的，以科学方法技术为保证的工程体系，它的实现具备一套完备的理论方法的支撑。

傅伯杰院士于1993年提出了区域生态环境预警原理，如图3-3所示。他认为生态环境预警是对区域资源开发利用的生态后果，区域生态环境质量的变化以及生态环境与社会经济协调发展的评价、预测和警报（傅伯杰，1993）。具体来说，生态环境预警以区域可持续发展为出发点，通过对区域生态环境进行监测、观测和统计分析，做出区域生态环境时空变化预测，并对预测结果开展生态环境质量（自然资源、生态破坏、环境污染和社会经济状况等）方面的评价，从承载力、稳定性、生产力、缓冲力和调控力五个方面评估区域可持续发展能力，以反映区域生态环境对经济发展的协调性和适应性，结合分析和评估的结果，对超出区域承载力的区域以及有重大生态环境风险的区域做出警报，便于相关部门及时采取必要的措施，调整社会经济政策，改善生态环境结构。

承载力，指区域生态环境承载力，也即区域生态环境系统对人类活动的最大承受能力，与区域资源的潜在生产力、生态环境质量以及当地的经济技术条件密切相关，其中资源的数量、质量和开发前景是承载力研究的核心和基础，生态环境质量是区域承载力的制约因素，而技术经济条件和水平是产生区域承载力的增量部分（傅伯杰，1993）。通常用不破坏区域生态环境的前提下区域所能持续供养的一定生活水准下的人口数量来表征。

稳定性是指区域生态环境系统在应对干扰和冲击时恢复到稳定状态的能力，反映的是系统的动态变化。以区域粮食生产力为例，作为一个开放的系统，当区域环境影响发生短期变化，如气候变化、旱涝灾害、虫害等，会使得区域生产力产生波动，因此，可以用生产力的变异系数来表达区域的稳定性。但区域系统是多维度的，单一维度的稳定并不代表系统整体的稳定，因此，对区域稳定性的评估应该从社会、经济、生态、环境等多个维度展开。

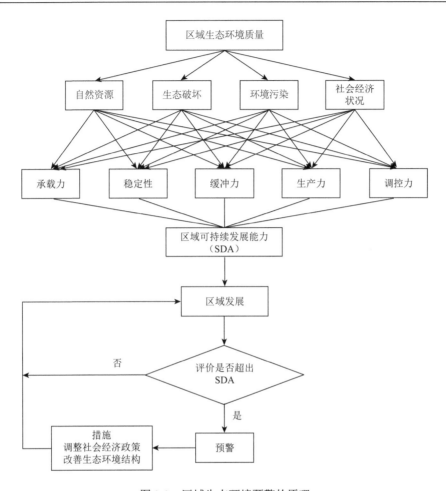

图 3-3　区域生态环境预警的原理
区域可持续发展能力（sustainable development ability，SDA）
资料来源：傅伯杰（1993）

缓冲力与承载力的区别在于它关注的重点是区域系统对污染物的包容能力，因此可以理解为对区域环境容量的识别，具体指在不影响人类健康和自然生态不致受损的前提下，区域环境所能容纳污染物的最大负荷量。按介质类型不同，可将环境容量分为大气环境容量、水环境容量和土壤环境容量。不同区域中影响污染物消解和扩散的气象、气候、水文、地貌、土壤等因素存在一定差异，故允许人类社会经济系统排放到环境中的污染物质的数量也不同，环境容量也因地而异。因此，影响环境容量的主要因素包括环境空间的大小、污染物在环境中的稳定性、输移条件和环境的功能特征及区域环境的背景状况（傅伯杰，1993）。

可用一简单公式表示如下：

$$Q(容量)=(C_0 - B)v + q \qquad (3\text{-}1)$$

其中，C_0 表示环境功能所决定的环境标准；B 表示污染物的环境背景含量；v 表示环境空间的容积；q 表示污染物的环境净化量。

生产力是对区域系统投入产出能力的识别，指区域输出的期望值。狭义的生产力指的是在区域自然生产条件（包括光、温、水、土、气等）下，该区域所能产生的最大第一性生产力。广义的生产力指在自然系统、经济系统和社会系统的共同支持下，一个区域自身或通过与其他区域之间的交换，区域的产出能力。后者不仅包含区域自身的生产能力还体现区域的交换能力。一般可用作物的产量和经济效益来表征区域生产力，常用指标包括以下四种：①单位面积生产率；②单位劳动日生产率；③单位能量投入的生产率；④单位资金投入的生产率（傅伯杰，1993）。

调控力是对区域决策管理能力的识别，是判别区域社会经济系统对区域环境变化是否做出响应以及响应程度的主要标志，可以反映出区域社会经济系统对自然生态环境系统波动的调节和控制能力，以及对自身波动的调节能力。调控力可直接通过区域的制度安排、执行力等来表示，也可间接通过区域的人口结构与素质、基本生活和文化水平、经济发展速度及稳定性等指标来表示（傅伯杰，1993）。一般来说，调控力强意味着区域在社会经济生态协调管理方面的水平较高，各子系统之间良好的协调耦合程度也反过来增强了区域大系统的适应性。

承载力、稳定性、缓冲力、生产力和调控力从不同方面不同维度共同反映区域持续发展能力，它们彼此作用、相互关联，因此，对它们的认识也应该用系统的眼光，从"生态-社会-经济"复合系统理论出发，从而深刻揭示出区域系统可能存在的生态环境质量问题以及可能面临的重大生态环境风险，为预警及后续的应对做出科学定量的判断，从而形成区域生态环境预警系统。

3.3 国土空间优化理论

3.3.1 土地资源优化配置理论

资源优化配置是指能够实现资源高效率的使用，其核心在于优化，既包括对资源的使用和安排的优化，也包括对资源配置的优化。资源的优化配置是以合理配置为前提，以经济和社会的可持续发展、资源的可持续利用为前提，实现资源配置的过程。由于资源具有有限性特点，因此，在资源分配过程中，选择较优的一种方案以达到配置目标，使有限的资源达到充分利用，获取最高效率和最大收益。资源优化配置理论所研究的问题是探讨在有限资源约束下多种方案中的最优方案（张莹，2022）。

土地资源优化配置是指为了达到一定的社会、经济和生态目标，根据土地的特性，利用一定的科学技术和管理手段，对一定数量的土地资源进行合理分配，实现土地资源可持续利用（吕春艳等，2006）。土地资源优化配置包含宏观和微观两个层次上的含义。宏观上，表现为土地资源内部结构的调整，即总量一定的土地资源为适应社会经济发展在不同类别之间的转换。如城市发展建设的需要，使得部分耕地、林地等转化为建设用地。微观上则表现为局部的、有限的土地资源总量的增加和未利用土地资源的改造。

"优化"一方面是指针对不合理的土地资源利用方式而采取解决措施，另一方面也是对于土地利用做出相对合理科学的决策、反馈调节相结合的双向行动。"配置"属于土地资源利用和管理中的一种方法手段。"配置"的实质便是实现土地资源分配的合理化，并且在微观上实现与其他经济资源相匹配的目标，例如，与人力资源、资金资源和技术资源相互匹配，从而保证这些资源能够实现更多服务，以及产生社会需要的资源产品，而不造成对生态环境的破坏，主要目标便是保证土地得到合理利用并产生尽可能多的经济效益。因此，要找出对应的土地资源在产业间实现的合理化及结构空间上的更好布局，进而最大限度地实现土地资源最大限度的利用（曹阳，2017）。

3.3.2　"精明收缩"与"精明增长"理论

2002 年，罗格斯大学的弗朗克·波佩尔（Frank Popper）教授首次提出"精明收缩"（smart shrinkage）的概念，当时定义为"更少的规划、更少的居民、更少的建筑以及更少的土地利用"。随后"精明收缩"作为一种策略，被广泛运用于城市规划领域（Rhodes and Russo，2013）。"精明收缩"所提倡的是在更小的土地范围内、更少的人口数量背景下制定适宜规划的理念，符合现实情况下出现人口流失和经济衰退的收缩城市。对于如何运用好现有的建设用地，合理科学安排每一寸建设用地，优化城市用地空间布局和提高城市土地集约节约利用水平等方面都具有重要的借鉴意义（杨念慈，2018）。"精明收缩"并非单纯的空间收缩，而是将有限的资源集中到能带动区域发展的新的增长点，将低效空间进行整合退出或者置换转为高效，提升整体效益（张俊杰等，2018）。

相对地，"精明增长"理论首先兴起于 20 世纪 90 年代的美国，后来随着理论的完善及实践的运用在各国逐步流行，引发规划学界热议。"精明增长"既是一种规划方法，也是一种理论指导，旨在缓解传统郊区化发展模式造成的城市无序蔓延现象。起初这一城市发展理念被翻译为"理性增长"，后来才演变成了"精明增长", 但其本质都体现出一种与传统城市空间粗放型发展模式相对应的集约发展模式。"精明增长"的内容并不仅仅指的城市范围而是涵盖城市建设的方方面面, 提出要尊重地区的自然环境与文化特色, 注重城市中心区及传统街区的活力提升, 划定"城市增长边界", 以存量挖掘来改变城市无序蔓延的状况, 并提出公共交通导向的"TOD"（transit-oriented development, 公共交通导向）发展模式和土地混合、社区营造等十大发展原则, 旨在促进人与自然的协调发展（王影影, 2017）。"精明增长"和"精明收缩"理论的对比如表 3-1 所示。

表 3-1　"精明增长"和"精明收缩"理论的对比

类型	"精明增长"	"精明收缩"
目标	应对城市蔓延, 抑制粗放型的城市扩张	维持活力, 提升区域效率
对象	处于增长阶段的地区	已经衰退或不可避免终将衰退的地区
核心理念	区域生态公平的前提下倡导科学公平的城市发展观	以积极的、发展的态度面对规模变小、人口减少的状况
资源配置	资源优化重组	资源合理退出与优化重组
发展模式	有边界限制的增长模式	适度化、渐进式的收缩模式
实施措施	（1）断面规划（2）划定城市增长区（3）填充式开发和再开发（4）发展权转移	（1）存量规划（2）弹性规划（3）增长极的培育
发展动力	政府主导, 市场运作, 公众参与	政府主导, 市场运作, 公众参与
具体目标	（1）保护农地（2）保护环境（3）繁荣城市经济（4）提高城乡居民生活质量	（1）保持地区活力（2）繁荣地区经济（3）提高城乡居民生活质量

资料来源: 王影影（2017）

3.3.3　国土空间规划理论

国土空间规划理论分为传统国土空间规划理论和现代国土空间规划理论, 其中传统国土空间规划理论以区域整体为研究对象, 重视区域间和区域内部结构的综合协调和统筹, 以促进区域经济增长和产业布局优化为目标（蔡莉丽, 2020）。现代国土空间规划理论是对传统的国土空间规划理论的反思, 强调规划的目标需要涵盖经济增长、环境保护和生活质量, 主要包括可持续发展理论、新区域主义理论和人地系统共生理论。随着生态文明建设战略的提出, "多规合一"贯穿到整个国土空间规划, 成为国土空间规划编制的手段、实施的过程和现实目标（郭建明等, 2020）。在具体实践过程中"弹性空间"（图 3-4）成为国土空间规划研究的热点, 其具体需要从"现状地表"（现状为农业、生态还是城镇）和"适宜性评价"（是否适宜农业、生态或城镇）两个方面综合考虑划分（辜寄蓉等, 2019）。

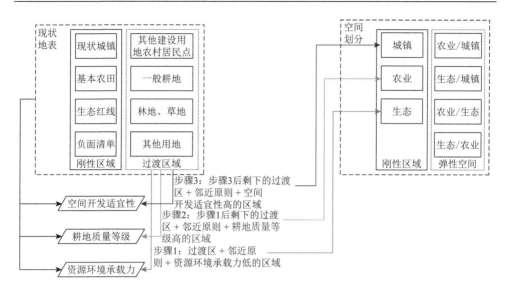

图 3-4　"弹性空间"划分流程图

资料来源：辜寄蓉等（2019）

3.3.4　国土空间管制理论

国土空间用途管制是对国土空间自然资源的载体进行可持续利用管制，其基于国土空间规划明确的各类空间用途及开发利用约束条件，对所有国土空间统一进行分区分类用途管制的管制活动。杨壮壮等（2020）对我国土地用途管制体系进行了较好的梳理并结合社会发展需求提出了国土空间用途管制体系。具体地，国土空间用途管制体系主要包括计划管理、空间准入、用途转用、实施许可、监督管理五大环节。

国土空间管制是在土地用途管制的基础上对计划管理模式进行优化，建立计划指标管控制度，形成覆盖范围更广、涉及要素类别更全的指标约束体系，统筹考虑重要生态资源要素类型，增加林地保有量、湿地保有量等计划指标，实行全要素自然资源计划管理体系，完善计划管理。

空间准入是指国家、地方政府或其他相关部门在国土空间用途管制中对某些特定区域或领域的准入进行限制和管理，以实现空间资源的优化配置和合理利用。根据提供的空间功能差异，国土空间可分为生态空间、农业空间和城镇空间，生态空间管控以保护、修复为主要目的；农业空间管控以严格控制非农建设占用耕地，强化农户管控和引导规范意识为主；城镇空间则以促进建设用地以集约节约利用为主。

国土空间用途转用包括两个层面，即宏观层面和微观层面。宏观层面主要体现在空间转用上，即针对生态保护区、生态控制区、农田保护区以及乡村发展区、城镇发展区和海洋发展区这六类分区，制定不同区域之间的转用规则、程序和要求，以实现差异化的转用管理。微观层面则主要指资源要素的转用，强调在空间转用的基础上，严格管控林地、耕地、草地等各类资源之间的转用行为，并建立差别化的用途转用制度。

实施许可作为具体执行过程中的重要环节，通常通过用地预审、农用地转用许可和"一书三证"等行政手段来进行。针对非建设空间如耕地、林地等的实施许可，则主要在资源产权证明方面进行规定，例如，土地承包经营权证、林权证等。要求统一自然资源占用审批和使用许可制度，并在整合占用审批和预审事项的基础上，统一核发建设项目用地预审和选址意见书，共同构建新的城乡规划许可制度，以适应国土空间用途管制的新需求。

在监督管理方面，建立全域、全要素的国土空间动态监测体系。具体地，结合数字化技术的国土空间用途管制监测评估机制和动态预警机制的建立可实现对全域、全要素的国土空间进行动态监管；结合国土空间规划指标体系，构建综合反映"数量、质量、效益"的用途管制监测指标体系；对自然资源进行定期督察可以及时发现国土空间开发利用中的问题，对违法违规的国土空间开发行为和破坏生态环境的活动进行相应处罚，加强用途管制的权威性。

国土空间管制来源于国土空间规划，经历了从数量管护到质量管护，再到生态管护，最后到发展限制四个阶段。其主要通过区域发展管制和土地发展强度管制来实现管制目的（文兰娇和张晶晶，2015）。其中，区域发展管制是通过总体规划和规划部门的规划方案，根据国土空间的资源禀赋、比较优势、资源环境承载力和发展潜力，将国土空间划分为发展区和限制区来实现土地总体发展管制。土地发展强度管制是根据城市和农村面临的不同问题设置发展区与限制区。国土空间管制在城乡发展区可以带来经济效益，而在限制发展区土地发展权受到限制。中国国土空间主要经历了土地用途管制、生态要素管制、自然生态用途管制等不同的发展阶段，但国土空间管制职能分属不同部门，受管制主体、管制手段、管制目标等方面的差异，导致部门之间管制内容重叠、管制效率低下（岳文泽和王田雨，2019）。然而，随着自然资源部组建，增设"国土空间用途管制司"，中国的国土用途管制制度从土地用途管制转变为国土空间用途管制（黄征学等，2019）。通常国土空间用途管制同国土空间规划高度融合，使用的手段主要有行政手段、经济手段、法律手段、技术手段。宏观层面通过优化"三生空间"，对各类型功能分区加强管控，中观层面落实"三区三线"，在微观层面落实详细的控制规划，管理具体项目（周鹏，2020）。

3.3.5　反规划理论

"反规划"（anti-planning）一词最早是由北京大学景观设计学院院长俞孔坚

教授于 2002 年在他的《论反规划与城市生态基础设施建设》一文中提出。该文提到土地是一个有结构的生命系统,不同的空间结构和格局有不同的生态功能。在传统的规划体系下,当城市建设、城市扩张与原有防护林发生矛盾冲突时,做出让步的往往都是原有防护林,这些让步导致原有防护林的破坏,而在"反规划"体系下优先将原有防护林网保留并纳入城市绿地系统之中,可以保护原有防护林不被城市扩张损害(魏婷婷和徐逸伦,2012)。可见,"反规划"理论从景观生态学的角度出发,专门针对传统城市规划建设过程中对自然系统缺乏认识和尊重,以牺牲自然过程和格局的安全、健康为代价的城市规划途径,不能将它简单地理解为"绿地优先"的理念,也不是反对传统的规划,其本质是通过优先进行非建设用地区域的控制以实现城市空间规划的方法(俞孔坚和李迪华,2002)。"反规划"这种逆向思维,是对传统规划的校正,在目的、次序、功能和形式等方面它均与传统规划存在差异。而且"反规划"理论遵循可持续发展原则、生态平衡原则、生态先进原则、景观安全原则等,城市历史文化遗产、城市视觉、城市休憩环境等也是"反规划"理论体系的内容(张荣群等,2018)。从中国传统文化角度来讲,"反规划"理论是一种追求人与自然和谐发展、统筹山水林田湖草等生态文明观的体现(迟磊,2018)。

伴随着我国快速城市化和城市无序扩张,城市出现生态环境恶化、居住适宜度下降以及众多生态功能显著下降的问题。这些现象无不反映了基于"人口-性质-布局"的传统规划方法存在缺陷,城市规划理念需要进一步更新。"反规划"是主张城市生态系统保护优先的理念,提出城市生态基础设施的概念并优先规划,再规划建设用地,即先将城市生态基础设施保护、控制起来,构建出景观生态安全格局。在此基础上进一步划分出规划控制范围,以避免城市的自然人文景观和生态系统遭受城市发展可能带来的破坏。城市生态基础设施包括:维护和强化整体山水格局的连续性、保护和建立多样化的乡土生态系统、维护和恢复河流水系的自然形态、保护和恢复湿地系统等。根据景观生态学原理,完善和优化景观生态格局的主要方法是:疏通景观廊道,增强景观生态元的节点功能,建立充分的景观生态元与廊道系统,使城市景观生态格局趋于合理(陈小亮,2007)。随着"反规划"理论的发展,"生态型建筑"理念也逐渐流行,该理念指在充分尊重和维护自然生态环境持续发展能力的前提下,合理利用自然资源,创造健康舒适的室内环境的建筑。"反规划"理论指导下的生态建筑设计反映了生态优先原则和低碳规划原则,符合当下城市生态的发展趋势,通过建筑技术的创新发展,引领城市建筑向低碳节能型建筑发展。

"反规划"研究对推进我国城市景观生态规划意义非凡,加强"反规划"理论在国土空间生态安全格局构建中的应用可为现代城市规划理论提供更大的应用空间。①维护城市自然空间格局。每个城市独特的地貌特征构成了城市的自然空间格局，"反规划"理论认为在城市开发建设和景观规划中必须依托原有的自然空间格局，顺应自然趋势进行规划，避免对原有自然格局做过大的改动而导致自然生态过程受到破坏（董君和刘璐，2016）。②保护城市建设前的自然植被。单一的植物种类和人工的绿化方式，无法完全发挥自然生态系统的生态服务功能，"反规划"理论认为保留城市建设前的自然植被可以提升景观的异质性，对维护城市的可持续发展及国土的生态安全具有重要意义（李明阳等，2015）。③维护城市建设前的山水生态系统。在城市的兴建及随后的发展过程中都必须时刻注意对自然山水格局的保护。污染、干旱断流和洪水是目前中国城市河流水系所面临的三大严重问题，而尤以污染最难解决，"反规划"理论支持避免大规模的水利工程建设来治理城市水系，通过城市河流廊道的近自然修复，从城市湿地生态系统的稳定性维持机理出发，尽最大能力维护城市建设前的山水生态系统（俞孔坚和李迪华，2002）。

3.4　土地利用生态安全理论

土地利用生态安全的概念由生态安全演变而来，生态安全有广义和狭义两种理解。前者以国际应用系统分析研究所于1989年给出的定义为代表：生态安全是指在人民的生活、健康、安乐、基本权利、生活保障来源、必要资源、社会秩序和人类适应环境变化的能力等方面不受威胁的状态，包括自然生态安全、经济生态安全和社会生态安全，组成一个复合人工生态安全系统。狭义的生态安全是指自然和人工自然复合生态系统的安全，是对生态系统完整性和健康的整体水平的反映（熊建华，2018b）。而土地利用生态安全则关注土地利用行为对土地生态系统的影响，土地利用体现在两个方面，一方面是土地利用程度，常常用集约度表征；另一方面是土地利用类型，也即土地的实际用途，这两个方面均会影响土地生态系统。因此，土地利用生态安全可以定义为土地生态系统对人类为实现自身生存和发展而进行的土地利用免受生态破坏与环境污染等影响的保障程度。

土地利用生态安全理论包括四部分内容，除了土地利用生态安全概念内涵，还包括生态安全重要性空间评估、土地利用生态安全预警、土地利用生态安全管控，它们相辅相成，共同构成完整的土地生态安全研究逻辑框架。

3.4.1　生态安全重要性空间评估

生态安全重要性空间评估是土地利用生态安全研究的基础。生态安全重要性空间是指对维护区域生态安全具有关键作用的空间和地域，一般来说，包含维护水安全、生物多样性保护、地质灾害防护安全、自然休闲安全等领域。因此，在评估过程中需要从这些方面选取指标开展相应的评估。

作为衡量区域生态重要性的指标体系，不仅要遵循客观性、完整性和有效性等常规原则，还从以下三个方面考虑：（1）生态景观格局优化服务，区域空间生态重要性评价的主要目的是为优化生态景观格局提供依据。因此，评价指标应该具有空间特征，将评价结果与 GIS 结合，以实现生态景观的定位和定量评价，为后续的环境规划设计提供理论依据。（2）能够反映区域生态安全问题，区域土地利用空间格局是人为因素和自然因素共同作用的结果，从区域可能存在的生态环境问题（如水土保持、生物多样性和灾害防护等）出发，考虑数据的可达性，从生态问题和生态敏感性评价、RS 和 GIS 技术等方面构建生态重要性评价指标体系。（3）可操作性，选取的指标应该便于收集，选定指标的数据要有一定的统计基础、可比性和可测性，便于准确收集和量化。

图 3-5 为谢花林等提出的区域生态安全重要性空间评价指标体系的框架。图中第一级指标体系是对象层，即生态重要性的综合指标；第二级指标体系是项目层，即因素影响生态空间的重要性；第三级指标体系是指标层，即衡量单个影响因素指标（Xie et al.，2015）。

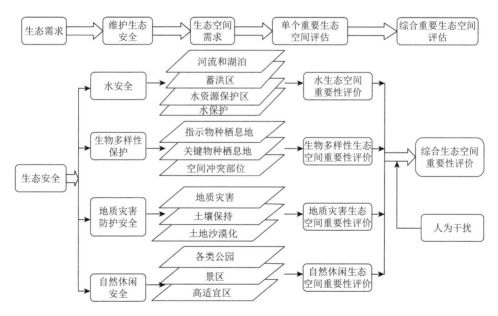

图 3-5　生态安全重要性空间评价的总体思路

3.4.2　土地利用生态安全预警

　　土地利用生态安全预警是指利用景观生态学原理，通过景观过程（包括城市的扩张、物种的空间运动、水和风的流动、灾害过程的扩散等）的分析和模拟，判别对这些过程的安全和健康具有关键意义的景观元素、空间位置及空间联系，从而识别区域景观生态安全格局。同时根据资源现状、经济发展、人口需求、社会目标等内容预测不同情景下土地利用变化格局，以景观生态安全格局为刚性框架预报未来国土空间利用与配置潜在的空间冲突范围及其对区域土地生态安全危害程度，并提出土地利用生态安全风险防范应对之策（He et al., 2022）。

　　土地利用生态安全预警包括四部分内容（图3-6）：一是区域生态安全重要性空间的划定；二是区域未来土地利用格局的模拟；三是区域土地利用生态安全警情预报；四是区域土地利用生态安全风险防范策略。

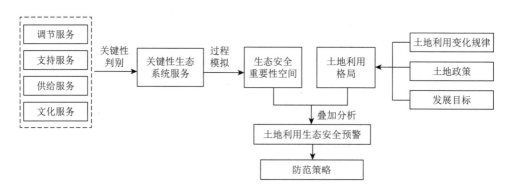

图3-6　土地利用生态安全预警的框架体系

　　如同市政基础设施一样，生态安全重要性空间就是区域发展所赖以持续的生态基础设施，它为区域及其居民提供综合的生态系统服务，维持区域生态系统结构和过程健康与完整（俞孔坚等，2005）。尽管生态系统提供的四大类服务（调节、供给、支持和文化）同等重要，但不同的生态环境条件决定了不同区域必须优先保护的关键性生态系统服务存在差别，因此关键性生态服务必须满足以下条件：必不可少性、地域关联性、尺度关联性和土地关联性（Yu et al., 2010）。在确定关键性生态服务后，就需要基于景观过程-格局原理，通过景观过程的分析和模拟，来判别对这些过程的安全和健康具有关键意义的景观元素、空间位置及空间联系，从而形成区域生态安全重要性空间。

土地利用格局变化模拟要综合考虑三方面的因素，分别是区域发展目标、国土资源利用相关政策和土地资源利用变化规律。区域发展目标和土地资源利用相关的政策决定了土地利用变化的数量；而土地利用变化规律决定了土地利用空间变化的规则。一般来说，区域发展目标通常可以通过区域规划性文件（国土空间规划、土地利用总体规划、城市发展规划等）获取。土地资源利用和土地资源空间配置相关政策方面，目前来看与土地资源利用相关的政策主要包括永久基本农田保护制度，意味着在永久基本农田保护区内的耕地不能发生用途转变；耕地占补平衡制度，意味着建设占用了多少耕地，相应就需要开发多少耕地。土地资源利用变化规律则要借助定量分析方法研究获取。因此，将这些因素纳入土地空间变化模拟模型中，可以实现未来土地利用格局的模拟。

将生态安全重要性空间与模拟的土地利用空间格局相叠加，可以在空间上识别出未来土地资源利用潜在的警情，警情级别根据冲突所在位置进行判定，最后，基于不同级别的警情提出相应的防范策略。

3.4.3　土地利用生态安全管控

土地利用生态安全管控是土地利用生态安全研究的目标。在人地关系地域系统中所要解决的最主要矛盾是生态环境供给与人类活动的发展需求之间的矛盾。一般来说，技术进步能够解决区域功能性成长阶段的人地矛盾，也即通过技术创新带动生产力结构的变化，从而使生态环境与区域人类发展目标相适应。但当系统发展到结构性转换阶段，单纯的技术进步和创新不足以调和两者之间的矛盾。此时，调控的需求应运而生，只有当社会系统的调控结构率先发生变化，才能实现与技术相连的生产力结构的适应性调整，同时干预社会系统的消费需求结构调整，最终实现人地系统的协同进化。因此，土地利用生态安全管控是社会发展到结构性转换阶段为缓解、解决人地矛盾的必要内容。

从土地利用的特征出发，土地利用生态安全管控至少存在三个方面的内容，如图 3-7 所示。一是土地利用格局生态化管控，该内容从土地利用生态环境影响机理出发，建立景观格局指数与土地利用生态风险之间的定量化关系，在此基础上采取针对景观格局优化的调控措施。二是土地利用过程生态化管控，该内容从土地利用生态演化机理出发，厘清土地利用变化对区域土地生态安全的影响，并推测土地利用变化的未来走向，从而采取有针对性的调控措施。三是土地利用行为生态化管控，该内容从土地利用生态行为机理出发，界定土地利用不同行为主体之间的利益目标和利益冲突，以协调各方利益为目标提出相应的调控措施。

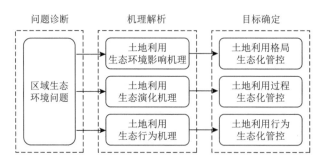

图 3-7　土地利用生态安全管控内容

3.5　景观生态安全格局理论

麦克哈格（McHarg）在其 1969 年出版的《设计结合自然》*Design With Nature*一书中，系统地提出了尊重自然过程进行景观改变的设计思想，并在世界范围内广泛应用。根据景观生态学的核心理论，不同的景观类型代表着不同的生态过程和功能。因此，从景观的角度谈维护生态过程和改善生态功能就要求至少做到两点：一是分析景观的过程和机制，从而甄别各种景观单元在整体生态功能中的作用和地位；二是对于维持生态过程特别重要的景观单元予以保护或加强（刘黎明，2003），土地资源的有限性决定了对景观单元的保护不是大范围的，因此如何用尽可能少的土地来最有效地维护、加强或控制景观特定的过程，成为在景观改变中一个关键性的问题（俞孔坚等，2001）。1995 年，福尔曼（Forman）在他的《Land Mosaics》一书中，系统地总结和归纳了景观格局整体优化的方法。这些方法的核心是将生态学的原则和原理与不同的土地规划任务相结合，以发现土地利用中所存在的生态问题和寻求解决这些问题的生态学途径。该方法主要围绕如下几个核心展开（傅伯杰等，2000；张惠远和王仰麟，2000；黎晓亚等，2004）。

（1）背景分析：在此过程中，景观在区域中的生态作用、区域自然过程和人文过程的特点及其对景观可能影响的分析以及区域历史时期自然和人为扰动的特点均是背景分析的重要内容。

（2）总体布局：总体布局模式以集中与分散相结合的原则为基础，优先考虑保护和建设的格局应该是几个大型的自然植被斑块，并且作为物种生存和水源涵养所必需的自然栖息环境，有足够宽和一定数目的廊道用以保护水系和满足物种空间运动的需要，而在开发区或建成区里有一些小的自然斑块和廊道，用以保证景观的异质性，Forman（1995）提出这一优先格局在生态功能上具有不可替代性，是所有景观规划的一个基础格局。

（3）关键空间识别：在总体布局的基础上，应高度关注那些具有关键生态作用或生态价值的景观空间并加以识别，如具有较高物种多样性的生境类型或单元、生态网络中的关键节点和裂点、对人为干扰很敏感而对景观稳定性又影响较大的单元，以及那些对于景观健康发展具有战略意义的空间等。

（4）生态属性规划：基于当前景观利用的特点和可能存在的问题，在明确区域景观生态规划的总体目标和布局的基础上，进一步细化景观优化和区域社会发展的要求，如维持重要物种的动态平衡，为大型物种提供必要的栖息空间，防止外来物种的入侵和扩散、保护土壤并维持其肥力这些目标或要求的明确有助于调整现有景观利用的方式和格局，并影响景观未来的格局和功能。

（5）空间属性规划：将前述的景观优化和社会发展需求的细化目标落实到景观规划设计的方案之中，需要通过景观格局空间配置的调整来实现，这也是景观规划设计的核心内容和最终目的。为此，需根据景观和区域生态学的基本原理和研究成果以及基于此所形成的景观规划的生态学原则，针对前述生态和社会目标，调整景观单元的空间属性。这些空间属性主要包括这样几个方面：①斑块及其边缘属性，如斑块的大小、形态，斑块边缘的宽度、长度及复杂度等；②廊道及其网络属性，如裂点（gap）的位置、大小和数量、"暂息地"的集聚程度、廊道的连通性、控制水文过程的多级网络结构、河流廊道的最小缓冲带、道路廊道的位置和缓冲带等。通过对这些空间属性的确定，形成景观生态规划在特定时期的最优方案。随着对景观利用的生态和社会需求变化，对方案的调整和补充也会相应进行。

为进一步将景观生态学应用于景观规划的实践，我国学者俞孔坚以 Forman 所倡导的景观生态规划方法为理论基础，1995 年在其哈佛大学设计学院博士毕业论文中进一步提出了"景观安全格局理论"（傅伯杰等，2000）。该理论从围棋中得到启示，认为景观中各个点、线、面在景观过程中所起的作用是不同的，因此存在着某些关键点（或称战略点）以及某些特定格局能对景观过程起到潜在的决定性影响，从而构成了控制景观的安全格局（傅伯杰等，2000）。不同的安全格局（如农业生产安全格局、景观质量安全格局、生态安全格局等）之间通过博弈，可以以最小的代价实现多赢的结果。在一个景观中，一些景观安全格局关键组分（点、线、面及其之间的联系）可以凭经验直接判断，如一个盆地的水口、廊道的断裂处或瓶颈、河流交汇处的分水岭，但大多数并不能凭经验判断，对于这样的情况可从三个方面进行考虑：①该景观的维护是否有利于对全局和局部的景观控制；②该景观是否有利于建立起孤立景观元素之间的空间联系；③该景观一旦发生改变，是否对全局或局部景观产生重大影响，这些影响可以从物质和能量的效率和经济性以及景观资源保护和利用等方面加以考虑。

综上，俞孔坚所提出的景观安全格局理论从景观生态学中所研究的景观格局入手，以 GIS 作为技术手段，建立景观要素或物种扩展的阻力面，并根据生态过程或扩展趋势确定不同层次的安全格局。通过这些不同层次、不同要素的景观安全格局组合，就能对景观空间结构进行有效控制。因此，该理论在生物保护、景观规划、区域管理等方面都有着重大的理论和实践意义。景观安全格局理论和方法的提出，为上述问题的解决提供了方法和理论支持。

3.5.1　景观安全格局组分

不论景观是均质的还是异质的，景观中的各点对某种生态的重要性都不是一样的。其中有一些局部的点、线及其之间的空间关系对控制景观水平生态过程起着关键性的作用，它们构成景观生态安全格局，是现有的或潜在的生态基础设施（ecological infrastructure）（俞孔坚，1999）。

俞孔坚从生物保护的角度构建了景观安全格局理论，在该理论中景观生态格局应包含如下组分（Yu，1995）。①源地（source）：指作为物种扩散源的现有自然栖息地。②缓冲区（buffer zones）：指围绕源地或生态廊道周围较易被目标物种利用的景观空间。③源间联结（inter-source linkage）：指源地之间可为目标物种迁移所利用的联系通道。④辐射道（radiating routes）：指目标物种由种源地向周围扩散的可能方向，这些路径共同构成目标物种利用景观的潜在生态网络。⑤战略点（strategic point）：指景观中对于物种的迁移或扩散过程具有关键作用的地段。

在一个明显的异质性景观中，景观安全格局组分是可以凭经验判别到的，如一个盆地的水口、廊道的断裂处或瓶颈、河流交汇处的分水岭（Harris，1984；Forman，1995）。但是在许多情况下，景观安全格局组分并不能直接凭经验识别到。在这种情况下，对景观战略性组分的识别必须通过对生态过程动态和趋势的模拟来实现。

景观安全格局关键组分对控制生态过程的战略意义可以体现在以下三个方面（俞孔坚，1999）。①主动（initiative）优势：在景观安全格局中，一旦关键组分被某种生态过程占领后就有先入为主的优势，即该生态过程更容易控制局部或全局景观。②空间联系（co-ordination）优势：除主动优势外，被某生态过程占领后的关键组分更容易通过该生态过程在孤立的景观元素之间建立起空间联系，这被称为空间联系优势。③高效（efficiency）优势：被某生态过程占领后的关键组分通过该生态过程控制局部或全局景观时，促进了局部或全局的物质和能量流动和传输，从而使物质和能量实现高效和经济。从本质上说，高效优势是前两者优势的必然结果（Yu，1995）。

3.5.2　景观生态安全格局识别步骤

1. 源的确定

一般来说，从生物保护角度出发的景观生态规划，其目的是保护多个物种和群体，因此，源地的确定应具有广泛的代表性，能充分体现保护地的生境特点。具体来说，可以根据对动植物区系组成的调查确定作为主要保护对象的物种和相应的栖息地（源）。

2. 建立阻力面

物种对景观的利用可以看作对空间的竞争、控制和覆盖，但这个过程必然面临阻力，对于物种来说，要实现空间的控制和覆盖必须克服这些阻力。所以，阻力面反映的是物种空间运动的趋势，为描述这种趋势，一些学者发展了众多模型，如引力模型、潜在模型、虫害扩散模型、火灾蔓延模型等，但它们不能为景观改变（优化）带来依据。直到最小累积阻力模型的提出改变了这一研究现状（Knaapen et al., 1992），该模型在于将新引入的斑块设计在低阻力区域，以便改善生态保护的功能，这一模型现被广泛使用，主要考虑三个方面的因素，即源、距离和景观基面特征。基本公式如下：

$$MCR = f \min \sum_{j=n}^{i=m} (D_{ij} \times R_i) \tag{3-2}$$

式（3-2）根据 Knaapen 等（1992）的模型和 GIS 中常用的费用距离（cost-distance）修改而来。其中，f 表示一个未知的正函数，反映空间中任一点的最小阻力与其到所有源的距离和景观基面特征的相关关系；D_{ij} 表示物种从源 j 到空间某一点所穿越的某景观的基面 i 的空间距离；R_i 表示景观 i 对某物种运动的阻力。尽管函数 f 通常是未知的，但（$D_{ij} \times R_i$）的积累值可以被认为是物种从源到空间某一点的某一路径的相对易达性衡量指标。其中，从所有源到该点阻力的最大值被用来衡量该点的易达性。因此，阻力面反映了物种运动的潜在可能性及趋势。

3. 根据阻力面来判别安全格局

阻力面是反映物种运动的时空连续体，类似地形表面，可以通过阻力等值线来表达。用理论地理学家 Warntz（1957；1966）的术语，这一阻力表面在源处下陷（dip），在最不易达到的地区阻力面呈峰（peak）凸起，而两陷之间有低阻力的谷线（course）相连，两峰之间有高阻力的脊线（ridge）相连。每一谷线和脊线上都各有一鞍（在这里我们不妨把 pass 和 dale 两者都称为鞍），它们是谷线或脊线上的最大值或最小值。

根据阻力面，可进一步判别缓冲区、源间联结、辐射道和战略点（张惠远和王仰麟，2000）。

1）缓冲区

可以将自然栖息地恢复或扩展的潜在地带理解为缓冲区，与传统规划做法中将核心区周围一定距离范围视作缓冲区不同，这里缓冲区范围和边界是通过阻力表面中阻力值突变处的阻力等值线确定。

具体来说，在最小累积阻力模型阻力面基础上作两种曲线，一种曲线是从某一源到最远离源的某一点作一条垂直于等阻力线的剖面曲线，得到的是最小累积阻力与离源距离的关系曲线，在局部地方最小累积阻力增长很快，在这些地方物种为了向外扩散，将要付出额外的代价，这就可以视作某一等级的发展阈值。这样一系列发展阈值的存在，构成了不同等级的安全格局。另一种曲线是最小累积阻力值与面积的关系曲线，在某些点随着最小累积阻力等值增加，所增加的面积相对减少，所以当越过某一等级的发展阈值时，所增加面积的可用性和其保护意义呈下降趋势，因此这些阈值也同样可以作为安全格局等级划分的依据（俞孔坚，1999；杨晓平，2005）。与传统规划的缓冲区不同，这里的缓冲区从边界向外围扩展的过程中，阻力的增加不是均匀的，而是随着阻力面的变化时而平缓时而陡峭。

2）源间联结

源间联结实际上是阻力面上相邻两源之间的阻力低谷（俞孔坚，1999）。源间联结可以有一条或多条，对每个源地而言，与其他源地联系的廊道应至少有一个，随着联结通道的增加，源地的安全性相应增加，但后续增加的通道带来的安全性会逐渐减弱（张惠远和王仰麟，2000）。

3）辐射道

辐射道是以源为中心向外辐射的阻力谷线，是阻力较低的物种向外扩散的通道。物种通过辐射道运动的过程实际上是对景观的控制过程，这对保护对象的未来发展和进化是必要的（Erwin，1991）。

4）战略点

战略点从阻力面上直接反映出来的是以相邻源为中心的等阻力线的相切点，对控制生态流有至关重要的意义。

将上述关键的景观结构组分叠加组合，就形成了在某一安全水平下的生态保护安全格局。尽管不同的安全水平要求有各自相应的安全格局，但本质上都是根据生态过程的动态和趋势在不同安全水平下的阈值来确定的，即通过对阻力面空间特性的分析来确定这些阈值（杨晓平，2005）。

3.6　人地关系协调理论

人地关系（man-land relationship）是地理学研究领域中一个古老的命题。人地系统是在地球的表层上面，人类的生产和生活等活动与地理环境相互作用所形成的巨大的、复杂的、开放的系统（方创琳，2004）。人地关系是指人类社会和人类活动与地理环境之间的关系（尚海龙和潘玉君，2013）。作为地理学的理论概念，这里的"人"是指社会的人，是指一定生产方式下从事各种生产活动和社会活动的人，是指有意识地同自然进行物质交换而组成社会的人。"地"是指与人类活动紧密联系的，有机与无机自然界诸要素有规律结合的地理环境，也指在人的作用下已经改变了的地理环境，即社会地理环境（方创琳，2004）。人通过对自然资源的开发和利用改变了自身所处的地理环境，而这种外在的地理环境的状态变化又将反作用于人的活动，影响下一阶段人的决策和活动。因此，人地关系是一个动态的、不断变化的概念，人与地始终在相互影响、相互作用的关系中得以发展演化，人地关系随着不同时代生产力发展水平以及社会经济发展规模的不同而不同（任启平，2005）。正是基于这样的理论基础，早在1979 年，我国著名人文地理学家吴传钧院士就提出人地关系问题是地理学领域重要的研究问题，而后又在《论地理学的研究核心：人地关系地域系统》一文中强调"任何区域开发、区域规划和区域管理都必须以改善区域人地相互作用结构、开发人地相互作用潜力和加快人地相互作用在人地关系地域系统中的良性循环为目标，为有效进行区域开发与区域管理提供理论依据"（吴传钧，1991；刘盛佳，1998）。陆大道院士也曾多次撰文提出，人地关系地域系统问题是地球表层系统的研究领域中最为核心的问题（陆大道和郭来喜，1998；陆大道，2004；陆大道，2008）。实际上，人地关系从人类诞生之时就已经存在了（郑度，2002；魏华杰，2012）。但当人们真正开始研究这个问题的时候，是近代人地矛盾慢慢变得比较明显的阶段，尤其是在西方工业革命以后，全世界人口数量、经济规模和生产技术水平都在快速上升的时期。此时，人类需求激发了创新，尤其是技术创新。在人地系统中，与技术创新相连的生产力结构率先变化，继而使得消费需求结构和调控结构做出适应性调整。然而地理环境供给并不具有相同的演化周期，尤其是自然资源和环境，尽管技术进步可以改善自然资源利用效率，但其有限的本质决定了地理环境供给往往滞后于人类活动系统的演进，当两个系统的发展难以同步，则导致了不协调的产生。当人类社会系统对地理环境供给的需求跨越了地理环境供给的能力时，往往产生相当严重的后果。具体地，为满足自身需求的人类的活动（如砍伐森林、围湖垦殖、填湖建房、修建水利工程及城市生产、生活活动）会在很多地区不同程度地改变着各个地域的地理环境，而且人类活动对地理环境的这种影响也会随着时间的推移不断加深，而地理环境会对这种影响做出反馈，对人类的生产和生活活动形成反馈。地理环境对这些影响的调整力度是存在上限的，如果人类的生产和生活等活动是在地理环境承受的范围之内，那么地理环境会通过自身的净化等能力维持社会发展的继续进行，从而实现人地和谐共处；相反，如果人类的生产和生活活动超过了地理环境承受的范围，地理环境将无法通过自身的力量恢复到原来的状态，也会给人类生产和生活带来巨大的负面影响（赵艳和杜耘，1998）。可见维持人地和谐共处对于实现区域可持续发展来说是十分重要的（毛汉英，1991；杨青山和刘继斌，2005；孙峰华等，2012）。

为进一步说明人地关系，有学者根据区域开发强度与资源环境水平耦合的关系，可以构建人类活动强度与地理环境关系的互动演化曲线（赵晓波，2013）。具体情况如图 3-8 所示。

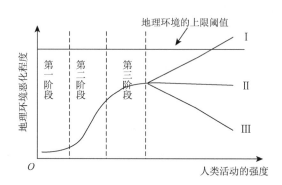

图 3-8　人类活动的强度和地理环境关系的演化

如图 3-8 所示，在第一阶段，由于人口规模与经济发展的规模相对较小，生产技术水平相对较低，因此，人类的生产和生活活动对周围的地理环境无法产生很大的影响。在这个阶段，即使人类在生产和生活活动中对土地资源和其他的资源造成了一些损害，也会因为远远没有达到土地等资源及周边生态环境的承载力上限，不会产生本质上的伤害。可以说，这个阶段人类活动与地理环境相互作用的程度较弱。

在第二阶段，人口规模与经济发展的规模都实现了较大程度的提高，生产技术也有了比较明显的改善，人类活动与地理环境相互作用的程度显著增强。不过这个阶段人类关系即使出现矛盾，也基本上是粮食生产方面的矛盾，即粮食生产可能会因为人口增加速度较快而出现供不应求的情况。但这个阶段人地矛盾还没有超过地理环境承载力，即对土地等资源及其周边生态环境的负面影响还没有超过其承载力上限，自然环境还可以进行自我修复，不会出现无法挽回的损失。

在第三阶段，不断提高的生产技术水平促进了资源开发利用的广度和深度，各地区工业化和城镇化实现快速发展，这个阶段人口规模和经济发展的规模实现前所未有的快速提升，不仅资源的需求量不断增加，需求的缺口越来越大，人类的生产和生活活动对环境的影响也越来越大，加剧了人类活动与地理环境的矛盾与冲突。此时，地理环境对人类活动的约束与反馈作用较强，面临着三种演变模式。

　　模式 I：不可持续的发展路径。这种模式继续沿用了原先的经济发展模式，即在社会和经济发展过程中不注意改变传统的"粗放型"的发展模式，始终没有把"外延式"发展的理念改为"内涵式"发展的理念，随着经济发展规模越来越大，对各种资源的需求会越来越多，水土资源、矿产资源以及能源等消耗继续快速增长。这样不仅会导致资源供不应求甚至出现资源枯竭的情况，还会造成严重的资源浪费和生态环境的破坏（魏后凯和张燕，2011）。因此这种模式显然是不可持续的发展模式。

　　就土地资源利用而言，在城市发展进程中，粗放型的城市发展模式容易导致城市土地难以实现高效利用，具体表现为土地资源的经济产出效益较低，利用强度不高，甚至会出现一方面土地资源十分紧缺、另一方面又有土地资源被大量闲置的情况（黄蛟，2010）。在农业发展过程中，粗放型的农业用地模式也会给农用地利用效率带来负面影响，具体表现是单位面积的农产品产量不高，或者是因为过量使用化肥农药等原因，造成农用地生产能力下降，周边环境也受到污染（王婷婷等，2013）。

　　模式 II：折中的发展路径。在这种发展模式下，始终存在着发展与生态环境保护的冲突。人们既要发展又要保护环境，但此时又不能完全放缓发展的速度，因此，在采取一定的资源环境政策的同时，注重发展与资源保护的同步进行，试图实现经济产值增加和环境保护能够兼顾。需要注意的是，资源环境恶化程度没有得到进一步的改善，地域系统仍然面临着严重的资源环境压力，仍需要分阶段地实施资源环境保护战略，促进人地关系的协调，尽量避免超过地理环境承受能力的上限（黄震方和黄睿，2015；王伟和孙雷，2016）。

　　模式III：可持续的发展路径。在这种发展模式下，人们尽快接受"内涵式"发展的理念，积极采取有效的应对措施，逐渐将粗放型的经济发展方式向集约型的经济发展方式转变。这样的话，人类活动强度对资源环境的影响程度并不会随着经济发展规模的扩大而迅速加重，甚至会有不断减轻的变化趋势，使得地理环境的恶化水平逐渐降低到地理环境承载力范围之内，实现人类活动强度与资源环境恶化水平的脱钩，从而促进了两者的良性互动。综上所述，积极有效的措施是减弱人类活动对地理环境影响的重要措施，也会实现人类社会的长期可持续发展（王玉明，2011）。

　　就国土空间开发和保护而言，要实现区域可持续发展，就要运用人地关系理论，不仅要做到经济效益最大化，还需要尽量减少对地理环境的不利影响，避免超过地理环境自我恢复的上限阈值。也就是说，在土地利用过程中，不仅要实现单位土地资源的经济产值不断增加，还要兼顾环境污染问题，使单位土地面积的污染物排放量不至于超过土地利用的最大环境容量。

第4章　国土空间生态安全的研究方法

4.1　景观格局分析法

　　景观格局通常是指景观的空间结构特征，即大小和形状各异的景观要素在空间上排列组合后表现出的随机、均匀或集聚等的特征。因此，景观格局最普遍的形式是表现在不同尺度上的空间斑块性。根据景观生态学原理，景观格局会影响生态学过程（如种群动态、动物行为、生物多样性、生态生理和生态系统过程等）进而影响生态系统服务功能，生态学过程也会反过来影响景观格局，尽管景观格局与生态学过程之间存在相互作用关系，但前者对后者影响的效应会在短期内显现，而后者对前者作用的显现会经历较为漫长的时间。此外，相比于研究生态系统服务功能或者生态学过程，研究景观格局会相对容易，因此在建立好景观格局与生态学过程之间的对应关系（从看似杂乱无章的景观斑块镶嵌中，发现潜在的有意义的规律）后，通常可以用一些格局指数（如景观丰富度指数、景观多样性指数、景观优势度指数、景观均匀度指数、景观聚集度指数等）的变化，来更好地理解或揭示生态学过程（邬建国，2000）。因此，在实际应用中，利用景观格局特征开展生态监测与评价已经成为景观评价的一个研究领域，其目的是更好地保护和维持生态环境。景观格局分析的意义远不止于此，事实上，在景观格局分析的基础上，运用相关科学方法确定空间格局使然的因子和机制，再比较不同景观格局下的生态环境效应以提出景观格局优化对策是当前景观生态学领域的重要研究内容。

　　景观格局分析方法是指用来研究景观结构组成特征和空间配置关系的分析方法，它们不仅包括一些传统统计学方法，同时也包括一些新的、专门解决空间问题的格局分析方法（邬建国，2000）。一般来说，景观格局分析包含三个基本步骤：第一，收集和处理原始数据，原始数据的获取方式常见的有野外考察、测量、RS、图像处理等；第二，景观数字化和景观格局分析，将原始数据景观数字化，并依据研究目的适当选用景观格局研究方法进行分析；第三，解释和综合，对景观格局分析结果加以解释和综合。

　　景观数字化有两种形式，一种是栅格化数据（raster data），另一种是矢量化数据（vector data）。前者以网络来表示景观表面特征，每一网格对应景观表面的某一面积，而一个斑块可由一个或多个网格组成；后者以点、线和面表示景观的单元和特征。

4.1.1 景观格局变化分析

1. 景观格局动态度分析

景观动态度是研究区一定时间范围内某种景观类型的数量变化情况，采用单一景观类型动态度（K）表示，其公式为

$$K = \frac{U_b - U_a}{U_a} \times \frac{1}{T} \times 100\%$$ (4-1)

其中，K 表示研究时段内某一景观类型动态度；U_a、U_b 表示研究初期和研究末期某一景观类型的面积；T 表示研究时段，当 T 的时段设定为年时，K 的值就是该地区某一景观类型的年平均变化率。

2. 景观类型转移概率矩阵

在景观类型转移矩阵的基础上，建立景观类型转移概率矩阵描述景观类型的变化剧烈程度，公式为

$$D_{ij} = \sum_{ij}^{n} \left[\frac{\mathrm{d}S_{i-j}}{S_i} \right] \times 100\%$$ (4-2)

其中，S_i 表示研究初期第 i 类景观类型总面积；$\mathrm{d}S_{i-j}$ 表示研究时段内第 i 类景观类型转化表示第 j 类景观类型的面积总和；n 表示研究区发生变化的景观类型数量；D_{ij} 表示研究时段内第 i 类景观类型转化为第 j 类景观类型的转移概率。

3. 景观类型转入/转出贡献率

转移矩阵的方法描述了不同景观类型自身变化的情况，为了充分体现出景观格局中不同类型景观的地位和作用信息，对比分析各景观类型转入和转出的空间格局和数量特征，本书采用景观类型转入/转出贡献率。

1）景观类型转入贡献率

景观类型转入贡献率的公式为

$$L_{ii} = \sum_{j=1}^{n} S_{ji} / S_t$$ (4-3)

其中，L_{ii} 表示除第 i 类外的其他景观类型向第 i 类景观类型转入面积占景观面积总转移发生量的比例；S_{ji} 表示第 j 种景观类型向第 i 种景观类型转移的面积；S_t 表示景观类型转移的总面积；n 表示景观类型的数量（下同）。L_{ii} 可以用于比较不同景观类型在景观动态变化转入过程中面积增量分配的差异。

2）景观类型转出贡献率

景观类型转出贡献率的公式为

$$L_{oj} = \sum_{j=1}^{n} S_{ij} / S_t \qquad (4\text{-}4)$$

其中，L_{oj} 表示第 i 类景观向除第 i 类外的其他景观类型转移的面积占景观面积总转移发生量的比例；S_{ij} 表示第 i 种景观类型向第 j 种景观类型转移的面积。L_{oj} 可以用于比较不同景观类型在景观动态变化转出过程中面积减量分配的差异。

4.1.2　景观格局指数计算

应用景观格局分析软件 FRAGSTATS 3.3，对区域土地利用景观空间格局特征参数进行分析，并计算相关的景观指标，计算方法参照了 FRAGSTATS 3.3 的操作手册。因 FRAGSTATS 可以计算 60 多种景观指标，且许多指标之间具有高度的相关性，所以本书在景观类型级别上分析景观指标时，重点选用斑块数量（number of patches，NP）、斑块密度（patch density，PD）、最大斑块指数（largest-patch-index，LPI）、边缘密度（edge density，ED）、周长—面积分形维数（perimeter area fractal dimension，PAFRAC）、散布与并列指数（interspersion juxtaposition index，IJI）、斑块结合度指数（patch cohesion index，COHESION）、分离度（splitting index，SPLIT）、聚集度（aggregation index，AI）9 个指标；在景观级别上分析景观指标时，选取 NP、PD、LPI、ED、PAFRAC、蔓延度指数（contagion endex，CONTAG）、SPLIT、香农多样性指数（Shannon's diversity index，SHDI）、香农均度指数（Shannon's evenness index，SHEI）、AI 10 个指标，各指标的具体计算公式及生态学含义如下（邬建国，2007）。

1）斑块数量

NP 反映景观的空间格局，经常被用来描述整个景观的异质性，其值的大小与景观的破碎度也有很好的正相关性，一般规律是 NP 大，破碎度高；NP 小，破碎度低。NP 在类型级别上等于景观中某一斑块类型的斑块总个数；在景观级别上等于景观中所有的斑块总数。公式为

$$NP = N \qquad (4\text{-}5)$$

其中，NP 表示斑块数量；N 表示某一斑块类型的斑块总个数或景观中所有的斑块总数。

2）斑块密度

PD 反映了景观破碎程度，PD 值越大，则破碎化程度越高。公式为

$$PD = \frac{n_{ij}}{A} \qquad (4\text{-}6)$$

其中，n_{ij} 表示斑块数目；A 表示斑块面积之和。

3）最大斑块指数

LPI 反映了最大斑块对整个景观类型或者景观的影响程度。取值范围为 $0 <$ LPI ≤ 100，是优势度的一个简单测度。其值的大小决定着景观中优势种、内部种的丰度等生态特征；其值的变化可以改变干扰的强度和频率，反映人类活动的方向和强弱。公式为

$$\text{LPI} = \frac{\max(a_1, \cdots, a_n)}{A} \tag{4-7}$$

其中，a_n 表示斑块 n 的面积；A 表示景观总面积。当每种景观类型中都只有一个斑块时，最大斑块指数取最大值 100%。每种景观类型的最大斑块面积越小，它的值越趋近于 0。

4）边缘密度

ED 表示单位面积的斑块边界数量，反映景观中异质性斑块之间物质、能量和物种交换的潜力及相互影响的强度，可直接表征景观整体的复杂程度。公式为

$$\text{ED} = \frac{\sum_{k=1}^{m} e_{ik}}{A} \tag{4-8}$$

其中，e_{ik} 表示斑块边界数；A 表示景观面积。

5）周长—面积分形维数

分形维数反映了在一定尺度上的斑块边界的复杂程度，同时也反映了人类活动干扰的强弱。受人类活动干扰小的自然景观的分形维数值高，而受人类活动影响大的人为景观的分形维数值低。公式为

$$\ln(P/4) = k\ln(A) + c, \quad \text{FD} = 2k \tag{4-9}$$

其中，P 表示斑块周长；A 表示斑块面积；k 表示回归方程的斜率；FD 表示包含多个斑块的某一景观的"平均"分形维数，也是统计意义上的景观分形维数。FD 值的理论范围为 $[1.0, 2.0]$，FD $= 1.0$ 时代表形状最简单的正方形斑块；FD $= 2.0$ 时表示等面积下周长最复杂的斑块。

6）散布与并列指数

IJI 是描述景观空间格局重要的指标之一。IJI 对那些受到某种自然条件严重制约的生态系统的分布特征反映显著。IJI 取值小时表明斑块类型 i 仅与少数几种其他类型相邻接；IJI $= 100$ 表明各斑块间比邻的边长是均等的，即各斑块间的比邻概率是均等的。公式为

$$IJI = \frac{-\sum_{k=1}^{m}\left[\left(\dfrac{e_{ik}}{\sum_{k=1}^{m} e_{ik}}\right) \ln\left(\dfrac{e_{ik}}{\sum_{k=1}^{m} e_{ik}}\right)\right]}{\ln(m-1)} \times 100 \tag{4-10}$$

其中，IJI 表示散布与并列指数；e_{ik} 表示斑块边界数；m 表示景观类型的总数。

7）斑块结合度指数

COHESION 的表达公式为

$$COHESION = \left[1 - \frac{\sum_{j=1}^{m} P_{ij}}{\sum_{j=1}^{m} P_{ij}\sqrt{a_{ij}}}\right]\left[1 - \frac{1}{\sqrt{A}}\right]^{-1} \times 100 \tag{4-11}$$

其中，P_{ij} 表示斑块 ij 的周长；a_{ij} 表示斑块 ij 的面积；A 表示景观的总面积。

8）分离度

SPLIT 描述斑块在空间分布上的分散程度，值越大表明该类型元素分布越分散。公式为

$$SPLIT = \frac{A^2}{\sum_{j=1}^{m} a_{ij}^2} \tag{4-12}$$

其中，a_{ij} 表示斑块 ij 的面积；A 表示景观的总面积。

9）聚集度

AI 的表达公式为

$$AI = \left[\frac{g_{ii}}{\max \to g_{ii}}\right] \times 100 \tag{4-13}$$

其中，g_{ii} 表示基于斑块类型 i 的像元之间的相似邻接数；$\max \to g_{ii}$ 表示基于斑块类型 i 的像元之间的最大相似邻接数。

10）蔓延度指数

CONTAG 反映景观中不同斑块类型的聚集程度。一般来说，高蔓延度值说明景观中的某种优势斑块类型形成了良好的连接性；反之则表明景观是具有多种要素的密集格局，景观的破碎化程度较高。公式为

$$CONTAG = 1 + \frac{\sum_{i=1}^{m}\sum_{k=1}^{m}\left[(P_i)\left(\dfrac{g_{ik}}{\sum_{k=1}^{m} g_{ik}}\right)\right]\left[\ln(p_i)\left(\dfrac{g_{ik}}{\sum_{k=1}^{m} g_{ik}}\right)\right]}{2\ln(m)} \tag{4-14}$$

其中，P_i 表示斑块面积百分比；g_{ik} 表示与斑块相邻的网格单元数。

11）香农多样性指数

SHDI 能反映景观异质性，对景观中各斑块类型的非均衡分布状况特别敏感，即强调稀有斑块类型对信息的贡献，这也是其与其他多样性指数的不同之处。在比较和分析不同景观或同一景观不同时期的多样性与异质性变化时，SHDI 也是一个敏感指标。公式为

$$\text{SHDI} = -\sum_{i=1}^{m}[P\ln_i(P_i)] \tag{4-15}$$

其中，m 表示景观中斑块类型的总数；P_i 表示斑块类型在景观中出现的概率，通常以该类型占有的栅格数量或像元数占栅格总数的比例来估算。

12）香农均度指数

SHEI 描述景观镶嵌体中不同景观类型在其数目或面积方面的均匀程度。SHEI 值较小时优势度一般较高，反映出景观受到一种或少数几种优势斑块类型支配；SHEI 趋近 1 时优势度低，说明景观中没有明显的优势类型且各斑块类型在景观中均匀分布。公式为

$$\text{SHEI} = -\frac{\sum_{i=1}^{m}[P\ln_i(P_i)]}{\ln(m)} \tag{4-16}$$

其中，m 表示景观类型的总数；P_i 表示斑块类型在景观中出现的概率，通常以该类型占有的栅格数量或像元数占栅格总数的比例来估算。

4.1.3　景观生态风险指数构建

随着人类社会经济系统对自然生态系统参与程度的加深，景观格局不再只是生态学过程的产物，而是若干生态过程与非生态过程长期作用的产物，生态过程常常具有干扰性，通过改变景观的空间结构影响着干扰的扩散和能量的转移，尤其是景观中某些具有战略性的结构退化或遭到破坏将对整个区域的生态环境产生致命的影响（王根绪和程国栋，1999）。表征景观格局的指数有多样性指数、镶嵌度指数、距离指数及景观破碎度指数等（傅伯杰，1995）。本书在基本判别指标的基础上，构建了景观干扰度指数和景观脆弱度指数，并通过景观格局与生态环境之间的经验关系，建立景观格局指数与区域生态风险之间的定量化表达，借助空间统计学空间化变量的方法，研究区域土地利用生态风险的空间特征。

1. 景观干扰度指数

不同的景观类型在维护生物多样性、保护物种、完善整体结构和功能、促进

景观结构自然演替等方面的作用是有差别的；同时，不同景观的类型对外界干扰的抵抗能力也是不同的。以景观格局分析为基础，构建一个景观干扰度指数 E_i，通过各个指数简单叠加来反映不同景观所代表的生态系统受到干扰（主要是人类开发活动）的程度。景观干扰度指数 E_i 的公式为

$$E_i = aC_i + bS_i + c\mathrm{DO}_i \tag{4-17}$$

其中，各参数的生态学含义如下。

（1）景观破碎度 C_i。景观破碎化是由自然或人为干扰所导致的景观由单一、均质和连续的整体趋向于复杂、异质和不连续的斑块镶嵌体的过程，其是生物多样性丧失的重要原因之一（陈利顶和傅伯杰，1996），与自然资源保护密切相关，公式为 $C_i = n_i/A_i$。其中，C_i 表示景观类型 i 的破碎度，n_i 表示景观类型 i 的斑块数，A_i 表示景观类型 i 的总面积。

（2）景观分离度 S_i。其指某一景观类型中不同斑块数个体分布的分离度，公式为 $S_i = D_i/P_i$。其中，S_i 表示景观类型 i 的分离度，D_i 表示景观类型 i 的距离指数，P_i 表示景观类型 i 的面积指数。

（3）景观优势度 DO_i。其是衡量斑块在景观中的重要地位的一种指标，其大小直接反映了斑块对景观格局形成和变化影响的大小。景观优势度由斑块的频度、密度和比例决定。其公式为 $\mathrm{DO}_i = (Q_i + M_i)/4 + L_i/2$。其中，$Q_i$ = 斑块 i 出现的样方数/总样方数；M_i = 斑块 i 的数目/斑块的总数目；L_i = 斑块 i 的面积/样方的总面积。

（4）根据以上公式计算出 C_i、S_i、DO_i 等指标后，由于量纲不同，需进行归一化处理。a、b、c 为各指标的权重，且 $a + b + c = 1$。三者在不同程度上反映出干扰对景观所代表的生态环境的影响，根据分析权衡，认为破碎度指数最为重要，其次为分离度和优势度。对以上三个指数分别赋予 0.5、0.3、0.2 的权值。

2. 景观脆弱度指数

不同的景观类型在维护生物多样性、保护物种、完善整体结构和功能、促进景观结构自然演替等方面的作用是有差别的，对外界干扰的抵抗能力也不同，这种差异性与自然演替过程所处的阶段有关（许学工等，2001）。由于人类活动是该区生态系统的主要干扰因素，所以土地利用程度不仅反映了土地利用中土地本身的自然属性，而且反映了人为因素与自然因素的综合效应。本书选取六种景观类型（居民点及工矿用地、林地、草地、耕地、水域、未利用地）所代表的生态系统，参考许学工等（2001）的划分方法，以未利用地最为脆弱，其次是水域，而居民点及工矿用地最稳定。同时，分别对六种景观类型赋予脆弱度指数：未利用地 = 6、水域 = 5、耕地 = 4、草地 = 3、林地 = 2、居民点及工

矿用地 = 1，然后进行归一化处理（许学工等，2001），得到各自的脆弱度指数 F_i。

3. 景观生态风险指数

利用上述所建立的景观干扰度指数和景观脆弱度指数，构建景观生态风险指数，用于描述一个样地综合生态损失的大小，以便通过采样方法将景观的空间格局转化为空间化的生态风险变量。景观生态风险指数（ERI）的计算公式如下：

$$ERI = \sum_{i=1}^{N} \frac{S_{ki}}{S_k} \sqrt{E_i \times F_i} \qquad (4\text{-}18)$$

其中，ERI 表示景观生态风险指数；N 表示景观类型的数量，E_i 表示景观类型 i 的干扰度指数；F_i 表示景观类型 i 的脆弱度指数；S_{ki} 表示第 k 个风险小区 i 类景观组分的面积；S_k 表示第 k 个风险小区的总面积。

4.2　空间统计学方法

现实世界中，很多事物和现象都具有空间特征，在地理学中，将事物和现象抽象化并赋予其空间位置信息后称为空间数据。根据地理学第一定律，几乎所有空间数据都具有空间依赖或空间自相关特征，即一个区域单元上的某种地理现象或某一属性值是与邻近区域单元上的同一现象或属性值相关的（Tobler，1970）。随着地理学的发展，现实世界可能面临的种种与地理空间相关的问题，如城市规划、区域产业发展布局等，可以通过有关人类空间行为的理论模型来分析和解决，这就要求所运用的理论模型能够将抽象转化为可运算的，也即用规范的数学设定来表述变量关系，需要给出各个变量的含义以确保数据可获得与可计算，同时也需要进行估计、假设检验和预测，这基本上是以统计学方法和计量经济学方法为基础的（Anselin，1988）。由此可见，空间统计学是在地理科学和统计学或计量经济学基础上发展起来的科学，其中前者是抽象的理论，而统计学或计量经济学是解释或解决问题具象化的工具。因此，空间统计分析是以区域化变量理论为基础，以变异函数为基本工具研究分布在空间中的呈现一定随机性与结构性的自然科学现象，其核心就是认识与地理位置相关的数据间的空间依赖、空间关联或空间自相关关系，通过空间位置建立数据间的统计关系（王志海等，2008）。在实际的应用中，空间统计学与经典统计学和空间计量经济学常常容易混淆。其中，关于空间统计学与空间计量经济学的差异，Anselin（1988）主要提到两点：①研究对象不同，空间统计学针对的是数据，而空间计量经济学针对的是模型；②研究领域不同，空间计量经济学通常从一个特定的理论或模型出发，并重点研究出现空间效应时模型的估计、设定和检验问题，一般用于处理区域或城市经济问题，而空间统计学则从地理空间数据所表现出的特征出发，更关注地理学或生物学的现象本身，较少与区域科学领域建立紧密联系。而空间统计学与经典统计学的区别可总结为以下几方面。①所研究的变量类型不同。经典统计学研究的是随机变量，而空间统计学研究的是具有空间位置属性的变量，也有研究称为区域化的变量。②实验的可重复性不同。一般来说，经典统计学能够按照原始研究的实验方法重复试验，而空间统计学中由于带有空间位置属性的数据不可能重复，故不能进行重复试验。③数据的相关性不同。依据所使用的数据属性不同，数据的相关性也截然不同。经典统计学要求每次抽样都是相互独立的，故获取的数据之间是随机的；而空间统计学使用的数据则具有一定相关性。④样本分布特征存在差异。经典统计学以频率分布图来研究样本分布特征，空间统计在此基础上还考虑区域化变量的空间分布特征。因此，相比于经典统计学方法空间统计学用途更广，可应用到地理学、生物学以及人口学等众多学科中（王志海等，2008）。

4.2.1　空间权重矩阵

建立一个能够有效表达空间交互作用的权重矩阵是进行空间统计分析的前提和基础。权重矩阵表征了空间截面单元某些地理、经济或其他属性值之间的相互依赖关系和程度，是连接理论分析上的空间计量经济模型与真实世界中的空间效应的纽带，因此，能否构建并选择恰当的空间权重矩阵直接关系到模型的最终估计结果和解释力（陈彦光，2009）。

空间权重矩阵设置的基本依据是地理学第一定律，即任何事物之间都存在关联，但是空间相近的事物具有更大的关联性。因此，空间权重矩阵的基本形式为

$$W = \begin{bmatrix} W_{11} & W_{12} & \cdots & W_{1n} \\ W_{21} & W_{22} & \cdots & W_{2n} \\ \vdots & \vdots & & \vdots \\ W_{n1} & W_{n2} & \cdots & W_{nn} \end{bmatrix} \tag{4-19}$$

其中，W_{ij} 表示区域 i 与 j 的邻接关系。

根据矩阵元素设置方法的不同，可以将空间权重矩阵分为以下类型。

1）基于邻接关系的空间权重矩阵

邻接关系描述空间单位之间是否具有共同的边界，因此基于邻接关系的空间权重矩阵根据这一规则赋值并设定矩阵，具体地，只要空间截面之间拥有非零长度的共同边界，那么空间交互作用就会发生，依据相邻空间截面 i 和 j 是否有共同的边界，分别用 1 和 0 来表示。进一步，设置邻接矩阵时可以采用 Rook 邻接或

者 Queen 邻接两种规则，前者代表国际象棋中"车"的行走规则，后者代表国际象棋中"后"的行走规则。

Rook 邻接规则仅把有共同边界的空间样本定义为邻接单元，形式为

$$W=\begin{cases} 1, & \text{当空间单元} i \text{和} j \text{拥有共同边界} \\ 0, & \text{当空间单元} i \text{和} j \text{无共同边界或} i = j \end{cases} \qquad (4\text{-}20)$$

其中，i、j 表示空间截面编号；$i, j \in [1, n]$，n 表示空间截面个数。

与此不同，Queen 邻接规则会将与某一空间样本拥有共有边界以及共同顶点的空间样本均定义为其邻接单元。

2）基于地理距离的空间权重矩阵

空间数据中的距离是指空间截面间的直线距离或球面距离（苏世亮等，2020）。作为邻接矩阵的扩展，基于地理距离的空间权重矩阵认为空间效应也存在在某既定空间截面周围一定距离范围 D 内，如若超过既定的阈值，则相应的空间效应可以忽略。基于地理距离的空间权重矩阵可表示如下：

$$W=\begin{cases} 1, & \text{当空间单元} i \text{和} j \text{的距离在} d_{ij} \leqslant \text{D} \\ 0, & \text{当空间单元} i \text{和} j \text{的距离在} d_{ij} > \text{D} \end{cases} \qquad (4\text{-}21)$$

3）基于经济距离的空间权重矩阵

研究经济的学者认为，真实的地理距离矩阵虽然直观、可信，但有时不足以描述空间单元间复杂的效应，如经济、社会关系。区域单元上的经济发展水平、居民的文化素质、社会环境甚至风俗习惯等诸多因素交互，都会使空间单元之间产生更加复杂的影响，因此在一些研究中将经济因素纳入空间权重矩阵的设定中也是很必要的。为此，研究者根据区域间的资本流动、人口迁移、商品贸易、通信通勤量等社会经济指标，设计出了更符合空间经济关系的经济距离权重矩阵（张可云等，2017）：

$$W=\frac{1}{\left| \overline{Y}_i - \overline{Y}_j \right|} \qquad (4\text{-}22)$$

其中，$\overline{Y}_i$ 和 $\overline{Y}_j$ 表示区域 i 和 j 在某个时期内的 GDP。当两个地区的经济发展水平相似时，两者之间的空间效应越大，权重越大。同时也可根据研究的需要，将 GDP 替换成贸易量、进出口总额等指标。

4.2.2　全局空间自相关

空间自相关是指同一个变量在不同空间位置上的相互依赖关系，也称为空

间变量值的自我相关性。全局空间自相关是用来表征这一变量在整个研究区域内的相互依赖关系，目的在于探测数据的空间属性和分布特性，即是否存在集聚性。全局空间自相关的常用度量指标主要有 Moran's I 和 Geary's C 这两个统计量。本书中用全局空间自相关指标 Moran's I 和局部空间自相关指标 LISA（local indicators of spatial association，局域空间自相关指数）来分析国土空间生态风险指数的空间模式。Moran's I 反映空间邻接或空间邻近的区域单元的属性值的相似程度。与统计学上的一般相关系数一样，Moran's I 的数值范围为 (−1, 1)：I<0 表示负相关，I = 0 表示不相关，I>0 表示正相关。Moran's I 表达公式如下：

$$I = \frac{n \sum_{i=1}^{n} \sum_{i=1}^{n} w_{ij} (x_i - \overline{x})(x_j - \overline{x})}{\sum_{i=1}^{n} \sum_{i=1}^{n} w_{ij} (x_i - \overline{x})^2} \tag{4-23}$$

其中，x_i 和 x_j 表示变量 x 在相邻配对空间单元（或栅格细胞）的取值；$\overline{x}$ 表示 n 个位置的属性值的平均值；W_{ij} 表示通用交叉积统计中的二元空间权重矩阵 W 的元素，可以基于邻接标准或距离标准构建，反映空间目标的位置相似性，将单元 i 的值 x_i 减去所有的平均值 $\overline{x}$，然后与单元 j 的值 x_j 减去所有的平均值 $\overline{x}$ 而得到的值 $(x_i - \overline{x})$ 相乘。

4.2.3　局部空间自相关

由于地理空间的异质性，全局空间自相关的测度结果往往会掩盖局部空间分布特征，这就需要进一步考察观测值是否存在局部集聚现象以及哪些区域单元对全局空间自相关有更大的贡献，此时就需要应用到局部空间自相关分析。局部空间自相关指标 LISA_i 的计算公式为

$$\text{LISA}_i = \frac{(x_i - \overline{x})}{\sum_{i} (x_i - \overline{x})^2 / n} \sum_{j} W_{ij} (x_j - \overline{x}), i \neq j \tag{4-24}$$

其中，x_i、x_j、x 和 W_{ij} 的含义同上。正 LISA_i 值表示该区域单元周围相似值（高值或低值）的空间聚集，负 LISA_i 值表示非相似值的空间聚集。每个区域单元的 LISA 是描述该区域单元周围显著的相似值区域单元之间空间集聚程度的指标；所有区域单元的 LISA 总和与全局的空间联系指标成比例。

此外，还可用 Moran's 散点图研究样本空间的局域空间异质性，其横坐标为各单元标准化处理后的属性值，纵坐标为其空间连接矩阵所决定相邻单元的属性

值的平均值（也经过标准化处理）。Moran's 散点图的四个象限，分别表达了某一点（区域）和其周围点（区域）四种类型的局域空间联系形式。第一象限表示"高高集聚"，即空间单元的观测值及其相邻单元观测变量的空间加权平均值都高于平均值；第二象限表示"高低集聚"，即空间单元的观测值高于平均值，而其相邻单元观测变量的空间加权平均值低于平均值；第三象限表示"低低集聚"，即空间单元的观测值及其相邻单元观测变量的空间加权平均值都低于平均值；第四象限表示"低高集聚"空间单元的观测值、其相邻单元观测变量的空间加权平均值与平均值的关系与"高低集聚"相反。"高高集聚"和"低低集聚"意味着区域存在空间集聚性，前者为高值在空间上相互靠近，后者为低值在空间上相互靠近，代表存在着局部的规律或者机制制约着该属性值的发展和演变。"高低"和"低高"形式的聚集则意味着存在空间异质性，即具有相似属性的区域或个体相互离散，呈现出一定的随机性。在具体的应用中，对应于散点图的不同象限，可识别出空间分布中存在着哪几种不同的实体。此外，将散点图与显著性水平相结合，还可以得到"显著性水平图"。

4.2.4 地统计学方法

地统计学（geostatistics）于 20 世纪 50 年代初被采矿工程师 Krige（克里格）和著名统计学家 Sichel（西奇尔）应用于南非采矿业中，随着计算机的应用与发展，此项技术被引入地学领域（Goovaerts，1999）。国内侯景儒、王仁铎等于 20世纪 80 年代初将其发展和应用在我国地质等领域，随后逐渐引入地理学等领域，与此同时，多部国外经典的统计学专著也被翻译成中文，地统计学在国内的理论及其应用研究开启快速发展的时代（谭万能等，2005）。

地统计学是以区域化变量理论为基础，以变异函数为主要工具，研究那些在空间分布上既有随机性又有结构性，或空间相关相依赖的自然现象的科学（秦昆，2016）。由于地统计学可在有限的离散数据基础上无偏最优预测（或模拟）连续的空间分布，且得到预测的不确定性估计，因此，其应用领域也从地质、矿业逐渐拓展到土壤、水资源、农业、气象、海洋、生态、环境等领域，其方法体系也从稳态、单变量、线性、参数和空间静态演化到非稳态、多变量、非线性、非参数和时空动态层面（郭怀成等，2008）。

作为地统计学领域的重要概念，区域化随机变量与普通随机变量不同，普通随机变量的取值按某种概率分布变化而变化，而区域化随机变量则根据其在一个域内的位置取不同的值。换句话说，区域化随机变量是普通随机变量在域内确定空间位置上的特定取值，它是与空间位置有关的随机函数。年降雨量、蒸发量、土壤厚度分布等就是常见的区域化随机变量，这类区域化随机变量既服从地带性规律，同时又受随机性因素的影响。鉴于区域化变量与普通随机变量之间的相异性，数学上常用能够描述区域化变量的随机性和结构性的变异函数来严格地分析区域化变量。

与普通统计学中回归模型的构建方法一样，地统计学中变异函数的理论模型的构建也要对模型进行最优拟合，其目的是使理论模型能最充分地描述所研究的某一区域化变量的变化规律，对该理论模型要进行检验，观察该模型是否从理论上精确地反映了变量的变化规律。要使得变异函数的理论模型真实地描述变量的变化规律，在建立理论模型过程中要对模型进行最优拟合。一般是根据变异函数的计算值，选择合适的理论模型来拟合一条最优的理论变异函数曲线，通常称为最优拟合，这也是地统计学实现局部最优估计的需要。本质上，最优拟合的过程是配合最优模型的过程，地统计学中的变异函数最优拟合主要是曲线拟合，如球状模型等的最优拟合。

地统计学的主要目的是在结构分析的基础上采用克里格法预测估计来解决实际的问题。克里格法与一般的插值方法有所不同，常见的确定性插值方法如泰森多边形法、反距离加权法、趋势面法和多元回归法等，一般直接通过周围观测点的值内插或通过数学模型进行内插，较少考虑变量自身的特点、样点的空间分布情况，且对于误差估计不足。克里格法基于变量的区域结构信息，全面考量采样点间的空间关系与预测区域的地理位置联系，做出无偏最优估计，并且能给出精度估计结果，比其他方法更精确（周俊驰，2017）。

克里格法主要包括简单克里格法、普通克里格法、泛克里格法、对数正态克里格法、指示克里格法、概率克里格法、析取克里格法、协同克里格法等（徐英等，2006）。其中简单克里格法、普通克里格法和泛克里格法都属于线性克里格法，预测值是已知值的线性无偏估计量。此类方法需假定区域变量满足二阶平稳假设、内蕴假设，数据需要符合正态分布。线性克里格法在估计时存在两个缺点：一是当区域化变量数据离散度太大时，预测的精度较低；二是只能估计区域化变量的值，不能估计区域化变量函数的值。协同克里格法属于多元地统计学范畴，它能充分利用多元空间信息，把预测的过程从只考虑单个属性延伸到同时考量两个以上的属性，充分考虑变量之间的统计学相关性和空间相关性，提高了估计的精度。当同一区域采样点之间的多个属性的相关性较强，且属性之间又存在空间相关性时，可以使用协同克里格法（周俊驰，2017）。

运用地统计学进行空间分析的一般步骤（吴黎军等，2009）。

（1）空间数据的预处理：包括整体分布检验和异常值的剔除。正态分布检验主要通过频率分布图、非参数检验等方法，在这一过程中最容易发现的问题是数据的积聚以及异常点的出现。

（2）空间相关性分析：通过全局空间自相关，局部空间自相关等空间自相关分析可以初步确定变量空间依赖性的程度。如果空间自相关分析显示，变量性质在各滞后距上空间不相关，则说明需要调整采样间距与尺度。

（3）变异函数理论模型构建：计算空间数据的实验变异函数并建立理论模型，对模型进行结构分析及专业解释。

（4）克里格插值：采用最优的克里格方法对未知点进行无偏最优插值，进行不确定性预测，制作克里格方差分布图。

4.3　SD 方法

SD 是在总结运筹学的基础上，为适应现代社会系统的管理需要而发展起来的，一种以计算机模拟技术为主要手段，通过结构-功能分析，研究和解决复杂动态反馈性系统问题的仿真方法（蔡林，2008）。它不是依据抽象的假设，而是以现实世界的存在为前提，将生命系统和非生命系统都作为信息反馈系统来进行整体上的研究，不追求"最佳解"，而是从整体出发寻求系统行为得以改善的机会、途径和方法。从技巧上说，它不是依据数学逻辑的推演而获得答案，而是把研究对象划分为若干个子系统，并且建立起各个子系统之间的因果关系网络，立足于整体以及整体之间的关系研究，并依据对系统的实际观测信息建立动态的仿真模型，并通过计算机实验来获得对系统未来行为的描述。简单而言，SD 是研究社会系统动态行为的计算机仿真方法，其基本步骤包括建立基于流图的计算机仿真模型，构造方程式，实行计算机仿真实验，验证模型的有效性，为战略与决策的制定提供依据。

4.3.1　SD 的特点

SD 具有以下特点（刘菁，2018）。

（1）SD 首要特点是能够研究、分析和解决系统问题，因此能够研究诸如工业、农业、经济、社会、生态等学科或多学科综合问题。它通过将研究对象划分为若干子系统，并且建立各个子系统之间的因果关系网络，用以反映系统内部、外部因素之间的相互关系，建立整体与各组成元素相协调的机制，通过调整控制参数，实时观察系统变化区域，以达到强调宏观微观相结合，多方面、多角度、综合性研究系统问题的目标。

（2）SD 是建立在因果关系基础上的机理性模型，子系统之间的因果关系，以及系统与环境之间的相互联系、相互作用都会被纳入模型构建中，因此，它的行为模式与特性主要由系统内部的动态结构和反馈机制所决定，不受外界因素干扰。

此外，时间要素是系统运行和模拟的重要部分，原因是系统中所包含的变量是随时间变化的，因此 SD 可用来模拟长期性和周期性系统问题。

（3）SD 是一种结构模型，这意味着 SD 模型的构建和模拟着重于系统的结构和动态行为，而不需要提供特别精准的参数。尽管它以定性分析为先导，但仍然需要定量分析加以支持，因此 SD 是一种以定性与定量相结合的处理问题的方法。

（4）SD 模型能够求解高阶次、非线性、时变性系统问题，原因是它采用数字模拟技术，而不是传统的求解方法。因此 SD 的优势还表现为可以在宏观与微观层次上对多层次、多部门的复杂大系统进行综合分析、研究和模拟。

从上述 SD 的特点来看，它主要研究的是复杂动态反馈性系统。如图 4-1，系统是由相互联系、相互影响的多个元素、多个子系统共同组成的，元素之间、各子系统之间的联系或关系概括为因果关系（causal relationship），正是这种因果关系的相互作用，最终形成系统的功能和行为（汪应洛，2015）。

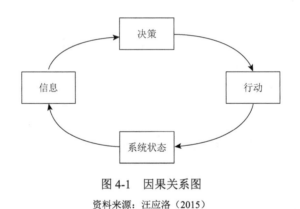

图 4-1　因果关系图

资料来源：汪应洛（2015）

如图 4-1 所示，连接因果要素/子系统的有向线段称为因果箭，箭尾始于原因，箭头终于结果。因果关系有正负极之分，正（＋）表示加强，负（－）表示减弱。因果箭连接因果后称为因果链，因果关系具有传递性，在同一链中，若含有奇数条件极性为负的因果箭，则整条因果链是负的因果链，否则，该条因果链为极性正。原因和结果的相互作用形成因果关系回路称为因果反馈回路，是一种封闭的、首尾相接的因果链，其极性判别如因果链。

图 4-2 为应用 SD 建模的工作流程。

4.3.2　SD 流程图

在明确因果关系后，SD 通过构建由各种变量组成的流程图（图 4-3）来实现

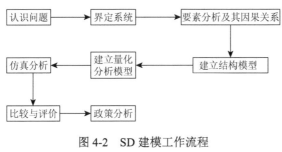

图 4-2　SD 建模工作流程

资料来源：汪应洛（2015）

定量预测，因此，绘制流程图是 SD 建模的核心内容。一般地，凡是对系统的行为有重要影响的变量都应纳入模型界限，而对一些尚未收集到可靠数据的变量，则可根据系统的实际情况做出合理的估计或猜测（蔡林，2008）。

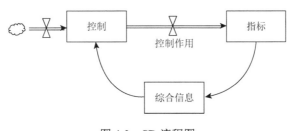

图 4-3　SD 流程图

在实际系统分析时存在不同类型的要素，这些要素性质不同，用途也不同。对于 SD 流程图的构建，一般涉及的要素包括流、水平变量、速率变量、参数量、辅助变量等。具体内容如下（赵玲，2020）。

流（flow）：系统中的活动或行为，根据传递方式是否实物化，通常可将流区分为实物流和信息流。

水平变量（level）：水平变量又称流位变量或状态变量。系统的状态用水平变量来描述，在整个系统中，水平变量主要起积累作用，其数值取决于它的流入和流出速率，其值的大小表现系统在某一时刻下该变量的状况。当系统的物流和信息流停止流动时，水平变量保持其前一时刻的值。一个变量是不是水平变量，由设计模型时的目的和实现的可能性决定。

速率变量（rate）：影响或改变水平变量的因素或动力我们称之为速率变量。速率变量作为一个行动变量，表示某个水平变量变化的快慢，当行动停止时，速率变量的作用也就终止或消失在 SD 中，R 表示速率方程。无论是水平变量还是速率变量，都由模型设计时确定的目的和实现的可能性决定。

参数量（parameter）：系统中的各种常数。

辅助变量（auxiliary variable）：实际的系统中，速率变量是多因素综合作用的结果，其包含的内容往往非常复杂，引入辅助变量的目的在于简化速率方程，使复杂的速率方程易于理解。

滞后（delay）：物质流和信息流的运动（流动）需要一定的时间，这就导致系统中各个要素在传递过程中出现时间差，在具体的应用中有物质流滞后和信息流滞后之分。

在计算过程中不随时间变化的量称为常量。

根据因果关系用流线将各变量的符号连接起来，就得到了流图。通过各种变量构成系统行为关系图（流图）后，能够更加完整、具体地描述出系统的构成、行为和元素相互作用机制的全貌。

从因果关系图到流图，在系统问题刻画上已经发生了质的变化，原因是系统流图反映了系统中各因果关系中所不能反映出来的不同变量间的特性、特点和关系，在使系统内部作用机制更加清晰明了的基础上，实现了对系统的定量分析，从而达到仿真模拟的目的。

4.3.3 SD 函数

SD 之所以能处理实际中复杂的系统问题，除提出流图反馈回路来描述系统外，还有一个重要原因是其专用软件（ Ventana Simulation Environment Personal Learning Edition，Vensim PLE）设计了一系列通用的 SD 函数，包括表函数、数学函数、逻辑函数、测试函数和延迟函数，具体如下。

（1）表函数。表函数是系统动力学的一个重要特征，它用于建立两个变量之间的非线性关系，特别是软变量之间的关系。具体来说，需要先对两个变量进行归一，再依据经验给出它们大致的关系。

（2）数学函数。Vensim PLE 备有五种普通数学函数供用户使用，分别为三角正弦函数 $SIN(X)$、指数函数 $EXP(X)$、对数函数 $LN(X)$、开方函数 $SQRT(X) = \sqrt{X}$ 和绝对值函数 $ABS(X) = |X|$。

（3）逻辑函数。逻辑函数的作用类似于其他计算机语言中的条件语句，Vensim PLE 的逻辑函数有三种。最大函数 $MAX(P, Q)$、最小函数 $MIN(P, Q)$、选择函数 IF THEN ELSE(C, T, F)。

（4）测试函数。设计这一部分函数的目的主要是测试 SD 模型性能，所以称为测试函数。这里强调 SD 的变量皆是时间 TIME 的函数，所以当仿真时间 TIME 发生变化时，各变量值都随之发生变化。不过，各变量与 TIME 的依赖关系存在差别，有的是以 TIME 为直接自变量，有的则是间接变量。测试函数以 TIME 为直接自变量，但在函数符号中常缺省。常见的测试函数有：阶跃函数 STEP(P, Q)、斜坡函数 RAMP(P, Q, R)、脉冲函数 PULSE(Q, R)、均匀分布随机函数 RANDOM UNIFORM(A, B, S)、均匀分布随机函数 RANDOM UNIFORM(A, B, S)。一个 SD 模型，可以通过改变常数再运行的办法，实现多种测试函数分别进行测试（贾仁安和丁荣华，2002）。

（5）延迟函数。在实际的模型设置中，有些变量的变化需经过一段时间的滞后才会得到响应，这种现象称为延迟，因此延迟函数是刻画延迟现象的函数。例如，人得病有潜伏期；污染物排放到江河之中，要经过扩散才能污染江河等。延迟函数的构造不仅丰富了 SD 学理论，还能使得系统模拟更加接近现实。延迟函数在 Vensim PLE 中直接给出，其函数可直接调用。

4.3.4　SD 建模

SD 建模是将现实系统抽象、量化的关键步骤，具体来说，一个 SD 建模步骤如下。

（1）明确问题与边界。通过任务调研、问题定义和划定界限来明确具体的研究问题、关键变量、相关因子、问题的时间边界、关键变量的时间边界等内容。

（2）提出假设和因果结构图构造。聚焦系统内部，提出内部反馈机制导致变化的假设（即哪些因素影响了关键变量的行为）；根据初始假设、关键变量等建立因果结构图（系统边界图、子系统图、因果回路图、存量流量图、政策结构图等）。

（3）构建模型方程。明确决策的规则，确定参数、行为关系及初始化条件，建立定量的规范模型，确定系统中水平变量、速率变量和辅助变量之间的方程及数量关系，并检验目标与边界的一致性。

（4）模型模拟与测试。运行模型分析仿真结果，测试模型能否拟合系统的行为模式、极端条件下的鲁棒性分析、模型的灵活性与灵敏度。

（5）模型评估与使用。评估具化方案的环境条件，穷举可以解决问题的新规则、策略和结构；演绎这些规则如何在模型中表示；多个政策的组合分析等。

4.4　多目标求解法

4.4.1　多目标优化模型

现实中，我们常常面临的是多目标优化决策问题，这类问题一般具有两个或两个以上的目标函数，且这些目标之间可能存在不同的权衡。解决这类问题的首要任务就是建立多目标优化模型。基于已有研究的经验，多目标优化模型构造要遵循"三个确定"：第一，确定决策变量，即要找到所要解决的问题中所体现出的已知变量，确定出决策变量；第二，确定目标函数，即确定问题要求解的目标函数；第三，确定约束条件，即确定各个变量之间需满足的约束条件（周惠成等，2007）。

多目标最优化模型的一般形式为

$$\min f(x) = \{f_1(x), f_2(x), \cdots, f_p(x)\}$$

$$\text{s.t.} \begin{cases} g_i(x) \leqslant 0, i = 1, 2, \cdots, m \\ h_j(x) = 0, j = 1, 2, \cdots, l \end{cases} \quad (4\text{-}25)$$

$$X = \{x \in R^n \,|\, g_i(x) \geqslant 0, i \in [1, m], h_j(x) = 0, j \in [1, l]\}$$

其中，X 表示多目标优化模型（4-25）的可行域，$x = (x_1, x_2, \cdots, x_n)^T \in R^n$ 表示 n 维决策变量，$f_i(x)(i = 1, 2, \cdots, p)$ 表示 p 个目标函数，$g_i(x)$ 表示问题的不等式约束，$h_j(x)$ 表示问题的等式约束。

若 $X = R^n$，则式（4-25）是无约束多目标优化问题；若函数 $f(x), g(x), h(x)$ 是线性函数，则式（4-25）为多目标线性优化问题；若函数 $f(x)$、$g(x)$ 是凸函数，$h(x)$ 是线性函数，则式（4-25）为凸多目标优化问题，否则为非凸多目标优化问题；若 $f(x)$、$g(x)$、$h(x)$ 中至少存在一个分量函数是不可微函数，则式（4-25）为不可微多目标优化问题，否则为光滑多目标优化问题（贺莉和刘庆怀，2015）。

模型（4-25）可简记为

$$(\text{MOP}) \min_{x \in X} f(x) = (f_1(x), f_2(x), \cdots, f_p(x))^T \quad (4\text{-}26)$$

其中，

$$X = \left\{ x \in R^n \,\middle|\, g(x) = (g_1(x), g_2(x), \cdots, g_m(x))^T \leqslant 0, h(x) = (h_1(x), h_2(x), \cdots, h_l(x))^T = 0 \right\}$$

4.4.2　多目标优化模型的求解方法

多目标优化问题由于兼顾的目标较多，其最终解也随着决策者关注的视角变化而变化。对于该类模型的求解，通常是由决策者设定或自适应方法获得决策系数 $\lambda_i(i = 1, 2, \cdots, p)$，再分别将 λ_i 与目标 $f_i(i = 1, 2, \cdots, p)$ 的乘积 $\lambda_i f_i$ 相加，从而实现将多目标问题向单目标问题的转化，使得求解简化。常用的是多目标优化传统算法和多目标进化算法（范琳琳，2022）。

多目标优化传统算法是一种固定的解空间中寻找最优解的优化方法，具有操作简单、易于实现的优点，但也存在不同目标之间权重分配时的主观性、计算的复杂性、各目标函数的优化过程不易操作等缺点，常用的传统算法包括理想点法、线性加权法等评价函数法，目标点法、复杂偏差法等目标优化法。

多目标进化算法是一种基于自然进化过程模拟的优化算法。相比于传统算法，该类算法具有自组织、自适应的特点，更大的搜索空间、更好的收敛性和更强的鲁棒性使其复杂多目标优化问题的求解效率方面具有较大优势，最常见的有遗传算法、粒子群算法、蚁群算法等（范琳琳，2022）。

4.4.3　蚁群优化算法

1. 蚁群优化算法的原理

蚁群优化算法（ant colony optimization）是 1991 年意大利学者 Dorigo 受到自然界中真实蚁群集体在寻找食物时选择最优路径这一行为的启发，提出的一种组合优化问题的元启发式（meta heuristic）模拟搜索算法（Dorigo and Gambardella，1997）。蚂蚁在觅食时，遇到没走过的路口会随机选取一条路径，释放与路径长度有关的信息素（pheromone），释放信息素的浓度与路径长度成反比，通过信息素蚁群间可以传递信息，运动过程中的蚂蚁通过感知信息素选择浓度更高的路径。

蚁群算法作为仿生智能算法，在解决搜索优化问题时主要遵循以下规则（仝洁，2020）。

（1）蚂蚁的记忆规则。蚂蚁在每次开始一轮循环搜索时，不会重复选择已选择的路径节点，此规则通过蚁群算法中为每只蚂蚁都设置一个禁忌表加以实现。

（2）信息素规则。通过信息素蚁群实现通信，每只蚂蚁在选择过程中释放信息素，但信息素也会随着时间的流逝而挥发，此外规定每只蚂蚁只能根据信息素对其所处的局部环境做出反应和施加影响。

（3）蚂蚁的个体活动的多元素性和群体活动关联性与完整性。蚂蚁通过与外界环境信息的交互决定其个体的行为，体现了蚁群优化算法个体选择的多样性和分布式特点，但最优解并不依赖于个体行为，因此蚂蚁会通过蚁群群体间的关联性组织行为改进个体行为达到群体性能，得到整体优于局部累加的效果。

（4）自组织和正反馈机制。蚂蚁选择最优路径时会不受外界干扰自行加熵，具有正反馈特点，正是通过正反馈机制实现求解优化问题的最优解。

2. 蚁群优化算法数学模型

通过数学模型对蚁群算法进行描述。

（1）状态转移概率

蚂蚁 $k(k=1,2,3,\cdots,m)$ 在运动过程中，会留下一定浓度的信息素，并通过判断各条路径上的信息素浓度 γ 确定其下一步的转移方向。用式（4-27）表述在 t 时刻，处于位置点 i 的蚂蚁 k 选择下一步到达位置点 j 的概率 $P_{ij}^k(t)$ 为

$$P_{ij}^k(t) = \begin{cases} \dfrac{\tau_{ij}^\alpha(t)\eta_{ij}^\beta(t)}{\sum_{S \subset \text{allowed}_k}\left[\tau_{is}^\alpha(t)\eta_{is}^\beta(t)\right]}, & j \subset \text{allowed}_k \\ 0, & 其他 \end{cases} \tag{4-27}$$

其中， $\text{allowed}_k = S - \text{tabu}_k(k = 1, 2, 3, \cdots, m)$ 表示蚂蚁 k 下一步可以选择的路径；列表 tabu_k 是为保证蚂蚁路线合理选择的设置的禁忌表，记录当前蚂蚁 k 未完成一次路径循环时途中所经过的所有路径，而当所有路径都被添加到 tabu_k 中时，说明结束了一次循环，而这条路径即成为所求问题解集中的一个解； α 是代表残留信息素对蚂蚁的作用的信息素启发式因子； β 代表蚂蚁 k 在运动过程中对信息素信息的重视程度，称为期望启发式因子， $\eta_{ij}(t)$ 被称为启发函数，公式为（4-28）

$$\eta_{ij}(t) = \frac{1}{d_{ij}} \tag{4-28}$$

其中， d_{ij} 表示相邻路径 i， j 间的距离。蚁群优化算法中，对蚂蚁 k 来说， d_{ij} 的值越小， $\eta_{ij}(t)$ 和 $P_{ij}^k(t)$ 会相对增多，因此公式（4-28）代表蚂蚁 k 从 i 向 j 转移的期望值。

（2）信息素更新策略

当蚂蚁每次经过一个路径或完成了一次循环之后，会根据所走长度适量地释放相应信息素，为了避免路径上之前残留的信息素会对启发信息产生干扰，而影响其他蚂蚁的判断，需要在每次的寻优过程中对信息素及时更新，各路径上的信息量使用公式（4-29）进行更新：

$$\tau_{ij}(t+1) = (1-\rho)\tau_{ij}(t) + \Delta\tau_{ij}(t) \qquad \rho \in (0,1) \tag{4-29}$$

其中， ρ 为信息素的挥发系数， $1-\rho$ 则为信息素的保存系数； $\Delta\tau_{ij}(t)$ 表示此次循环路径 (i, j) 上信息素的增量。公式为

$$\Delta\tau_{ij}(t) = \sum_{k=1}^n \Delta\tau_{ij}^k(t) \tag{4-30}$$

其中， $\Delta\tau_{ij}^k(t)$ 为蚂蚁 k 在此次循环中在路径 (i, j) 上释放的信息素量，若 $\Delta\tau_{ij}^k(t) = 0$，则代表该蚂蚁没有经过，初始时刻 $\Delta\tau_{ij}(0)$ 为 0。Dorigo 等人根据 $\Delta\tau_{ij}^k(t)$ 运算规则的不同定义了三种蚁群算法的基本模型，分别为

Ant-Cycle 模型：

$$\tau_{ij}^k = \begin{cases} \dfrac{Q}{L_k}, & 若第k只蚂蚁在本次循环中经过ij \\ 0, & 其他 \end{cases} \tag{4-31}$$

其中， Q 为蚁群算法中的代表信息素强度的常数； L_k 为蚂蚁 k 在本次循环中行径

的路径长度，此模型是路径上信息素的全局更新策略，常被作为蚁群算法信息素的基本模型。

Ant-Quantity 模型：

$$\tau_{ij}^k = \begin{cases} \dfrac{Q}{d_{ij}}, & 若第k只蚂蚁在t和t+1经过(i, j) \\ 0, & 其他 \end{cases} \tag{4-32}$$

其中，d_{ij} 表示任意两个相邻的城市间隔距离。此模型作为信息素含量局部更新策略。

Ant-Desity 模型：

$$\tau_{ij}^k = \begin{cases} Q, & 若第k只蚂蚁在t和t+1经过(i, j) \\ 0, & 其他 \end{cases} \tag{4-33}$$

Ant-Desity 模型为信息素含量局部更新策略。蚁群算法的先进性主要表现在其拥有三个机制，分别是：正反馈机制，被选择的概率就更大的路径永远是拥有更多信息素；更新机制，信息素的含量随蚂蚁的行为动态变化，当蚂蚁经过，信息素会增加但会不断随着时间的推移而降低，蚁群通过信息素来传递信息，进行通信，协同工作，不易受某个个体的影响。蚁群算法表现出了较强的鲁棒性和搜索较优解的能力，擅长在离散优化问题的解空间中对多点非确定性解向量进行搜索，因此，蚁群算法在特征选择这一寻优问题上有着巨大潜力（李光华等，2019）。

4.5　神经网络算法

思想和身体活动都是大脑中神经元之间相互作用的结果，这是神经网络的初步理论基础。20 世纪 40 年代麦卡洛克（Mccul-loch）和匹兹（Pitts）延续这一主要思想，在数学和算法的基础上合作创建了神经网络的计算模型，拉开了神经网络研究的序幕。之后，神经网络得到蓬勃发展，大量的神经网络模型被开发出来，例如，麦卡洛克和匹兹提出的 MP 模型（McCulloch-Pitts Model，麦卡洛克—匹兹模型），赫布（HEBB）的学习规则和感知器，希尔顿（Hiton）教授提出 Boltzman 机模型，库默哈特（Kumelhart）等人提出误差反向传播神经网络等（王宏达等，2004）。

具体来说，神经网络是由大量的、简单的神经元（也称为处理单元）广泛地相互连接而形成的复杂网络系统，他能够反映人脑功能的许多基本特征，是一个高度复杂的非线性动力学习系统。因其具有大规模并行、分布式存储和处理、自组织、自适应、自学、信息综合等优势，并与神经科学、数理科学、计算机科学、信息科学、控制论、心理学、分子生物学等有关，当前被广泛应用到各个研究领域。

　　事实上，在神经网络的发展过程中，逐渐演化为两种不同的方法，一种是专注于大脑中的生物过程，通过直接对人体神经系统（大脑）的生物过程进行建模，利用神经递质、突触等生理机制来进行信息处理和学习的生物神经网络。另一种则是受人脑中生物神经元系统的启发，通过模仿人脑的工作机制，将神经网络应用于人工智能的人工神经网络。本书将人工神经网络应用到国土空间格局变化的模拟中，故重点介绍人工神经网络。

4.5.1　人工神经网络的原理及学习过程

　　人工神经网络本质上是一种数学模型，由多个通过加权路径相互连接的处理元素形成网络，每个元素通过使用其加权输入的非线性函数来计算，以至于这些元素合并到网络时，可以使用任意复杂的非线性函数。与人脑类似，人工神经网络需要通过经验学习，从嘈杂的网络中提取基本数据，因此学习规则是人工神经网络模型构建的基础和关键。有学者指出，人工神经网络的学习规则，实际上就是网络连接权的调整规则。其总的原则是：如果模型做出错误判断，通过神经网络的学习下次犯同样错误的可能性会减少。

　　人工神经网络主要有两种学习方式：监督学习与无监督学习，有的学者也称之为有师示教学习和无师示教学习。前者指的是通过观察样本或示例并与正确答案进行对比，从而不断调整网络内部参数的过程，此时样本或示例是人为地由外界提示给神经网络的。而后者是在没有外界提供样本或示例的情况下，通过自行学习，观察样本，让网络自行挖掘数据的特征，从而实现学习的过程。

　　重要的人工神经网络算法包括：感知器神经网络（perceptron neural network，PNN）、BP 神经网络、RBF 神经网络、ADALINE（Adaptive Linear Neuron，自适应线性神经元）神经网络、Hopfield 网络[①]、深度卷积神经网络、生成式对抗网络、Elman 神经网络[②]、AdaBoost（Adaptive Boosting，自适应增强）神经网络、SOFM（Self-organizing Feature Map，自组织特征映射）神经网络等。由于 BP 网络最为常用，故对 BP 神经网络做简要介绍。

4.5.2　BP 神经网络

　　BP 神经网络是一种按照误差反向传播算法训练的多层前馈网络，由输入层、隐含层（中间层）、输出层组成的阶层型神经网络，中间层可扩展为多层。

---

① 依据创建者 Jone Joseph Hopfield 名字命名的神经网络模型。
② 依据创建者 Jeffrey Locke Elman 名字命名的神经网络模型。

具体地，输入层负责接收来自外界的信息，并传递给下一层神经元。隐含层是网络结构中的中段部分，主要起信息处理和变换的作用，根据实际需求，隐含层可以是单层的，也可以是多层的。输出层是网络结构的最后一层，它的作用是由它输出的传递函数特性将决定整个网络的输出特性。

信息在网络中的传播包括正向传播和负向传播两个过程，正向传播是由输入层神经元接收外界发来的各种信息，并向下一层传播，通过最后的隐含层将信息传递到输出层。但实际输出与理想输出之间的误差过大，超过期望时，就需要进入误差的反向传播过程，即从输出层开始，按照各层权值反向修正误差，直至输入层。正是这一特征使得 BP 神经网络有效解决了多层网络中隐含层神经元连接权值的学习问题。

BP 神经网络以单隐层前馈网络（三层前馈网络）的应用最为普遍（图 4-4），多个隐层的前馈网络原理与其相似。图 4-4 中，$X_1, X_2, \cdots, X_n$ 是 BP 神经网络的输入值，$Y_1, \cdots, Y_m$ 是 BP 神经网络的预测值，w_i 和 w_j 为神经网络权值。BP 神经网络可以看作一个非线性函数，网络输入值和预测值分别为该函数的自变量和因变量。

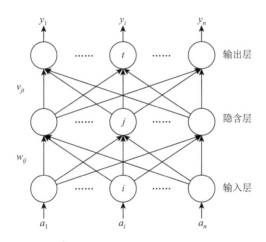

图 4-4　BP 神经网络的拓扑结构图

资料来源：文常保和茹锋（2019）

BP 神经网络预测前首先要训练网络，通过训练，网络具有联想记忆和预测能力。BP 神经网络的训练过程包括以下几个步骤。

步骤 1：网络初始化。根据系统输入输出序列（$\mathbf{X}, \mathbf{Y}$）确定网络输入层节点数 n、隐含层节点数 l，输出层点数 m，初始化输入层、隐含层和输出层神经元之间的连接权值 w_{ij} 和 w_{jk}，初始化隐含层阈值 a，输出层阈值 b，给定学习速率和神经元激励函数。

步骤 2：隐含层输出计算。根据输入变量 X，输入层和隐含层间连接权值 w_{ij} 及隐含层阈值 a，计算隐含层输出 H。

$$H_j = f\left(\sum_{i=1}^n w_{ij}x_i - a_j\right), \ j = 1, 2, \cdots, l \qquad (4\text{-}34)$$

其中，l 表示隐含层节点数；f 表示隐含层激励函数，该函数有多种表达形式。常用的有单极性 Sigmoid 函数：

$$f(x) = \frac{1}{1 + e^{-x}} \qquad (4\text{-}35)$$

该函数具有连续、可导的特点。

步骤 3：输出层输出计算。根据隐含层输出 H，输出层和隐层间连接权值 w_{jk} 和阈值 b，计算 BP 神经网络预测输出 O。

$$O_k = \sum_{j=1}^l H_j w_{jk} - b_k, \qquad k = 1, 2, \cdots, m \qquad (4\text{-}36)$$

步骤 4：误差计算。根据网络预测输出 O 和期望值 Y，计算网络预测误差 e。

$$e_k = Y_k - O_k, \qquad k = 1, 2, \cdots, m \qquad (4\text{-}37)$$

步骤 5：权值更新。根据网络预测误差 e 更新网络连接权值以更新网络连接权值 w_{ij}, w_{jk}。

$$w_{ij} = w_{ij} + \eta H_j(1 - H_j)x(i)\sum_{k=1}^m w_{jk}e_k, \quad i = 1, 2, \cdots, n; \ j = 1, 2, \cdots, l \qquad (4\text{-}38)$$

$$w_{jk} = w_{jk} + \eta H_j e_k, \quad j = 1, 2, \cdots, l; k = 1, 2, \cdots, m \qquad (4\text{-}39)$$

步骤 6：阈值更新。根据网络预测误差 e 更新网络节点阈值 a，b。

$$a_j = a_j + \eta H_j(1 - H_j)x(i)\sum_{k=1}^m w_{jk}e_k, \quad j = 1, 2, \cdots, l \qquad (4\text{-}40)$$

$$b_k = b_k + e_k, \quad k = 1, 2, \cdots, m \qquad (4\text{-}41)$$

步骤 7：判断算法迭代是否结束，若没有结束，返回步骤 2。

值得注意的是，BP 神经网络层数的选取会直接影响到神经网络函数的逼近能力和适应能力，一般来说，选用较多的神经网络层数可以降低神经网络误差，提高精度，但也会使得网络结构相对复杂，导致训练时间增加（文常保和茹锋，2019）。此外，BP 神经网络也存在过度拟合的问题，即能够很好地预测已知数据但对未知数据预测很差的现象。因此，正确构建 BP 神经网络模型也是一种艺术。

4.6　复杂系统模拟方法

复杂性科学（complexity science）起源于 20 世纪 80 年代，是系统科学发展的新阶段，也是当代科学发展的前沿领域之一。与长期占统治地位的经典科学方法相比，复杂系统表现出不确定性、不可预测性、非线性等特点，被称为21 世纪的科学，它的主要目的就是要揭示复杂系统的一些难以用现有科学方法解释的动力学行为，常用的理论和方法包括复杂适应系统理论、CA 模型、MAS模型等。国土空间是包含自然生态系统和社会经济系统的复杂系统，运用复杂系统理论和方法解决国土空间中的关键问题具有前沿性和科学性。

4.6.1　复杂适应系统理论

复杂适应系统（complex adaptive systems，CAS）理论认为系统演化的动力本质上来源于系统内部，微观主体的相互作用造就了宏观世界的复杂现象。该理论的核心是适应产生复杂性，适应是指系统中的成员或者主体能够与环境及其他成员或主体产生交互作用，成员或主体在不断的交互作用过程中得到学习或积累了经验，并据此改变自身结构和行为。通过系统内部大量微观成员或主体行为和结构的改变，促成了整个宏观系统的演进和变化，例如，出现新的层次、产生了分化和多样性等。

复杂适应系统具有以下主要的几个特点。①自适应性/自组织性。在不受外界干扰的情况下，系统可以在内部作用机制的影响下自主达到有序状态。②不确定性。系统不会永远保持在某种状态，而是会出现对稳定状态的随机偏离，且由于系统具有非线性特征，随机偏离往往会由小向大发展。复杂系统的行为表现为不可重复性，不能再现复杂系统的行为。③涌现性。多个成员或主体行为和结构发生变化后，系统出现了单个要素所不具有的性质。同时涌现是有层次的，呈现一种从低层次向高层级过渡的性质。④系统规模大。系统规模是复杂系统的前提，也即只有达到一定规模的系统才是复杂系统。⑤系统结构具有多样性和层次性。系统内的各个组成部分的多样性和差异性造成了组成部分之间相互关系的多样性和差异性。⑥预决性。预决性是系统对未来状态的预期和实际状态限制的统一。⑦主动性。系统与外部环境以及子系统之间存在能量、信息或者物质的转换（郭颖等，2008；谢冉，2020）。

复杂适应系统认为系统成员具有自身目的且是主动的、积极的主体。主动性、积极性以及它们与环境的反复、相互的作用，是系统发展和进化的基本动因。

4.6.2　CA 模型

CA 在模拟复杂空间系统上有很多优势，在一些领域正慢慢补充或取代一些从上而下的分析模型。

1. CA 概念

CA 是空间、时间和状态都离散，参量只取有限数值集的物理系统的理想化模型，具有模拟复杂系统时空演化过程的能力（周成虎等，1999；张新长等，2017）。CA 应用的首创者当属 von Neumann，他将其应用于自繁殖系统的逻辑特性研究，并根据他的 CA 思想建立了大型、并行计算的第一适用模型。数学家 Conway 在1970 年编制的"生命游戏"是一个最著名的在计算机上实现的典型 CA 模型。进入 20 世纪 80 年代以来，CA 研究有了新的进展，科学家们利用这一模型十分简洁地复制出了复杂现象演化中经常出现的分岔、自相似性等现象。近十几年来，CA 被广泛应用于生物医学、地震学、神经系统及流体力学等领域，这些研究使CA 成为研究复杂系统演化的一种重要方法。

CA 被定义为一个空间和时间都离散的动力系统，散布在规则格网（lattice grid）中的每一个元胞都取有限的离散状态，它们遵循同样的作用规则，依据确定的局部规则同步更新。大量元胞通过简单的相互作用而构成动态系统的演化，同时，CA 不是由严格定义的物理方程或函数确定，而是用一系列模型构造的规则构成，凡是满足这些规则的模型都可以算作 CA 模型。因此，CA 模型是一类模型的总称，其特点是时间、空间、状态都离散，每个变量只取有限多个状态，且状态的改变规则在时间和空间上都是局部的（周成虎等，1999）。

CA 用形式语言的方式来描述，可以表示为一个四元组：

$$CA = (L_d, S, N, f) \tag{4-42}$$

其中，L 表示一个规则划分的网格空间，每个网格空间就是一个元胞；d 表示 L 的维数，通常为一维或二维空间，理论上可以是任意一个正整数维的规则空间；S 表示一个离散的有限集合，用来表示各个元胞的状态 s；N 表示元胞的邻居集合，对于任何元胞的邻居集合 $N \in L$，设邻居集合内元胞的数目为 n，那么，N 可以表示为一个所有邻域内元胞的组合，即包含 n 个不同元胞状态的一个空间矢量，记为

$$N = (s_1, s_2, s_3, \cdots, s_n), \quad s_i \in Z, i \in (1, \cdots, n) \tag{4-43}$$

f 表示一个映射函数：$S_t^n \to S_{t+1}$，即根据 t 时刻某个元胞的所有邻居的状态组合来确定 $t+1$ 时刻该元胞的状态值，f 通常又被称作转换函数或演化规则。

2. CA 的组成

CA 最基本的组成包括五个部分：元胞及其状态、元胞空间、邻居、规则/变换函数及离散时间集（图 4-5）。简单地讲，CA 可以视为由一个元胞空间和定义于该空间的变换函数所组成（周成虎等，1999）。所有元胞相互离散，构成一个元胞空间；在某一时刻一个元胞只能有一种状态，而且该状态取自一个有限的集合；邻居是元胞周围按一定形状划定的元胞集合，它们影响元胞下一个时刻的状态；元胞规则定义了元胞状态的转换规则。

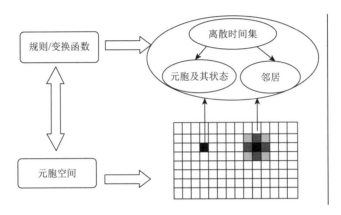

图 4-5　地理 CA 概念模型

资料来源：周成虎等（1999）

元胞实体所代表空间的地理意义，是由建模者的地理认知或者说空间概念决定的。基于针对应用的分类标准，空间概念可以分为几何空间概念、地理空间概念和应用性地理三类概念。几何空间概念包括点、线、面等空间目标，用来描述地理事物的空间分布特征和位置特征。地理空间概念是对地理事物进行客观描述的空间概念，如桥、森林、丘陵等。而应用性地理概念是具有很强应用色彩的地理概念，如资源、环境等。根据前人的研究，标准 CA 是基于几何空间概念的模型，基于地理系统和地理过程模拟的 CA 是地理空间概念，而满足某一具体资源环境系统应用的 CA 空间概念是应用性地理概念。从概念层次上来讲，地理特征 CA 是基于地理空间概念的模型。

1）元胞

元胞又可称为单元，是规则网格中的一个格子，CA 中最基本的组成部分。元胞可以有很多形状，它根据周围元胞的状态，来改变自身的状态。状态可以是 $\{0，1\}$ 的二进制形式，也可以是 $\{s_0, s_1, s_2, s_3, \cdots, s_k\}$ 整数形式的离散集合。严格意义上，CA 的元胞只能有一个状态变量，但在实际应用中，往往会对其进行扩展，例如，每个元胞可以拥有多个状态变量。李才伟（1997）在其博士论文中就设计了被称为"多元随机 CA"的模型，并且定义了元胞空间的邻居关系，由于邻居关系，每个元胞有有限个元胞作为它的邻居。

2）元胞空间

元胞空间是元胞所分布的空间网点集合，也称为网格。元胞空间在理论上可以是一维、二维、三维甚至更高维度，因此可以用任意维数的欧几里得空间规则划分。目前的研究主要关注一维和二维的 CA。对于一维 CA，元胞空间的划分只有一种，而高维的 CA，元胞空间的划分可以有多种形式。最为常见的二维 CA，其元胞空间通常按三角形、四边形或六边形三种网格排列，如图 4-6 所示。

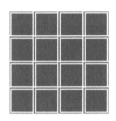
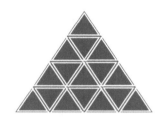

(a) 正方形网格　　　　　　　　(b) 三角形网格　　　　　　　　(c) 六边形网格

图 4-6　常见的二维元胞空间

资料来源：段晓东（2012）

3）邻居

元胞及元胞空间只表示了系统的静态成分，要将"动态"引入系统，必须加入演化规则。在 CA 中，这些规则是定义在空间局部范围内的，即一个元胞下一时刻的状态决定于元胞本身的状态和它的邻居元胞的状态，因此，在指定规则之前，必须定义一定的邻居规则，确定哪些元胞属于该元胞的邻居。在一维元胞自动机中，通常以半径 r 来确定邻居，距离一个元胞半径范围内的所有元胞都被认为是该元胞的邻居。二维 CA 的邻居定义较为复杂，但通常有以下几种形式（以最常用的规则四方网格划分为例，见图 4-7），黑色元胞为中心元胞，灰色元胞为其邻居，它们的状态一起来确定中心元胞在下一时刻的状态。

（1）von Neumann 型邻居。将一个元胞上、下、左、右相邻的四个元胞定义为该元胞的邻居则可以称为 von Neumann 型邻居。这里，邻居半径 r 为 1，相当于图像中的四邻域。其邻居定义如下：

$$N_{\text{Neumann}} = \left\{ \begin{array}{l} v_i = (v_{ix}, v_{iy}) \big| \left| v_{ix} - v_{ox} \right| + \left| v_{iy} - v_{oy} \right| \leqslant 1, \\ (v_{ix}, v_{iy}) \in Z^2 \end{array} \right\} \tag{4-44}$$

其中，v_{ix} 和 v_{iy} 表示邻居元胞的行列坐标值；v_{ox} 和 v_{oy} 表示中心元胞的行列坐标值。此时，对于四方网格，在维数为 d 时，一个元胞的邻居个数为 $2d$。

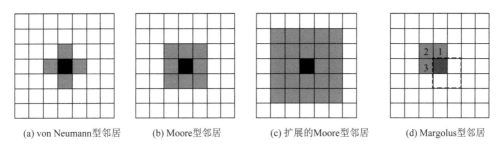

(a) von Neumann型邻居　　　(b) Moore型邻居　　　(c) 扩展的Moore型邻居　　　(d) Margolus型邻居

图 4-7　CA 的邻居模型

资料来源：李学伟等（2013）

（2）Moore 型邻居。将一个元胞相邻的八个元胞定义为该元胞的邻居则可以称为 Moore 型邻居。此时，邻居半径 r 为 1 时，相当于图像处理中的八邻域或八方向。其邻居定义如下：

$$N_{\text{Moore}} = \left\{ \begin{array}{c} v_i = (v_{ix}, v_{iy}) \big| |v_{ix} - v_{ox}| \leqslant 1, |v_{iy} - v_{oy}| \leqslant 1, \\ (v_{ix}, v_{iy}) \in Z^2 \end{array} \right\} \qquad (4\text{-}45)$$

其中，v_{ix}、v_{iy}、v_{ox} 和 v_{oy} 意义同前。此时，对于四方网格，在维数为 d 时，一个元胞的邻居个数为（$3d-1$）。

（3）扩展的 Moore 型邻居。将以上的邻居半径 r 扩展为 2 或者更大，即得到扩展的 Moore 型邻居。其数学定义可表示为

$$N_{\text{Moore}'} = \left\{ \begin{array}{c} v_i = (v_{ix}, v_{iy}) \big| |v_{ix} - v_{ox}| + |v_{iy} - v_{oy}| \leqslant r, \\ (v_{ix}, v_{iy}) \in Z^2 \end{array} \right\} \qquad (4\text{-}46)$$

此时，对于四方网格，在维数为 d 时，一个元胞的邻居个数为（$2r+1$）$d-1$。

（4）Margolus 型邻居。该邻居类型与上述邻居类型截然不同，它将 2×2 的元胞块做统一处理，即当元胞状态更新时，单元块内的元胞只依据该单元块的状态变化，而与邻近单元的元胞块状态没有直接联系。

4）规则

根据元胞当前的状态及其邻居状况确定下一时刻该元胞状态的动力学函数，就是一个状态转移函数。一个元胞所有可能的状态连同负责该元胞状态变换的规则一起称为一个变换函数（陈述彭，1999）。它构造了一种简单的、离散的空间/时间范围的局部物理成分，在要修改的范围里采用这个局部物理成分对其结构的"元胞"进行重复修改。这样，尽管物理结构的本身每次都不发展，但是状态在变化，记为 $f: S_i^{t+1} = f(S_i^t, S_N^t)$，$S_N^t$ 表示 t 时刻的邻居状态组合，f 表示元胞自动机的局部映射或局部规则。

5）时间

CA 是一个动态系统，它在时间维上的变化是离散的，即时间 f 是一个整数值，而且连续等间距。假设时间间距 $d_t = 1$，若 $t = 0$ 为初始时刻，那么 $t = 1$ 为其下一时刻。在上述转换函数中，一个元胞在 $t + 1$ 时刻的状态直接决定于 f 时刻的该元胞及其邻居元胞的状态，虽然在 $t = 1$ 时刻的元胞及其邻居元胞的状态间接（时间上的滞后）影响了元胞在 $t + 1$ 时刻的状态。

第5章 国土空间生态风险评估

5.1 引　　言

国土资源利用对环境和生态的作用在全球环境变化研究领域受到高度重视（李秀彬，1996；程江等，2009；王瑾等，2010；李晋昌等，2010）。在人为活动占优势的景观内，不同国土资源利用方式和强度产生的生态影响具有区域性和累积性的特征，并且可以直观地反映在生态系统的结构和组成上（曾辉和刘国军，1999）。景观格局中沿某一方向的高度自相关可能预示某种生态学过程在起着重要作用（邬建国，2000）。景观格局变化是景观生态学的研究基础，基于景观结构进行国土空间生态风险分析，可以综合评估各种潜在的生态影响类型及其累积性后果。因此，景观生态风险评价能较好地反映出景观格局对生态过程和功能的影响，通过对各景观生态风险等级时空分异变化及其地类构成等方面的分析与辨析（彭建等，2015），可以解释和预测生态环境健康程度以及潜在风险压力的时空分布及变化特征（康紫薇等，2020）。国内外学者对景观格局的研究主要关注景观格局动态变化过程（Zhang et al.，2020；胡学东和邹利林，2020）、景观格局变化驱动力（车通等，2020；周正龙等，2020）、景观格局与生态过程的相互作用（张华兵等，2020）、景观格局梯度（巫丽芸等，2020）、景观格局优化（李青圃等，2019）、景观格局的尺度效应（李昆等，2020）、景观生态安全（雷金睿等，2020；王媛和周长威，2019）等方面。

国内学者对生态风险研究的重点在其理论与方法上，且已初步形成了具有一定国际引领意义的结构框架（彭建等，2015），而以国土资源利用动态变化和景观格局变化为切入点的景观生态风险评价，能够揭示一个区域在自然或人为因素影响下景观格局与生态过程相互作用可能产生的不良后果，可有效指引区域景观格局优化与管理（彭建等，2015；康紫薇等，2020）。生态风险评价方法目前主要分为基于景观格局和基于风险源汇聚两种评价方法，其中，基于景观格局的景观生态风险评价直接从景观的空间格局出发来描述和评估生态风险，主要是针对以 LUCC 为诱因的生态风险进行评价，是景观生态风险评价的热点，诸多学者进行了这方面的研究。例如，石小伟等（2020）以浙中城市群为例，基于 1996～2016 年的五个时期 RS 影像数据，运用 FRAGSTATS 软件测度景观格局指数在关键时间节点的水平数值，判断区域土地利用综合景观结构演变特征，进而分析区域生态风险空间分异态势和不同时期城市群土地利用的生态风险。流域景观生态风险评价也是流域生态环境保护与管理的重要研究内容（蒙晓等，2012），徐兰等（2015）基于土地利用数据构建了景观生态风险评价模型，对洋河 1990～2008 年生态风险进行了评价；王涛等（2017）以 1995～2015 年洱海流域的土地利用数据为基础进行了景观生态风险评价，并探讨了土地利用变化对景观生态风险的影响；吕乐婷等（2018）以 1985～2005 年的 RS 数据为基础，对细河流域的景观生态风险进行了描述和评估。Xie 等（2013）结合景观扰动指数和景观破碎化指数，建立了生态风险指数，利用空间自相关和半方差分析方法分析了鄱阳湖土地利用生态风险的空间分布和梯度差异，结果发现湖区生态风险呈空间正相关，且 1995 年和 2005 年都随粒度的增加而呈下降趋势，同时由于 1995～2005 年高生态风险区增加，研究区域的生态环境质量略有下降。

进行国土空间景观结构的生态风险空间统计分析，能准确地显示出各种生态影响的空间分布和梯度变化特征。目前，表征景观格局的指数有多样性指数、镶嵌度指数、距离指数及其景观破碎度指数等（谢花林和李秀彬，2008）。景观格局的最大特征之一就是空间自相关性。本章以我国南方典型山区县 A 县为案例，在基本判别指标的基础上，结合前人的研究成果，构建了干扰度指数和景观脆弱度指数，通过国土空间格局与生态环境之间的关系，建立景观格局指数与国土空间生态风险之间的定量化表达，借助空间统计学空间化变量的方法，探究 A 县国土空间的生态风险空间特征，为区域国土资源可持续利用提供新的思路和方法。然后，构建生态系统服务指数和生态系统健康指数，对 X 城市群展开生态风险评价，并对风险程度进行分类。

5.2　数据来源和研究方法

5.2.1　数据来源

1. A 县数据来源

运用 ArcGIS 10.2、MGE、ERDAS 8.5 等 GIS 和 RS 图像处理软件，参照 A 县土地利用现状图，对 2010 年、2015 年和 2020 年三个不同时期的区域陆地资源卫星 Landsat TM 影像进行图像镶嵌、几何纠正、判读解译等工作。根据解译标志把空间栅格数据矢量化并进行地类编码，在 ArcGIS 10.2 中建立拓扑关系，最终生成土地利用图形库和属性数据库。利用 2010 年、2015 年和 2020 年的 A 县土地解译数据，对建立的空间数据库进行进一步研究，以考察国土空间生态风险变化

特征。基于景观结构的国土空间生态风险的空间特点，本次 RS 解译把土地利用
类型分为 6 个一级类和 12 个二级类。一级地类包括耕地、林地、草地、居民点及
工矿用地、水域、未利用地 6 个；二级地类包括水田、旱地、有林地、灌木林地、
疏林地、其他林地、高覆盖度草地、中低覆盖度草地、水域、居民点、工矿用地、
未利用地 12 个。

2. X 城市群数据来源

2000 年和 2018 年 X 城市群土地利用数据来源于中国科学院资源环境科学与
数据中心，分为林地、耕地、草地、水域、建设用地、未利用地等六个类型。归
一化植被指数（normalized difference vegetation index，NDVI）来源于中分辨率成
像 光 谱 仪 （ moderate-resolution imaging spectroradiometer ， MODIS ） 产 品
（MOD13Q1）。植被净初级生产力数据（net primary production，NPP）来源于蒙
大拿大学数值动力学模拟团队（Numerical Terradynamic Simulation Group，
NTSG）。景观指数通过 FRAGSTATS 4.2 软件基于土地利用数据的栅格图计算得
到各网格的景观异质性、景观连通性等一系列景观指数。考虑到本书使用的数据
存在多种空间分辨率，因此，将所有的栅格数据统一到与 NDVI 一致，对数据进
行重采样得到统一的 250m 栅格数据。同时，对所有数据利用大小一致的网格全
面覆盖研究区，将研究数据分配到对应的网格中，即为直接网格化。本书设定网
格的尺度为 1km×1km，共 9113 个网格。然后，按照研究数据的类别进行直接网
格化，实现研究数据由行政区划尺度降到网格尺度，能够合理地避免统计指标按
行政区划均匀分布的问题。

5.2.2　国土空间生态风险指数的构建

1. 景观干扰度指数

不同的景观类型在维护生物多样性、保护物种、完善整体结构和功能、促进
景观结构自然演替等方面的作用是有差别的，对外界干扰的抵抗能力也是不同的。
根据前人研究成果（李谢辉和李景宜，2008；荆玉平等，2008；臧淑英等，2005），
景观干扰度指数（E_i）是用来反映不同景观所代表的生态系统受到干扰（主要是
人类活动）的程度（李谢辉和李景宜，2008），并且，可以通过对景观破碎度指数
（C_i）、景观分离度指数（S_i）和景观优势度指数（DO_i）三者赋予权重叠加获得。
其中，C_i 是表述整个景观或某一景观类型在给定时间和给定性质上的破碎化程
度，即在自然或人为干扰作用下，景观由单一、均质和连续的整体趋向于复杂、
异质和不连续的斑块镶嵌体的过程（荆玉平等，2008）；S_i 是指某一景观类型中不
同元素或斑块个体分布的分离程度，分离程度越大，表明景观在地域分布上越分

散，景观分布越复杂，破碎化程度也越高；DO_i 是用来衡量斑块在景观中重要地位的一种指标，其大小直接反映了斑块对景观格局形成和变化影响的大小（许学工等，2001）。景观优势度由斑块的频度（Q_i）、密度（M_i）和比例（L_i）决定。相应的计算公式，如表 5-1 所示。

表 5-1　景观结构指数计算方法

序号	指数名称	计算方法
1	景观破碎度指数（C_i）	$C_i = \dfrac{n_i}{A_i}$
2	景观分离度指数（S_i）	$S_i = D_i \times \dfrac{A}{A_i}$ ，　 $D_i = \dfrac{1}{2}\sqrt{\dfrac{n_i}{A}}$
3	景观优势度指数（DO_i）	$DO_i = \dfrac{Q_i + M_i}{4} + \dfrac{L_i}{2}$
4	景观干扰度指数（E_i）	$E_i = aC_i + bS_i + cDO_i$
5	景观脆弱度指数（F_i）	由专家咨询法获取并进行归一化后

注：n_i 表示景观类型 i 的斑块数；A_i 表示景观类型 i 的总面积；D_i 表示景观类型 i 的距离指数；A 表示景观总面积；Q_i＝斑块 i 出现的样方数/总样方数；M_i＝斑块 i 的数目/斑块总数；L_i＝斑块 i 的面积/样方的总面积；a、b、c 为相应各景观指数的权重，且 $a+b+c=1$，根据分析权衡，并结合前人研究成果（李谢辉和李景宜，2008；荆玉平等，2008；臧淑英等，2005），破碎度指数最为重要，其次为分离度指数和优势度指数，以上三种指数分别赋以 0.5，0.3，0.2 的权值

2. 景观脆弱度指数

不同的景观类型在维护生物多样性、保护物种、完善整体结构和功能、促进景观结构自然演替等方面的作用是有差别的，对外界干扰的抵抗能力也不同，这种差异性与自然演替过程所处的阶段有关（许学工等，2001）。由于人类活动是生态系统的主要干扰因素，所以土地利用程度不仅反映了土地利用中土地本身的自然属性，而且反映了人为因素与自然因素的综合效应。本书选取六种景观类型所代表的生态系统，以未利用地最为脆弱，其次是水域，而居民点及工矿用地最稳定，分别对六种景观类型赋以脆弱度指数：未利用地为 6、水域为 5、耕地为 4、草地为 3、林地为 2、居民点及工矿用地为 1，然后进行归一化处理（许学工等，2001），得到各自的脆弱度指数（F_i）。

3. 国土空间生态风险指数

结合前人研究成果（李谢辉和李景宜，2008；荆玉平等，2008；臧淑英等，2005），利用上述所建立的景观干扰度指数和景观脆弱度指数，构建国土空间生态风险指数，用于描述一个样地综合生态损失的大小，以便通过采样方法将景

观的空间格局转化为空间化的生态风险变量。国土空间生态风险指数的计算公式如下：

$$\text{ERI} = \sum_{i=1}^{N} \frac{S_{ki}}{S_k} \sqrt{E_i \times F_i} \tag{5-1}$$

其中，ERI 表示国土空间生态风险指数；N 表示景观类型的数量；E_i 表示景观类型 i 的干扰度指数；F_i 表示景观类型 i 的脆弱度指数；S_{ki} 表示第 k 个风险小区 i 类景观组分的面积；S_k 表示第 k 个风险小区的总面积。

4. 生态系统健康评估

生态系统空间实体的生态系统健康（ecosystem health，EH）体现了在压力下维持健康结构、自我调节和恢复的能力，可分为三类：活力、组织、弹性（Lu and Li，2003；Pantus et al.，2005）。计算公式如下：

$$\text{EH} = \sqrt[3]{\text{EV} \times \text{EO} \times \text{ER}} \tag{5-2}$$

其中，EH 表示生态系统健康；EV、EO、ER 分别表示生态系统活力、组织、弹性。

生态系统活力（ecosystem vigor，EV）是指生态系统的新陈代谢或初级生产力。本书采用 NPP 对生态系统活力进行量化。已有的研究成果已经证明 NPP 是评价生态系统初级生产力的有效方法（Tian et al.，2014）。

生态系统组织（ecosystem organization，EO）是指由景观格局决定的生态系统的结构稳定性，特别是景观异质性和景观连通性都会影响生态系统的组织。因此，在计算景观异质性、景观连通性等景观指数的基础上，利用权重系数模型计算生态系统组织（Frondoni et al.，2011），其中，景观格局指数具体计算公式见表 5-2。

表 5-2　景观格局指数计算公式及解释

景观格局指数	计算公式	指数解释
分维数	$D = 2\ln\left(\dfrac{P}{k}\right) / \ln(A)$	P 表示斑块的周长；A 表示斑块的面积；k 表示常数。D 表示分维数，用于描述景观形状的复杂程度
景观分离度	$\text{DIVISION} = 1 - \sum_{j=2}^{a_i}\left(\dfrac{a_{ij}}{A}\right)^2$	a_{ij} 表示 ij 斑块的面积；A 表示景观斑块的总面积。DIVISION 用于描述同一种类型的景观斑块的分散程度
景观蔓延度	$\text{CONTAG} = 1 + \dfrac{\displaystyle\sum_{i=1}^{m}\sum_{k=1}^{m}\left[(P_i)\left(\dfrac{g_{ik}}{\sum_{k=1}^{m} g_{ik}}\right)\right]\left[\ln(p_i)\left(\dfrac{g_{ik}}{\sum_{k=1}^{m} g_{ik}}\right)\right]}{2\ln(m)}$	m 表示斑块的总数目；P_i 表示斑块面积百分比；g_{ik} 表示与斑块相邻的网格单元数。CONTAG 用于描述不同类型的景观斑块蔓延趋势

景观格局指数	计算公式	指数解释
香浓多样性	$SHDI = -\sum_{i=1}^{m}[P\ln_i(P_i)]$	P_i 表示斑块类型在景观中出现的概率；m 表示斑块的总数。SHDI 表示整体景观格局的复杂程度
香浓均度	$SHEI = -\dfrac{\sum_{i=1}^{m}[P\ln_i(P_i)]}{\ln(m)}$	SHEI 表示整体景观中各大类型斑块分配是否均匀
散布与并列指数	$IJI = \dfrac{-\sum_{k=1}^{m}\left[\left(\dfrac{e_{ik}}{\sum_{k=1}^{m}e_{ik}}\right)\ln\left(\dfrac{e_{ik}}{\sum_{k=1}^{m}e_{ik}}\right)\right]}{\ln(m-1)} \times 100$	e_{ik} 表示 i 类型与 k 类型斑块相邻的边长；m 表示景观斑块类型数目。IJI 用于描述不同类型的景观斑块聚集程度

如式（5-3）所示，EO 表示生态系统组织，LC 表示景观连通性，LH 表示景观异质性，IC 表示景观形态。根据现有研究成果（周旭等，2021）和 X 城市群景观格局实际情况，景观连通性和景观异质性在景观格局中的地位相等且处于主导地位，故其权重均取 0.4；景观形态在景观格局中的地位处于较低的状态，故其权重取 0.2。为量化生态系统组织，进一步将 LH、LC 和 IC 分解到具体的景观指数，LC 分为 SHDI 指数和 SHEI 指数，各占一半的权重；LH 分为 DIVISION 指数、IJI 指数以及 CONTAG 指数，IJI 和 CONTAG 通常被视为景观连通性评价的核心指标，权重要高于 DIVISION；IC 直接用 FRAC 指数进行表征。

$$\begin{aligned} EO &= 0.4 \times LC + 0.4 \times LH + 0.2 \times IC \\ &= (0.2 \times SHDI + 0.2 \times SHEI) \\ &\quad + (0.1 \times DIVISION + 0.15 \times IJI + 0.15 \times CONTAG) + 0.2 \times FRAC \end{aligned} \tag{5-3}$$

生态系统弹性（ecosystem resilience，ER）是指区域生态系统在受到外界干扰后恢复其原有结构和功能的能力（廖柳文等，2015）。采用植被覆盖度作为弹性分值来计算区域生态系统弹性，并采用 Log 函数对土地利用数据和植被指数进行标准化处理（张宝秀等，2008）。计算公式如下：

$$ER = \left(-\sum_{i=1}^{n}S_i\log_2 S_i\right) \times \sum_{i=1}^{n}S_i \times P_i \tag{5-4}$$

其中，ER 表示区域生态系统弹性，ER 值越大，区域生态系统的弹性能力越高；i 表示土地利用类型的总数；S_i 表示第 i 类土地利用类型的面积；P_i 表示第 i 类土地利用类型的弹性分值，即植被指数均值。

5. 生态系统服务评估

本部分采用谢高地等（2005）制定的生态系统服务价值当量表，考虑到区域之间的差异性（欧阳晓等，2019），本书采用 2018 年 X 城市群晚稻的平均单产量和平均收购价格。经计算，2018 年 X 城市群晚稻的平均单产量为 7146kg/hm^2，平均收购价格为 2.83 元/kg，基于此制定了 X 城市群地区不同地类单位面积的生态系统服务价值系数表（欧阳志云等，1999）（表 5-3），进而对研究区的生态系统服务价值进行计算。首先计算生态系统服务价值当量因子价值量，计算公式为

$$\mathrm{VC}_k = \frac{1}{7} \times P \times \frac{1}{n} \sum_{i=1}^{n} Q_i \qquad (5\text{-}5)$$

其中，VC_k 表示生态系统服务价值当量因子价值量（元/(hm^2·a)）；P 表示 X 城市群晚稻的平均收购价格（元/kg）；Q 表示 X 城市群晚稻的平均单产量（kg/hm^2）；n 表示年份数。ESV 计算公式为

$$\mathrm{ESV} = \sum A_k \cdot \mathrm{VC}_k \qquad (5\text{-}6)$$

其中，ESV 表示生态系统服务价值；VC_k 表示各地类生态系统单位面积服务价值系数（元/(hm^2·a)）；A_k 表示第 k 类土地利用类型的面积（hm^2）。

表 5-3　各地类生态系统单位面积服务价值系数　　　　单位：元/(hm^2·a)

生态系统服务功能	土地利用类型				
	耕地	林地	草地	水域	未利用地
气体调节	1 444.50	10 111.50	2 311.20	0.00	0.00
气候调节	2 571.21	7 800.30	2 600.10	1 328.94	0.00
水源涵养	1 733.40	9 244.80	2 311.20	58 877.82	86.67
土壤形成与保护	4 217.94	1 1267.1	5 633.55	28.89	57.78
废物处理	4 737.96	3 784.59	3 784.59	52 522.02	28.89
生物多样性保护	2 051.19	9 418.14	3 149.01	7 193.61	982.26
食物生产	2 889.00	288.90	866.70	288.90	28.89
原材料	288.90	7 511.40	144.45	28.89	0.00
娱乐休闲	28.89	3 697.92	115.56	12 538.26	28.89
合计	19 962.99	63 124.65	20 916.36	132 807.33	1 213.38

6. 生态风险特征分析

（1）生态风险特征值（risk characterization value，RCV）。生态系统服务与生

态系统健康的结合可以拟合出风险评估终点的公式，为平衡各评价单元保护主体与相关功能之间的关系，计算各单元生态风险的公式如下：

$$RCV = \sqrt{EH \times ESV} \qquad (5\text{-}7)$$

其中，RCV 表示生态风险特征值；EH 表示生态系统健康；ESV 表示生态系统服务。

（2）生态风险分等定级。采用 K-Means 聚类方法将生态风险程度分为 5 个等级。基于平方误差之和，采用了迭代次数为 1000 次的 K-Means 方法，将 2000 年和 2018 年的风险程度分为 5 个等级（Hartigan et al.，1979）。公式为

$$SSE = \sum_{i=1}^{k} \sum_{x \in C_i} dis(c_i, x)^2 \qquad (5\text{-}8)$$

其中，SSE 表示平方误差的和；k 表示 k 聚类；c_i 表示 k 聚类的中心；dis 表示 k 与聚类 x 之间的欧氏距离。

（3）生态风险空间自相关。考虑区域生态风险的空间异质性，采用 Anselin 局部 Moran's I 进行了生态风险的空间自相关性探讨（Anselin，1995），将区域内风险空间模式分为高-高集聚、低-低集聚、低-高聚集和高-低聚集四种类型。

7. 生态风险相关性分析

为了识别人工表面比率（artificial surface ratio，AR）的阈值，采用回归模型分析了人工表面比率与风险表征值之间的相互关系。根据风险评估中的人工表面比率、生态系统服务和生态系统健康三个要素，基于属性将三个要素归一化，归一化范围为 0～1。初始时，通过对 AR 和 RCV 取平均值来表示 RCV 与 AR 之间的线性关系，然后模拟了两者之间的拟合模型，通过推导得到了阈值（Ward et al.，2002）。

$$AR = \frac{S_{AR}}{S_{网格}} \times 100\% \qquad (5\text{-}9)$$

其中，AR 表示网格中人工表面比率；S_{AR} 表示网格中人工表面的面积；$S_{网格}$ 表示网格的面积。

5.2.3　采样方法

本章采用 4km×4km 的正方形样地对国土空间生态风险综合指数进行空间化，采用等间距系统采样法，采集样区 332 个。计算每一样地内各类景观的综合生态风险指数，以此作为样地中心点的生态风险值。

5.2.4　空间统计分析方法

1. 空间自相关分析法

空间自相关分析的目的是确定某一变量是否在空间上相关,其相关程度如何(Anselin,1990;谢花林等,2006)。本章用全局空间自相关指标 Moran's I 和局部空间自相关指标 LISA 来分析国土空间生态风险指数的空间模式。Moran's I 系数反映空间邻接或空间邻近的区域单元的属性值的相似程度。与统计学上的一般相关系数一样,Moran's I 系数的数值范围为 $(-1, 1)$:$I<0$ 表示负相关,$I=0$ 表示不相关,$I>0$ 表示正相关。Moran's I 系数的表达公式如下:

$$I = \frac{n \sum_{i=1}^{n} \sum_{i=1}^{n} w_{ij}(x_i - \overline{x})(x_j - \overline{x})}{\sum_{i=1}^{n} \sum_{i=1}^{n} w_{ij}(x_i - \overline{x})^2} \tag{5-10}$$

其中,x_i 和 x_j 表示变量 x 在相邻配对空间单元(或栅格细胞)的取值;$\overline{x}$ 表示 n 个位置的属性值的平均值;w_{ij} 表示通用交叉积统计中的二元空间权重矩阵 w 的元素,可以基于邻接标准或距离标准构建,反映空间目标的位置相似性。$(x_i - \overline{x})(x_j - \overline{x})$ 表示考虑所有的空间单元(或栅格细胞),将单元 i 的值 x_i 减去所有的平均值 $\overline{x}$,再将得到的值 $(x_i - \overline{x})$ 与单元 j 的值 x_j 减去所有的平均值 $\overline{x}$ 而得到的值 $(x_j - \overline{x})$ 相乘。

当需要进一步考虑是否存在观测值的高值或低值的局部空间聚集,哪个区域单元对于全局空间自相关的贡献更大以及在多大程度上空间自相关的全局评估掩盖了反常的局部状况或小范围的局部不稳定时,就必须应用局部空间自相关分析。局部空间自相关指标 LISA_i 的计算公式如下:

$$\text{LISA}_i = \frac{(x_i - \overline{x})}{\sum_i (x_i - \overline{x})^2 / n} \sum_j W_{ij}(x_j - \overline{x}), \quad i \neq j \tag{5-11}$$

其中,x_i、x_j、$\overline{x}$ 和 W_{ij} 的含义同上。正 LISA_i 值表示该区域单元周围相似值(高值或低值)的空间聚集,负 LISA_i 值表示非相似值的空间聚集。

2. 半方差分析法

半方差分析是地统计学中的一个重要组成部分(Anselin,1990)。半方差分析主要有两种用途:一是描述和识别格局的空间结构,二是用于空间局部最优化插值，即克瑞金插值。景观生态风险指数作为一种典型的区域化变量，它在空间上的异质性规律，可以用半方差来分析：

$$\gamma(h) = \frac{1}{2N(h)} \sum_{i=1}^{N(h)} [Z(x_i) - Z(x_i + h)]^2 \tag{5-12}$$

其中，h 表示配对抽样的空间分隔距离；$N(h)$ 表示抽样间距为 h 时的样点对的总数；$Z(x_i)$ 和 $Z(x_i + h)$ 分别表示景观生态风险指数在空间位置 x_i 和 $x_i + h$ 上的观测值 ($i = 1, 2, \cdots, N(h)$)；$N(h)$ 表示分隔距离为 h 时的样本对总数。

5.3 结果与分析

5.3.1 生态风险度的空间自相关分析

在景观生态学中，尺度往往以粒度和幅度来表达。为进一步探究不同距离阈值下生态风险度 Moran's I 指数的变化情况，需选择合适的距离阈值构建空间权重矩阵。经 ArcGIS 平台和 GEODA 软件分析，本章以 4km 为距离起点，每 4km 为步长进行空间自相关增量分析，得到 2010 年、2015 年、2020 年 A 县的生态风险度的 Moran's I 指数与距离关系的分析结果表（表 5-4）。结果显示，2010 年、2015 年、2020 年生态风险度的 Moran's I 指数均为正值，三个年份的生态风险度在空间上均表现出一定的空间自相关和集聚效应，即研究区内的国土空间生态风险度存在一定的空间正自相关关系。在 4km 的距离阈值下，2010 年、2015 年、2020 年的生态风险度分别为 0.476 020、0.468 990 和 0.474 298。整体上来说，2010 年生态风险度的 Moran's I 指数最大，而 2010 年至 2020 年生态风险度变化的 Moran's I 指数在各粒度水平下都较小，表现出弱的空间正自相关性。总体而言，2010 年、2015 年、2020 年的生态风险度，随着距离阈值增大，曲线值呈现下降的趋势（图 5-1）。

表 5-4 A 县生态风险度 Moran's I 指数与距离关系分析结果表

距离/km	2010 年	2015 年	2020 年
4	0.476 020	0.468 990	0.474 298
8	0.365 451	0.367 317	0.372 801
12	0.268 352	0.275 825	0.276 605
16	0.217 246	0.226 822	0.224 910
20	0.176 555	0.182 753	0.178 688
24	0.152 757	0.157 829	0.152 477
28	0.136 640	0.140 374	0.134 759

距离/km	2010 年	2015 年	2020 年
32	0.121 217	0.123 399	0.118 024
36	0.110 374	0.111 337	0.106 117
40	0.096 709	0.097 565	0.094 190

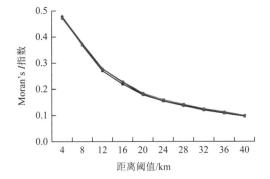

图 5-1　A 县国土空间生态风险指数的 Moran's *I* 指数对距离阈值变化的响应

—●—2010 年—■—2015 年—◆—2020 年

5.3.2　生态风险度的局部空间自相关分析

全局空间自相关指标用于验证整个研究区域某一要素的空间模式，而局部指标用于反映在整个区域中，一个局部小区域单元上的某种地理现象或某一属性与相邻局部小区域单元上同一现象或属性值的相关程度（Anselin，1995）。由于全局 Moran's *I* 不能探测相邻区域之间生态风险度的空间关联模式，所以局部空间自相关系数是可选择的度量指标（Anselin，1995）。根据式（5-3），可以得出 A 县 332 个样区 2010 年、2015 年和 2020 年生态风险度的局部空间自相关 LISA 结果以及 2010～2020 年生态风险度变化的局部空间自相关 LISA 结果。

研究结果显示研究区 2010～2020 年生态风险度的高-高值域主要分布在研究区的东北部、中部和西部，主要原因是这些区域地形起伏度高，植被覆盖率低，岩性以花岗岩为主，土壤侵蚀严重。此外，从 2015 年起，区域的东部和南部有零星高-高值域出现；而西北角处的高-高值域在 2015 年消失，在 2020 年又出现。从面域范围看，2015 年主体高-高值域较 2010 年的有所扩张，2020 年则较 2015 年略微有扩张。生态风险度的低-低值域主要分布在区域的北部、东部和南部边缘，可能的原因是这些区域的地类基本为林地，森林覆盖率较高，生态风险较低。从面域范围看，三个时段的低-低值域范围变化较小。

根据 2010~2020 年生态风险度变化的局部空间自相关 LISA 结果，研究区 2010 年至 2020 年大部分区域生态风险度的变化不显著。变化较显著的区域主要集中在研究区的南部和中部以及西部的少量区域。这些区域生态风险度的变化较大，同时相邻地区生态风险度的变化也较大。

5.3.3　国土空间生态风险度的空间分异

利用地统计学方法进行空间分异研究，通过对两期采样数据的变异函数进行计算，得到 2010 年、2015 年和 2020 年各模型的拟合参数（表 5-5）。从表 5-5 可以看出，无论是 2010 年、2015 年还是 2020 年，球状模型的 R^2 相较于指数模型、线性模型和高斯模型都最为理想，因而 2010 年、2015 年和 2020 年生态风险度的空间结构分析均是基于球状模型进行的。空间异质性主要由随机部分和自相关部分组成（李哈滨等，1998；Journel and Huijbregts，1978）。块金值表示随机部分的空间异质性，较大的块金值表明较小尺度上的某种过程不可忽视。通过分析 2010 年、2015 年、2020 年三期生态风险数据，发现运用球状模型拟合最为理想，因此本章选取球状模型分析研究期生态风险度的空间结构。半变异函数曲线中有 3 个主要参数：块金值、基台值和拱高占基台值的比例。由表 5-5 可知，A 县 2010 年至 2020 年土地利用结构特征发生了较大变化。基台值是反映国土空间生态风险指数上下波动程度的参数，2010 年、2015 年和 2020 年的基台值分别为 0.025 84，0.019 36，0.004 11，基台值出现下降，表明 A 县的土地利用生态风险强度变化幅度变小，即空间分布同质性增加。有效变程可以反映国土空间生态风险指数的空间相关距离，2010 年至 2020 年其呈现下降的趋势，说明人类活动导致土地利用类型之间的转化频繁，土地类型区域破碎化。拱高占基台值的比例在 2010 年、2015 年和 2020 年分别为 50.2%、58.8% 和 75.4%，比值相对较高，表明随着 A 县社会经济的发展，人类增加了对自然状态的干扰，导致景观结构趋于破碎，空间异质性逐渐由小尺度的随机变异转变为大尺度的结构变异。

表 5-5　2010 年、2015 年和 2020 年 A 县国土空间生态风险指数变异函数的拟合模型参数

年份	拟合模型	块金值 C_0	基台值 $C_0 + C$	有效变程	拱高占基台值比例/% $C/C_0 + C$	R^2	RSS
2010	球状模型	0.012 87	0.025 84	0.380	50.2	0.788	5.111×10^{-5}
	指数模型	0.010 05	0.025 70	0.351	60.9	0.769	5.476×10^{-5}
	线性模型	0.017 28	0.027 57	0.542	37.2	0.542	1.086×10^{-4}
	高斯模型	0.012 89	0.025 88	0.279	50.2	0.762	6.480×10^{-5}

年份	拟合模型	块金值 C_0	基台值 $C_0 + C$	有效变程	拱高占基台值比例/% $C/C_0 + C$	R^2	RSS
2015	球状模型	0.007 98	0.019 36	0.166	58.8	0.879	1.160×10^{-5}
	指数模型	0.002 61	0.019 42	0.141	86.6	0.873	1.218×10^{-5}
	线性模型	0.015 74	0.015 77	0.542	23.1	0.287	6.810×10^{-5}
	高斯模型	0.009 47	0.019 34	0.137	51.0	0.877	1.177×10^{-5}
2020	球状模型	0.004 11	0.004 11	0.101	75.4	0.624	2.904×10^{-5}
	指数模型	0.001 21	0.016 82	0.017	92.8	0.614	2.964×10^{-5}
	线性模型	0.015 36	0.016 75	0.542	8.3	0.031	7.436×10^{-5}
	高斯模型	0.002 09	0.016 68	0.062	87.5	0.566	3.386×10^{-5}

基于变异函数的理论模型，对 2010 年、2015 年和 2020 年的生态风险指数进行克里格插值。插值结果显示 2010~2020 年，生态风险度高的区域主要集中在 A 县东北部和西南部及它们的连线上，同时随着时间的变化，高风险指数区域呈向外扩张的趋势，且在 2010~2015 年这一时段内，扩张的趋势较为明显；在 2015~2020 年这一时段内，生态风险程度加深，可能的原因是这些地区地处县城周边，植被覆盖率低、耕地和生态用地退化严重。同时，在研究区的南部，点发的高风险指数区域发展较为迅速。

随着高风险区域的扩张，中风险区域也随之扩张，随着时间的迁移，中风险所占领的范围越来越大。

5.3.4　基于生态系统服务和生态系统健康的生态风险评价

1. 生态系统服务的动态变化特征

2000~2018 年，网格尺度下的生态系统服务平均值从 2000 年的 1013.71 万元下降到 2018 年的 706.28 万元，其中超过 63% 的网格生态系统服务出现下降。我们依据生态系统服务价值将区域分为高价值（0.8~1.0）区域、中高价值（0.6~0.8）区域、中价值（0.4~0.6）区域、中低价值（0.2~0.4）区域、低价值（0~0.2）区域，2000~2018 年，生态系统服务高价值（0.8~1.0）区域和中高价值（0.6~0.8）区域的面积都显著下降；生态系统服务低价值（0~0.2）区域的面积显著上升。尽管城市群实施了一系列的生态修复工程，但由于耕地和林地等两大高价值的地类大面积地转化为低价值的人工表面，生态系统服务价值出现大幅度减少。2000~2018 年，生态系统服务高价值区域主要分布在 X 城市群的南部和北部，因为这些区域覆盖了大面积的植被。生态系统服务的低价值区域主要分布在 X 城市群的中部地区，因为区域城区扩张消耗了大量的自然资源，林地、水体等生态系统服务高价值的地类被城市用地侵占，最终形成了生态系统服务的低价值区域。

2. 生态系统健康的动态变化特征

2000～2018 年生态系统活力呈明显下降趋势：2000 年生态系统活力值范围为 0～0.80，主要分布在 0.20～0.70；2018 年生态系统活力值范围为 0～0.68，主要分布在 0.10～0.80。平均而言，生态系统活力值从 2000 年的 0.40 降至 2018 年的 0.30。生态系统组织价值呈轻微下降趋势：2000 年生态系统组织价值范围为 0～0.53，大部分值分布在 0.20～0.34；2018 年生态系统组织价值范围为 0～0.52，大部分值分布在 0.19～0.35。平均而言，生态系统组织价值从 2000 年的 0.27 略微降至 2018 年的 0.26。生态系统弹性值呈轻微下降趋势，2000 年的生态系统弹性值高于 2018 年。相比之下，2018 年更多的网格位于较低的取值范围（0～0.60）。平均而言，生态系统弹性值从 2000 年的 0.36 降至 2018 年的 0.32。总体而言，3 个生态系统健康指数的值均呈现不同程度的下降，其中，生态系统活力值的下降幅度最大，其他两个指数的下降幅度较小。

其中，2000 年的生态系统健康价值主要分布在 0.15～0.60；2018 年的生态系统健康价值主要分布在 0.31～0.60。平均而言，生态系统健康价值从 2000 年的 0.38 降至 2018 年的 0.34。

3. 生态风险的动态变化特征

2000 年，Ⅰ、Ⅱ、Ⅲ、Ⅳ及Ⅴ的风险程度等级网格数所占比例分别为 30.43%、25.67%、18.06%、17.14%和 8.70%。2018 年，这一比例分别为 27.12%、21.26%、21.23%、20.37%和 10.02%。2000 至 2018 年期间，高风险程度等级（Ⅳ级和Ⅴ级）的网格数比例上升了 4.55 个百分点。与此相反，低风险程度等级（Ⅰ级）的网格数比例下降了 3.31 个百分点，下降区域主要集中 3 个县域。总体而言，随着区域城市化进程的加快，研究区的生态风险也随之增加。

在 2000 年和 2018 年这两个时点上主要存在两种集聚类型，高-高风险集聚区和低-低风险集聚区。高-高风险集聚区分布在城市群的中部区域；而低-低风险集聚区分布在城市群的北部和南部。高-高风险集聚区面积呈现一定程度的增加，低-低风险集聚区面积呈现下降趋势。

4. 生态风险程度的相关分析与变化

2000～2018 年，整个城市群人工表面比率存在明显的上升趋势，城市群的平均人工表面比率由 2000 年的 14.96%上升到 2018 年的 23.62%。评价网格的人工表面比率都处于增长阶段，其中，2000 年，人工表面比率大于 10%的网格主要分布在区域城区；2018 年，人工表面比率大于 10%的网格扩张到区域的周边地区。

生态指数与人工表面比率的 Pearson 相关系数均为负值，说明人工表面的扩张是生态系统服务和健康下降的主要因素。人工表面和生态指标之间的相关系数分别为：生态系统活力 2000 年为−0.937，2018 年为−0.902；生态系统弹性 2000 年为−0.793，2018 年为−0.926；生态风险特征值 2000 年为−0.736，2018 年为−0.782；生态系统服务价值 2000 年为−0.605，2018 年为−0.637；生态系统组织 2000 年为−0.529，2018 年为−0.458；生态系统健康 2000 年为−0.173，2018 年为−0.542。

2000 年和 2018 年，生态风险特征值与人工表面比率的 R^2 分别为 0.595 和 0.672（图 5-2）。随着人工表面比率的增加，生态风险特征值迅速下降。基于回归模型的推导，为了进行风险管理，2000 年和 2018 年人工表面比率的阈值分别为 20%和 36%。

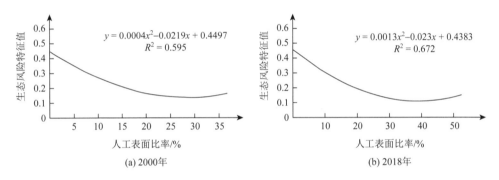

图 5-2　生态风险特征值与人工表面比率的回归关系

2000 年人工表面比率、生态系统服务、生态系统健康的 Moran's I 值分别为 0.534、0.473、0.456，2018 年为 0.562、0.452、0.461。结果表明，在 2000 年和 2018 年，X 城市群存在较强的空间白相关和明显 3 个主变量的聚类空间格局。MPLE（maximum likelihood estimate，极大似然估计）的空间自逻辑模型系数如表 5-6 所示。在模型构建的基础上，生态系统服务对调节生态风险起到了重要作用，生态系统健康对缓冲风险也起到了一定的作用。然而，人工表面比率的压力对风险的引导起着主要作用，空间滞后对风险概率的提高起辅助作用。从系数值的变化来看，只有人工表面比率指数呈上升趋势，说明随着人工表面的扩展，对生态系统造成的压力不断增加。

表 5-6　空间自逻辑模型的回归系数

指数	2000 年	2018 年
人工表面比率	210.98	257.32
生态系统健康	−5.81	−17.86

续表

指数	2000 年	2018 年
生态系统服务	−10.17	−27.21
风险水平的空间滞后	6.21	9.27
残差检验	0.01***	0.01***
信息准则	11.32	12.72

***表示 $p<0.01$

5.4　结论与讨论

（1）国土资源利用和景观生态学的结合是研究区域生态环境的有效方法与手段，研究结果可为其他地区的国土空间生态管理、生态环境整治与恢复、国土资源可持续利用提供依据。今后该地区应在国土空间生态风险度高的区域加强国土资源利用管理，尽量避免不合理的土地利用方式，减少国土空间格局的破碎度和分离度，提高国土资源利用和国土空间配置的生态安全度，促进区域可持续发展。

（2）空间统计学方法关注相邻区域的生态风险空间分布特性，地统计学方法注重生态风险整体在空间上的异质性规律，将两者进行有效结合，有助于从局部到全局深入探讨景观结构变化等造成的土地利用生态风险的空间特征和变化规律。在进行地统计分析时，采用 GS＋专业地统计软件筛选最优拟合的变异函数模型，弥补了 ArcGIS 地统计分析拟合函数选择的主观性。该分析方法更具合理性，为区域生态风险空间分析提供了新的研究思路。由于研究区的生态风险主要表现为土壤侵蚀，所以通过计算每个风险小区内的土壤侵蚀模数，在风险度与土壤侵蚀模数之间建立某种数学关系，这将是下一步的研究方向。

（3）本章基于景观结构的景观干扰度指数和景观脆弱度指数构建的生态风险指数，能较好地反映研究区国土空间的生态风险状况。在各粒度水平下，研究区国土空间的生态风险度存在一定的空间正相关性，并且国土资源生态风险度的 Moran's I 指数随着粒度的增大，呈现下降趋势。研究区 2010～2020 年生态风险度的高-高值域主要分布在研究区的东北部、中部和西部，从面域范围看，2015 年主体高-高值域较 2010 年有所扩张，2020 年则较 2015 年略微有扩张。生态风险度的低-低值域主要分布在区域的北部、东部和南部边缘，从面域范围看，3 个时段的低-低值域范围变化较小。2010～2020 年，生态风险度指数高值区域主要集中在 A 县东北部、西南部以及它们的连线上，随着时间的变化，高风险指数区域呈向外扩张的趋势，且在 2010～2015 年这一时段内，扩张的趋势较为明显；在 2015～2020 年这一时段内，生态风险程度加深。同时，在研究区的南部，点发的高风险指数区域发展较为迅速。随着高风险区域的扩张，中风险区域也随之扩张。今后该地区应在国土空间生态风险度高的区域加强土地利用管理，尽量避免不合理的土地利用方式，减少国土空间格局的破碎度和分离度，提高国土资源利用和国土空间配置的生态安全度，促进区域可持续发展。

（4）基于 2000 年和 2018 年 X 城市群土地利用类型、NPP、NDVI 等数据，本书结合生态系统服务与生态系统健康，构建了生态风险评估框架，对 X 城市群生态系统服务、生态系统健康和生态风险时空变化规律进行分析，得出以下结论。首先，2000～2018 年，生态系统服务减少率达到 63%；生态系统健康的平均值从0.38 下降到 0.34。其次，2000～2018 年，低风险程度等级（Ⅰ级）的网格数比例下降 3.31 个百分点，而高风险程度等级（Ⅳ级和Ⅴ级）的网格数比例上升 4.55个百分点。最后，根据回归分析，人工表面比率的阈值应控制在 36%以下，以达到生态风险管理目的。总体而言，该分析框架可以综合评价土地利用过程对生态系统的影响。

第6章 国土空间生态红线识别

6.1 引　　言

国土是生态文明的重要载体。近几十年来，由于人类对土地资源的不合理开发利用以及日益加剧的社会经济活动，出现生物多样性锐减、森林植被破坏、景观破碎化等生态系统功能退化和破坏行为。如何处理好人口、资源和环境保护之间的关系，协调好经济发展与生态文明建设之间的平衡是中国未来经济社会可持续发展的关键。

党的十八大报告提出，"大力推进生态文明建设，优化国土空间开发格局，构建科学合理的城市化格局、农业发展格局、生态安全格局"[①]。2012年12月由国土资源部、国家发展和改革委员会共同牵头，联合20多个部委和科研单位，共同编制的《全国国土规划纲要（2011—2030年）》（以下简称《国土规划纲要》）形成征求意见稿。《国土规划纲要》中提出，要在优化格局过程中切实发挥开发引导和空间管控作用：设置了"生存线""生态线"和"发展线"；其中"生态线"是明确基础性生态用地保护规模，建设国家生态安全屏障，提高生态环境安全水平。2017年2月中共中央办公厅、国务院办公厅印发了《关于划定并严守生态保护红线的若干意见》，提出划定并严守生态保护红线，是贯彻落实主体功能区制度、实施生态空间用途管制的重要举措，是提高生态产品供给能力和生态系统服务功能、构建国家生态安全格局的有效手段，是健全生态文明制度体系、推动绿色发展的有力保障。党的二十大报告中指出以国家重点生态功能区、生态保护红线、自然保护地等为重点，加快实施重要生态保护和修复重大工程。[②]因此，生态保护红线是国家生态安全的重要组成部分和经济社会可持续发展的重要基础。

生态空间是指具有自然属性、以提供生态服务或生态产品为主体功能的国土空间，包括森林、草原、湿地、河流、湖泊、滩涂、岸线、海洋、荒地、荒漠、戈壁、冰川、高山冻原、无居民海岛等。生态保护红线空间是指在生态空间范围内具有特殊重要生态功能、必须强制性严格保护的区域，是保障和维护国家生态

---

① 《胡锦涛在中国共产党第十八次全国代表大会上的报告》，https://www.gov.cn/ldhd/2012-11/17/content_2268826.htm。

② 《习近平：高举中国特色社会主义伟大旗帜 为全面建设社会主义现代化国家而团结奋斗》的报告，https://www.gov.cn/xinwen/2022-10/25/content_5721685.htm。

安全的底线和生命线，通常包括具有重要水源涵养、生物多样性维护、水土保持、防风固沙、海岸生态稳定等功能的生态功能重要区域以及水土流失、土地沙化、石漠化、盐渍化等生态环境敏感脆弱区域。生态保护红线空间是保障区域水资源安全、生物多样性保护安全、地质灾害防护安全、水土保持安全、维护区域景观格局完整性和连续性的基础性用地空间。国外对区域生态保护红线的划定，主要集中在生物多样性保护空间辨识、水安全防护空间辨识、水土流失防护空间辨识和绿色空间辨识等方面。在生物多样性保护空间辨识方面，在过去的三十年中，保护生物学家特别关注生物多样性保护中自然空间所面临的选择困境（Margules et al.，1988；Snyder et al.，2004；Klein et al.，2009；Orsi et al.，2011）。如 Rouget 等（2003）基于 GIS，进行了区域生物多样性保护的热点空间辨识研究。Vimal 等（2012）从稀有物种的高保护栖息地、高生态完整性地域、整个区域的景观多样性等方面探讨了生物多样性保护的敏感性空间。Moilanen 和 Arponen（2011）讨论了在生物多样性保护空间规划中，划定生态保护红线的尺度性问题。在水安全防护空间辨识方面，Vos 等（2010）通过对区域水安全防护重要性空间的辨识对湿地生态系统规划了一个适应区以应对气候变化的影响。Brouwer 和 van Ek（2004）通过辨识水安全防护空间，分析了对其保护恢复所带来的生态、社会和经济影响。在水土流失防护空间辨识方面，Zagas 等（2011）基于 GIS 技术、利用通用流失方程（the universal soil loss equation，USLE），辨识了希腊奥林匹斯山的水土流失防护空间。国内关于区域生态保护红线划定的研究，主要集中在评价指标体系、综合方法、生态安全格局、生态预警等方面。在评价指标体系方面，谢花林（2011）以自然生态环境脆弱的鄱阳湖生态经济区为研究区，基于 RS 和 GIS 等相关空间信息技术，通过生态系统服务功能重要性评价和生态系统敏感性评价方法，因地制宜地选取了相应评价指标，以栅格为单元辨识了鄱阳湖生态经济区关键性生态空间。肖善才和欧名豪（2022）从生态系统服务和生态敏感性两方面选取 6 个指标评价生态环境现状，在此基础上构建生态位适宜度模型，评价生态保护红线现实生态位与理想生态位的匹配程度，据此划定江苏省陆域生态保护红线范围。而张晓琳（2021）选取 5 项生态系统服务作为保护对象后，还通过改进的基于模拟退火算法的多目标系统保护规划模型提取弹性生态保护空间，并对相关结果的有效性进行了验证。刘延国等（2021）以地质环境与地理环境互馈为基础，构建西南山区生态地质环境脆弱性评估指标体系，以我国典型山区四川省为研究区，通过将脆弱性格局与基本方法划定的生态保护红线叠置分析，提出了基于"生态地质环境共同体"理念的山区生态保护红线划定优化方法。在生态服务方面，许超等（2021）从生态系统服务功能、生态系统敏感性、生物多样性分布以及现有生态保护区四个方面构建了城市生态保护红线划定方法框架，并综合澳门具有保育价值生物的栖息地分布和现有保护区范围进行了城市生态保护红线的划定。在生态安全格局方面，李怡等（2021）以基于生态系统服务和权衡的综合评估模型进行生境质量评价以识别生态源地及其缓冲区，采用水土流失敏感性修正基本阻力面，运用最小累积阻力模型构建奉新县生态安全格局，定量衡量与定性分析相结合对生态安全格局进行有效性评价，继而提出奉新县生态保护红线优化方案。在生态预警方面，马琪等（2022）为科学准确地划定区域土壤侵蚀敏感红线，基于不同侵蚀类型区生态承载力预警评估，综合判定并划分形成科学的土壤侵蚀敏感红线方案。综上，国外在生物多样性保护关键性生态空间辨识的研究较深入，但只是单方面的，且在整合区域的水安全、水土流失防护、生物多样性等关键性空间辨识方面研究较少。从研究尺度看，现有的研究多为县域尺度或省域尺度，而以栅格为单元的区域尺度关键性生态空间辨识相对较少。

因此，本部分从生态本底与人类需求的视角出发，借助 GIS 平台，以 A 县为研究区，综合考虑生态系统服务功能重要性、生态系统敏感性以及生物多样性保护等多个方面因素在栅格尺度上识别区域生态保护红线空间。

6.2　数据来源和研究方法

6.2.1　数据来源

本章 A 县生态保护红线空间识别所使用的评价指标数据主要包括 DEM 数据、气象数据、土壤类型数据、NDVI 数据、NPP 数据、土地利用类型数据、统计年鉴数据以及相关规划数据等。其中 DEM 数据、NDVI 数据、NPP 数据、土地利用类型数据来源同第 5 章。气象数据来自国家气象科学数据中心（http://data.cma.cn/）的中国地面气候资料年值数据集，内容包括气温、降水量等数据，本章仅使用年平均气温和年均降水量数据。土壤类型数据来源于江西农业大学国土学院。所有的空间数据都进行重采样到 100m×100m 栅格上，并统一地理坐标系和投影坐标系。相关规划数据通过江西省土地利用总体规划（2006~2020 年）提取得到。另外，X 城市群研究数据来源同第 5 章。

6.2.2　研究方法

1. 生态系统服务功能重要性评价方法

本章借助 GIS 的空间分析平台进行生态保护红线划定。具体的技术路线为：①构建区域水源涵养、土壤保持、生物多样性三类生态用地指数，以及洪涝灾害和地质灾害两类敏感性指数；②对各指数进行计算并分级赋值，以完成单因子生态用地重要性的辨识；③对各单因子生态重要性指数进行叠加处理，完成区域生态保护红线空间的识别。

1）水源涵养功能重要性评价

水源涵养是生态系统（如森林、草地等）通过其特有的结构与水相互影响和作用，对大气降水进行截留、渗透、蓄积，并通过蒸、散发实现对水流、水循环的调节和控制，主要表现为缓和地表径流、补充地下水水位、减缓河流流量的季节波动、调滞洪枯、保证水源水质等方面。通常以生态系统水源涵养服务能力指数作为评价指标，具体计算公式为

$$\text{WR} = \text{NPP}_{\text{mean}} \times F_{\text{sic}} \times F_{\text{pre}} \times (1 - F_{\text{slo}}) \tag{6-1}$$

其中，WR 表示生态系统水源涵养服务能力指数；NPP_{mean} 表示评价区域多年生态系统净初级生产力平均值；F_{sic} 表示土壤渗透因子；F_{pre} 表示评价区域多年（10～30 年）平均年降水量数据插值并归一化为 0～1；F_{slo} 表示根据最大最小值法归一化到 0～1 的评价区域坡度栅格图，可由 DEM 计算得到。

2）土壤保持功能重要性评价

土壤保持是生态系统（如森林、草地等）通过其结构与过程，减少由水蚀所导致的土壤侵蚀的影响，是生态系统提供的重要调节服务功能之一。土壤保持功能主要与气候、土壤、地形和植被等有关。以生态系统土壤保持服务能力指数作为评价指标，计算公式为

$$\text{Sqr} = R \times K \times L \times S \times (1 - C) \tag{6-2}$$

其中，R 表示降雨侵蚀力因子；K 表示土壤可蚀性因子；L 表示坡长因子；S 表示坡度因子；C 表示植被覆盖因子。

降雨侵蚀力因子 R 的计算公式为

$$R = \sum_{k=1}^{24} \overline{R_k} \tag{6-3}$$

$$\overline{R_k} = \frac{1}{n} \sum_{i=1}^{n} \sum_{j=1}^{m} \left(\alpha \times P_{i,j,k}^{\beta} \right) \tag{6-4}$$

其中，$\overline{R_k}$ 表示第 k 个半月的降雨侵蚀力，单位为 MJ·mm/(hm²·h·a)；k 表示一年中 24 个半月；i 表示所用降雨资料的年份，$i = 1, 2, \cdots, n$；j 表示第 i 年第 k 个半月侵蚀性降雨日的天数，$j = 0, 1, \cdots, m$；$P_{i,j,k}$ 表示第 i 年第 k 个半月第 j 个侵蚀性日降雨量，单位：mm；α 表示反映冷暖季雨型特征的模型参数，暖季为 0.3937，冷季为 0.3101；β 表示 1.7265；n 表示所用降雨资料的年份数；m 表示第 i 年第 k 个半月侵蚀性降雨日总天数。

土壤可蚀性因子 K 计算公式为

$$K = 0.1317 \times (-0.013\,83 + 0.515\,75 K_{\text{EPIC}}) \tag{6-5}$$

$$K_{\text{EPIC}} = \left\{ 0.2 + 0.3\exp\left[-0.0256 m_s \left(1 - \frac{m_{\text{silt}}}{100} \right) \right] \right\}$$

$$\times [m_{\text{silt}} / (m_c + m_{\text{silt}})]^{0.3} \times \left\{ 1 - \frac{0.25 \text{org} C}{[\text{org} C + \exp(3.72 - 2.95 \text{org} C)]} \right\} \tag{6-6}$$

$$\times \left\{ 1 - \frac{0.7\left(1 - \frac{m_s}{100}\right)}{\left\{ \left(1 - \frac{m_s}{100}\right) + \exp\left[-5.51 + 22.9\left(1 - \frac{m_s}{100}\right) \right] \right\}} \right\}$$

式（6-6）中，K_{EPIC} 表示采用 EPIC 模型计算得到的土壤可蚀性，单位为 t·hm^2·h/(hm^2·MJ·mm)；m_c 表示黏粒（<0.002mm）的含量（%）；m_{silt} 表示粉粒（0.002～0.05mm）的含量（%）；m_s 表示沙粒（0.05～2mm）的含量（%）；org$C$ 表示有机碳的含量（%）。

坡长因子 L 和坡度因子 S 的计算公式为

$$L = \left(\frac{\lambda}{22.13} \right)^m \tag{6-7}$$

$$m = \beta / (1 + \beta) \tag{6-8}$$

$$\beta = (\sin\theta / 0.089) / [3.0 \times (\sin\theta)^{0.8} + 0.56]$$

$$S = \begin{cases} 10.8 \times \sin\theta + 0.03 & \theta < 5.14 \\ 16.8 \times \sin\theta - 0.5 & 5.14 \leqslant \theta < 10.20 \\ 21.91 \times \sin\theta - 0.96 & 10.20 \leqslant \theta < 28.81 \\ 9.5988 & \theta \geqslant 28.81 \end{cases} \tag{6-9}$$

其中，m 表示坡长指数；θ 表示坡度，单位为度；λ 表示坡长，单位为 m（米）。

3）生物多样性保护功能重要性评价

生物多样性保护是指生态系统发挥着维持基因、物种、生态系统多样性的功能，这种功能是生态系统提供的最主要功能之一。生物多样性保护功能重要性评价常采用基于物种的评价方法和基于生物多样性的评价方法（彭羽等，2015）。第一种方法是通过收集区域动植物多样性和环境资源数据，建立物种分布数据库，应用物种分布模型（species distribution model，SDM）量化物种对环境的依赖关系，结合关键物种的实际分布范围最终划定确保物种长期存活的保护红线。第二种方法主要应用于部分物种分布数据资料及分布精度缺失的情况下（李果等，2011）。本章研究中因部分物种分布数据不全，采用生物多样性评价方法进行评价。其具体计算公式为

$$S_{\text{bio}} = \text{NPP}_{\text{mean}} \times F_{\text{pre}} \times F_{\text{tem}} \times F_{\text{alt}} \tag{6-10}$$

其中，S_{bio} 表示生态系统生物多样性保护服务能力指数；NPP_{mean} 表示评价区域多年生态系统净初级生产力平均值；F_{pre} 表示评价区域多年（10～30 年）平均年降水量数据插值并归一化为 0～1；F_{tem} 表示评价区域气温参数，由多年（10～30 年）平均年降水量数据插值获得，得到的结果归一化 0～1；F_{alt} 表示海拔，由评价区域海拔归一化获得。

2. 生态系统敏感性评价方法

针对研究区各土地利用生态系统敏感性情况不同，开展区域生态系统敏感性评价，评价内容包括洪涝敏感性、地质灾害敏感性等，并利用自然断点法（natural break）对评价结果进行分级，将评价结果分为不敏感、一般敏感、中度敏感、高度敏感和极敏感。

1）洪涝灾害敏感性评价

首先，根据地形图和 DEM，判别现状具有调蓄洪水功能的区域，包括各级河流、湖泊、水库、坑塘和低洼地；其次，根据水文过程模拟，确定径流汇水点作为控制水流的战略点，并根据分流部位和等级，形成多层级的等级体系；根据洪水风险频率确定安全水平，本实验根据可获得的准确降水数据，确定 10 年、20 年、50 年和 100 年一遇作为不同敏感性水平的标准；最后，结合 DEM，模拟洪水过程，得到不同洪水风险频率下的淹没范围，确定洪水不同发生频率下的区域，确定出防洪的关键区域和空间位置如表 6-1。

表 6-1　洪涝灾害敏感性评价指标体系及权重

评价因子	极重要	重要	中等重要	不重要
河湖缓冲区距离/m	≤5	5～10	10～15	≥15
洪水淹没区范围/m	≤105	105～110	110～115	≥115
分级赋值	7	5	3	1

2）地质灾害敏感性评价

A 县地质灾害主要是滑坡、泥石流、崩塌、地面塌陷等重力型地质灾害，其与势能有关，而势能又与海拔高程、植被覆盖、地形坡度、地形起伏度、人类活动干扰等关系密切。因此，本章借鉴前人研究成果中致灾因子对地质灾害的影响程度以及各因子对地质灾害的敏感性（苏泳娴等，2013；俞孔坚等，2009；周锐等，2015），采用地质灾害敏感性指数进行区域地质灾害敏感性评价，具体评价公式如下：

$$GS_i = \sqrt[5]{\prod_{i=1}^{5} G_i} \qquad (6\text{-}11)$$

其中，GS_i 表示评价区域 i 空间单元地质灾害敏感性指数；G_i 表示 i 个评价因子的敏感性等级值，具体评价因子包括植被覆盖情况、海拔高程、坡度、地形起伏度、人类活动干扰强度，赋值见表 6-2。

表 6-2　地质灾害敏感性评价指标体系及权重

评价因子	不敏感	中度敏感	高度敏感	极敏感
海拔高程 a/m	$a<100$	$100\leqslant a<200$	$200\leqslant a<500$	$a\geqslant500$
植被覆盖 p	$p>0.6$	$0.4<p\leqslant0.6$	$0.2<p\leqslant0.4$	$0\leqslant p\leqslant0.2$
坡度 s/°	$s<10$	$10\leqslant s<15$	$15<s\leqslant25$	$s>25$
地形起伏度 u/m	$u<50$	$50\leqslant u<100$	$100\leqslant u<300$	$u\geqslant300$
人类活动干扰强度 i	林地、高覆盖草地、湖泊、滩涂、滩地	耕地、中低覆盖草地、裸土地	农村居民点、其他建设用地	城镇、工矿建设用地
分级赋值	1	3	5	7

3. 生态保护红线空间识别方法

从单因子分析评价得出的生态系统服务功能重要性和生态敏感性只能反映某一单因子的作用过程，要综合识别出区域生态保护红线空间，则需要根据各项因子的重要性分级赋值，计算每一个空间栅格单元上的综合生态用地指数，进而得到区域生态保护红线的空间分布等级图。因此，本章采用析取算法，通过计算区域综合生态用地指数最终确定生态保护红线范围，其具体计算公式为

$$EL = \max(WR, Sqr_i, S_{bio}, Hlzh_i, GS_i) \qquad (6\text{-}12)$$

其中，EL 表示综合生态用地指数；WR 表示生态系统水源涵养服务能力指数；Sqr_i 表示生态系统土壤保持服务能力指数；S_{bio} 表示生态系统生物多样性保护力指数；$Hlzh_i$ 表示评价区域 i 空间单元洪涝灾害敏感性指数；GS_i 表示评价区域 i 空间单元地质灾害敏感性指数。

6.2.3　生态安全格局构建方法

1995～2018 年，城市化、工业化发展导致 X 城市群出现一系列的生态环境问题，如栖息地丧失、水资源短缺、土壤侵蚀和空气污染等（熊鹰等，2019；周国华等，2018；胡顺石等，2019）。面临着生态保护和经济发展的双重需求，城市群生态安全格局的构建，加强了生态系统服务供、需斑块的空间连接，耦合关联不同生态过程，对其经济、社会、生态等高质量发展具有重要意义。现有生态规划

大部分是静态规划（Zhao et al.，2015；Aminzadeh and Khansefid，2010；Vergnes et al.，2013），缺乏考虑生态用地的动态变化以及物种迁移等生态过程的动态模拟，导致生态廊道和生态战略点等生态关键要素尚未进入生态安全格局的范围。本节基于生态系统服务供需平衡关系和生态用地历史转变规律的视角，运用贝叶斯网络机器学习综合考虑了生态系统服务的供给量、生态系统健康以及生态系统服务的需求量，对生态源地进行动态识别，同时，提取了水域和陆地的生态廊道以及生态战略点。因此，城市群生态安全格局是对生态保护红线、生态功能区以及即将开展的国土空间等规划内容的重要补充。

　　本书遵循生态"源地-廊道-战略点"的生态安全格局研究框架，如图 6-1 所示。一方面，以生态系统服务的供需关系为基础，运用贝叶斯网络对生态源地进行动态识别；另一方面，运用最小累积阻力模型和电路理论模型，分别对生态廊道和战略点进行了提取。更精确地说，最小累积阻力模型用于确定生态廊道的空间位置；电路理论模型根据阻碍生态廊道通畅程度，提取生态战略点。

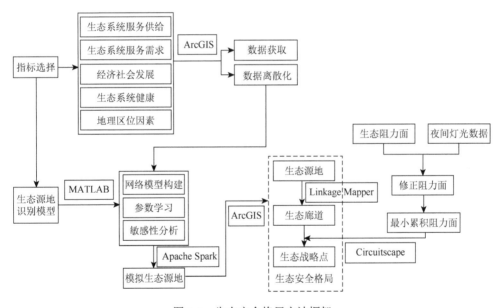

图 6-1　生态安全格局方法框架

MATLAB（matrix laboratory），矩阵实验室；Apache Spark 是专为大规模数据处理而设计的快速通用的计算引擎；Linkage Mapper 是用于支撑区域野生动物栖息地连通性分析的 GIS 工具；Circuitscape 是一款基于电路理论的景观生态网络模拟软件，主要用于研究生态网络、生境连通性和基因流动性等生态学和自然保护领域的问题

　　基于贝叶斯网络机器学习的生态源地识别：贝叶斯网络机器学习模型主要包括生态源地识别的指标选择、生态源地模拟识别等。

　　（1）指标选择。生态源地是生态安全格局的主要组成部分，是指供应区域生态系统服务价值和维护区域景观生态过程的最重要斑块。X 城市群地处丘陵地带，湘江将区域一分为二，是长江中游城市群的重要组成部分，正处于快速的城市化、工业化发展阶段，是湖南省区域内城市用地扩张和生态环境变化最为活跃的区域。因此，选取了地形、社会、经济以及生态系统服务等关键要素来构建生态安全格局。具体可以归纳为地理要素、社会经济、生态系统健康以及生态系统服务供需等关键要素。其中，地理要素包括地形、气候、土壤质地等指标；社会经济包括人口密度和 GDP 密度；生态系统健康是指区域生态系统结构能在人类行为作用影响下持续、稳定地提供人类所需的生态功能，能够通过生态系统的组织、活力和弹性综合反映；生态系统服务供需包括生态系统服务的供给量和需求量两个方面。具体指标及其离散分级，见表 6-3。将所有指标数据通过 ArcGIS 10.2 中空间分析和距离计算工具得到相应的栅格图，分辨率统一为 1km。

表 6-3　生态源地识别指标体系及敏感度分析结果

变量名称	等级代码				方差缩减/%
	1	2	3	4	
生态系统服务供给量（s）	$0 \leqslant s < 0.4$	$0.4 \leqslant s < 0.7$	$0.7 \leqslant s < 1$	$s \geqslant 1$	12.30
生态系统组织（o）	$0 \leqslant o < 0.22$	$0.22 \leqslant o < 0.27$	$0.27 \leqslant o < 0.31$	$o \geqslant 0.31$	12.00
生态系统活力（e）	$e < 0.46$	$0.46 \leqslant e < 0.66$	$0.66 \leqslant e < 0.75$	$e \geqslant 0.75$	11.07
高程（a）	$a < 70$	$70 \leqslant a < 150$	$150 \leqslant a < 250$	$a \geqslant 250$	2.03
坡度（s）	$0 \leqslant s < 5$	$5 \leqslant s < 10$	$10 \leqslant s < 15$	$s \geqslant 15$	2.27
到道路距离（r）	$r < 5\,000$	$5\,000 \leqslant r < 10\,000$	$10\,000 \leqslant r < 20\,000$	$r \geqslant 20\,000$	0.07
到水体距离（w）	$w < 4\,000$	$4\,000 \leqslant w < 8\,000$	$8\,000 \leqslant w < 15\,000$	$w \geqslant 15\,000$	3.27
到建设用地距离（b）	$b < 750$	$750 \leqslant b < 1\,950$	$1\,950 \leqslant b < 4\,500$	$b \geqslant 4\,500$	0.77
人口密度（p）	$p < 1\,450$	$1\,450 \leqslant p < 4\,500$	$4\,500 \leqslant p < 9\,000$	$p \geqslant 9\,000$	0.72
GDP 密度（g）	$g < 20\,000$	$20\,000 \leqslant g < 60\,000$	$60\,000 \leqslant g < 150\,000$	$g \geqslant 150\,000$	0.55
水体侵蚀严重程度	1	2	3		0.03
土壤沙粒含量（cs）	$cs < 36$	$36 \leqslant cs < 43$	$43 \leqslant cs < 53$	$cs \geqslant 53$	0.32
土壤粉粒含量（cp）	$cp < 21$	$21 \leqslant cp < 28$	$28 \leqslant cp < 34$	$cp \geqslant 34$	0.28
土壤黏粒含量（cc）	$cc < 26$	$26 \leqslant cc < 32$	$32 \leqslant cc < 39$	$cc \geqslant 39$	0.25
平均降雨量（ar）	$ar < 1\,600$	$1\,600 \leqslant ar < 1\,670$	$1\,670 \leqslant ar < 1\,700$	$1\,700 \leqslant ar < 1\,780$	0.58
平均气温（at）	$at < 18.0$	$18.0 \leqslant at < 18.5$	$18.5 \leqslant at < 18.8$	$at \geqslant 18.8$	0.49
生态系统服务需求量（d）	$d < 2$	$2 \leqslant d < 7$	$7 \leqslant d < 14$	$d \geqslant 14$	0.74
生态用地	是（1）	否（0）			

（2）生态源地模拟识别。以 1995 年城市群的生态用地作为基础数据，生成 1714 个随机样本点，将样本点与所有指标数据的栅格图进行叠加，运用 ArcGIS 10.2 中的 Extract Values to Table 功能获取各样本点指标变量值。再将样本点与 2018 年城市群土地利用现状图进行叠加，判断样本点是否为生态用地，若仍为生态用地则赋值 1，反之赋值 0。首先，数据预处理，因为大部分指标数据是离散类型，参考相关研究成果（黎斌等，2018）使用 MATLAB 将指标离散分为两到四个等级，具体的指标离散化结果，见表 6-3；其次，使用 MATLAB 构建贝叶斯网络模型和参数学习，并对模型进行敏感性分析，方差缩减越大该指标对生态用地的影响作用越大；再次，根据上一步获得的结果，运用 Apache Spark 中的贝叶斯方法进行预测，获得城市群生态用地动态变化结果；最后，运用 ArcGIS 10.2 中克里格插值功能得到城市群生态安全用地概率（指生态用地向非生态用地转换的概率），根据 Natural break（jenks）方式重新分类，选取概率大于 0.5 的为生态用地，而概率大于 0.65 的生态用地图斑作为生态源地。

基于最小累积阻力模型的生态廊道构建：最小累积阻力模型用于计算物种从源地迁移到目的地所需的成本。根据累积阻力阈值确定廊道范围，超过阈值的区域排除在生态廊道之外。利用 ArcGIS 10.2 插件 Linkage Mapper Arc10 识别城市群的生态廊道（黄隆杨等，2019）。其中，最小累积阻力的计算公式为

$$\text{MCR} = f \min \sum_{j=n}^{i=m} D_{ij} \times R_i \tag{6-13}$$

其中，MCR 表示从源地迁移到目的地的最小累积阻力值；D_{ij} 表示物种从源地 j 到目的地 i 的空间距离；R_i 表示地类单元 i 的阻力系数；f 表示正相关函数。

最小累积阻力模型需要输入两个参数：生态源地和生态阻力面系数。生态源地由贝叶斯网络机器学习识别得到，生态阻力面系数设定参照现有成果。由于湘江从南到北穿过城市群，形成了独特的景观格局，同时，陆地和水域的物种迁移介质存在差异性，因此，本书试图设置不同生态阻力面系数，分别构建陆地和水域的生态廊道，从而构成 X 城市群的生态廊道体系。在陆地生态阻力面系数方面，城市用地的生态阻力面系数最高，林地的生态阻力面系数最低。其中，林地、草地、水域、耕地、未利用地、城市用地的阻力面系数分别为 1、10、200、150、300、500。在水域生态阻力面系数方面，城市用地的生态阻力面系数最高，水域的生态阻力面系数最低。其中，水域、林地、耕地、草地、未利用地和城市用地的阻力面系数分别为 1、150、200、150、300 和 500。考虑到城市群生态廊道受人为干扰影响较大，因此，为了降低人为干扰对廊道构建的影响，引入夜间灯光指数对 MCR 模型进行修正，公式为

$$R^* = \frac{\text{TLI}_i}{\text{TLI}_a} \times R \tag{6-14}$$

其中，$R*$ 表示修正后的阻力值；R 表示初始阻力值；TLI_i 表示单元 i 的夜间灯光指数；TLI_a 表示单元 i 对应的土地利用类型 a 在城市群内的平均夜间灯光指数。

基于电路理论的生态战略点识别：从空间分布来看，生态廊道中突变点或不连续点主要由于生态高阻力斑块切断了生态廊道，类似于电路理论中"夹点"概念。这些点影响物种的迁移效率，并且受到人类活动的影响作用较大。因此，它们被定义为生态战略点。本书利用 ArcGIS 10.2 插件 Circuitscape 识别城市群的生态战略点。

生态安全格局构建的相关数据获取与处理：包括 X 城市群 1995~2018 年的土壤质地空间分布数据、土壤侵蚀空间分布数据、平均气温、平均降水量、人口空间分布公里网格数据以及 GDP 空间分布网格数据，均来源于中国科学院资源环境科学与数据中心。通过利用 ArcGIS 10.2 中空间分析和欧氏距离工具得到城市群的高程、坡度以及到道路、水体、城市用地的空间距离。生态系统服务的供给量运用谢高地等（2015）制定的生态系统价值系数计算得到。生态系统服务的需求量运用景永才等（2018）制定的生态系统服务需求量模型计算得到。生态系统活力采用 NPP 对生态系统活力进行量化（欧阳晓等，2020），NPP 数据使用 NASA EOS/MODIS 提供的 1km 分辨率的 MOD17A3 产品，来自 https://ladsweb.modaps.eosdis.nasa.gov/missions-and-measurements/products/MOD17 A3HGF。生态系统组织通过选取景观异质性、景观连通性和重要的土地类型（林地、水域）之间的连接斑块，利用权重系数模型计算得到（Frondoni et al.，2011）。以上所涉指标的计算公式，见表 6-4。土地利用类型包括耕地、林地、草地、水域、城市用地以及未利用地等六大类，本书将林地、草地和水域等土地利用类型归为生态用地，其功能包括维持生态系统的稳定性和提供生态系统服务，对生态系统健康有显著影响。城市群核心区的耕地受到城市化的影响，其农业地域功能发生较大的变化，因此，未纳入生态用地的范围。

表 6-4 生态安全格局关键指标的解释

关键指标	公式	解释
生态系统服务供给	$\text{ESV}_k = \sum A_k \times \text{VC}_k$	ESV_k 表示土地利用类型 k 的生态系统服务价值；A_k 表示土地利用类型 k 的面积（公顷）；VC_k 表示土地利用类型 k 的生态系统服务价值系数（元/公顷）
生态系统组织	$\text{EO} = 0.35 \times \text{LC} + 0.35 \times \text{LH} + 0.3 \times \text{IC}$	EO 表示由景观格局决定的生态系统的结构稳定性；LC 表示景观连通性；LH 表示景观异质性；IC 表示重要的土地类型（林地、水域）之间的连接斑块
生态系统活力	NPP	生态系统活力指生态系统的新陈代谢或初级生产力。本书采用 NPP 对生态系统活力进行量化
生态系统服务需求	$\text{LDI} = \text{Con} \times \lg(\text{POPD}) \times \lg(\text{GDPD})$	LDI 表示生态系统服务价值的需求量；Con 表示城市用地比例；POPD 表示人口密度；GDPD 表示 GDP 密度

6.3　生态保护红线空间的识别结果

6.3.1　生态系统服务功能重要性评价结果

依据上述已经建立的生态系统服务重要性评价方法，利用 ArcGIS 10.2 软件进行研究区水源涵养、土壤保持、生物多样性保护等单因子生态系统功能重要性评价，其重要性评价结果见表 6-5。

表 6-5　A 县生态系统服务功能重要性评价结果

评价因子	重要性等级	面积/km^2	百分比/%	累积百分比/%
水源涵养功能重要性	不重要	3845.01	85.39	85.39
	中等重要	607.94	13.50	98.89
	重要	26.60	0.59	99.48
	极重要	23.28	0.52	100.00
土壤保持功能重要性	不重要	4016.37	89.20	89.20
	中等重要	317.86	7.06	96.26
	重要	133.19	2.96	99.21
	极重要	35.41	0.79	100.00
生物多样性保护功能重要性	不重要	3819.12	84.82	84.82
	中等重要	442.03	9.82	94.63
	重要	157.25	3.49	98.12
	极重要	84.43	1.88	100.00

在水源涵养功能重要性评价方面，从表 6-5 中可以看出，极重要和重要的区域面积分别为 23.28km^2 和 26.60km^2，占研究区总面积的 0.52% 和 0.59%。该区域面积占比极少，这些地区水源涵养能力强，对维护当地水资源安全和提升水源涵养功能具有重要作用，能够起到减缓地表径流、补充地下水位、降低河流水量的季节性波动、保证水源水质等作用。

在土壤保持功能重要性评价方面，从表 6-5 中可以看出，极重要和重要的区域面积分别为 35.41km^2 和 133.19km^2，占研究区总面积的 0.79% 和 2.96%。这些区域主要分布于 A 县西北部幕阜山和东南部九岭山沿线区域，这些地区大部分属于红壤、黄壤和黄褐土，土质松弛，加之海拔较高，地形起伏较大，极易发生由强降水、河湖水流速度大等带来的土壤侵蚀问题。

在生物多样性保护功能重要性评价方面，从表 6-5 可以看出，极重要区域面积为 84.43km²，占研究区总面积的 1.88%。主要分布于 A 县境内东南部边界九岭山沿线区域，这些地区是 A 县生物多样性保护的核心地区，该区域森林种群丰富，是大部分生物物种的理想栖息地。其中，重要区域面积为 157.25km²，占研究区总面积的 3.49%，这些地区主要分布于极重要地区的外围，是本地生物物种核心栖息地的缓冲区和隔离带。极重要和重要区域的面积几乎接近研究区总面积的 1/20，是进行生物多样性保护的重点区域。

6.3.2 生态系统敏感性评价结果

依据前文已经建立的生态系统敏感性评价方法，利用 ArcGIS 10.2 软件，开展研究区洪涝灾害、地质灾害等单因子生态系统敏感性评价，其敏感性评价结果见表 6-6。

在洪涝灾害敏感性评价方面，从表 6-6 中可以看出，中度敏感及其以上区域面积为 226.56km²，占研究区总面积的 5.03%，其中高度敏感和极敏感区域面积为 17.92 km² 和 191.32km²，主要分布在 A 县主河核心保护区域及其 11 条支流和西部水区域，呈树枝状分布，向中心河谷辐合。这些区域处于河谷平原地区，地势较低，是地表水源集中汇集区，也是水资源保护的重点区域，极易因强降雨、上游泄洪等发生洪涝灾害，威胁人民生活和居住区域安全。

表 6-6 A 县生态系统敏感性评价结果

评价因子	重要性等级	面积/km²	百分比/%	累积百分比/%
洪涝灾害敏感性	不敏感	4279.28	94.97	94.97
	中度敏感	17.32	0.38	95.36
	高度敏感	17.92	0.40	95.75
	极敏感	191.32	4.25	100.00
地质灾害敏感性	不敏感	2353.32	52.30	52.30
	中度敏感	1981.10	44.03	96.32
	高度敏感	118.49	2.63	98.96
	极敏感	46.90	1.04	100.00

在地质灾害敏感性评价方面，A 县地质灾害主要是滑坡、泥石流、崩塌、地面塌陷等，从表 6-6 中可以看出，极敏感区域面积为 46.90km²，占研究区总面积的 1.04%。主要分布于 A 县西北部的幕阜山和九岭山东北区域，零星分布于 A 县

境内，这些地区大多坡度大于 25°，且地表裸露，生态环境相对恶劣，是滑坡、泥石流、崩塌、地面塌陷等地质灾害频发的极端危险区域。高度敏感区域面积为 118.49km²，占研究区总面积的 2.63%，主要分布于 A 县西北部的幕阜山和九岭山东北区域以及极敏感区域的周边，这些地区发生滑坡、泥石流、崩塌、地面塌陷等地质灾害的可能性较大。

6.3.3　生态保护红线空间

根据相关研究成果，将生态系统服务功能重要性评价和生态系统敏感性评价极重要和极敏感区域作为底线型生态空间，重要和高度敏感区域作为危机型生态空间，中等重要和中度敏感区域作为缓冲型生态空间，不重要和不敏感区域作为非生态红线空间。根据前文已经建立的 A 县生态保护红线空间识别方法，采用析取算法，得到 A 县生态保护红线空间识别范围（表 6-7）。

表 6-7　A 县生态保护红线空间范围辨识结果

关键性生态空间类型	面积/km²	百分比/%	累积百分比/%
非生态红线空间	1625.50	36.07	36.07
缓冲型生态红线空间	2133.48	47.35	83.42
危机型生态红线空间	379.61	8.42	91.84
底线型生态红线空间	367.55	8.16	100.00

从表 6-7 可以看出，经综合评价辨识后 A 县底线型生态红线空间面积为 367.55km²，占研究区总面积的 8.16%，其分布较为集中，主要分布于 A 县境内的主河河体核心保护区域、东南部的九岭山区域，区域内大中型水库、北部低山丘陵岗地等区域也有少量斑块分布，这些地区是维护区域生态安全的核心区域，生态环境脆弱，人类活动对其影响反应剧烈，是生态环境保护的底线安全区域，因此，应加强生态环境保护和生态基础设施建设，严格禁止城镇开发建设等人类活动，保持生态平衡。危机型生态红线空间面积为 379.61km²，占研究区总面积的 8.42%，其主要分布于 A 县主河水系的外围以及底线型生态空间的周边，分布较为零碎，对区域生态系统的安全保障承担着重要作用，也应加强生态环境保护和生态基础设施建设，严格控制城镇开发建设等人类活动。缓冲型生态红线空间面积为 2133.48km²，占研究区总面积的 47.35%，其分布较为集中，主要分布于地势较高的 A 县东北部和西南部，这些地区应在保护生态环境的同时，允许有条件地进行城镇开发建设活动，履行严格的用地审批和生态环境保护要求，禁止盲目开发建设，合理规划，从而实现人与自然和谐相处。

6.3.4 基于生态保护红线空间的国土空间冲突分析

将现状国土空间中的建设空间、农业生产空间与生态红线空间进行叠加，叠加后，通过分析建设用地和农业用地与生态保护红线空间的位置关系来识别国土空间冲突。

从表 6-8 可以看出在 2020 年 A 县地区人类活动剧烈的土地利用类型中，仅有约 44.65%的建设空间是处于生态安全或生态较为安全的空间内，有 22.15%左右的建设空间是处于脆弱甚至极脆弱的生态环境中，对于这些区域，一方面存在着较大的生命财产风险，另一方面它们的存在对区域自然环境、生态安全也构成极大的威胁。而在农业生产空间中，有接近 50%是处于安全或者较安全的区域中，而约有 13%处于脆弱甚至是极脆弱的生态环境中，这部分农业生产空间的存在对区域生态环境构成了较大的威胁。

表 6-8　A 县现状国土空间生态安全冲突区

关键性生态空间	建设空间		农业生产空间	
	面积/km²	占比/%	面积/km²	占比/%
非生态红线空间	98.84	44.65	199.11	48.57
缓冲型生态红线空间	52.00	23.49	112.90	27.54
危机型生态红线空间	21.48	9.70	42.91	10.47
底线型生态红线空间	49.04	22.15	55.02	13.42
合计	221.36	100	409.94	100

6.4　生态安全格局划定结果

6.4.1 生态系统服务供需空间格局

由于 X 城市群区域之间的土地利用结构和自然环境的差异，生态系统服务供给量的空间格局呈现出明显的差异性。生态系统服务价值的范围为 $0 \sim 2.24 \times 10^7$ 元，高服务价值区域主要集中在北部植被区、东南部植被区以及南部植被区，低服务价值区域分布于该地区的城市市区范围。总体而言，生态系统服务价值在空间格局方面呈现"中心-外围"模式，且表现出向外递增的趋势。造成这种空间分布格局的主要原因是城市群的城市化发展模式由中心向外围扩散，且市区内城市用地比例较高，而城市用地的生态系统服务当量价值为 0。因此，市区内的生态系统服务价值较低，而周边县域的植被和水域范围的生态系统服务价值较高。可以看出，生态系统服务的空间分布受土地利用类型的影响较大。

X 城市群生态系统服务需求量的空间分布格局与城市群城市化水平格局非常相似。三个城市的市区是城市群生态系统服务需求量的高值集聚区，呈现出从市区向周边地区依次递减的空间分布特征。城市群的生态系统服务需求量存在区域差异性，主要是由人口、经济、城市用地比例等发展要素差异性导致。具体而言，城市群市区范围城市建设、发展政策、发展规模等方面优势显著，促使经济发展、人口集聚以及城市用地扩张速度快，从而这些地区的生态系统服务需求量相对较高。

6.4.2　生态阻力面空间格局

根据 MCR 模型分别确定陆地和水域的生态阻力值，利用 ArcGIS 10.2 中的距离分析功能，以生态源地为源计算得到陆地和水域的生态阻力面。从陆地阻力面来看，平均生态阻力值为 16.88，生态阻力面表现出由市区向周边地区依次递减的趋势，高阻力值区域集中分布于城市群的城市用地范围内，以及内部交通周围；低阻力值区域集中分布于城市群的南、北部植被区域，这些区域的土地利用类型主要为林地和草地。从水域生态阻力面来看，平均生态阻力值为 43.31，生态阻力面呈现出以湘江流域为骨架，串联起城市群范围内各大支流和湿地。生态阻力值高的区域与陆地生态阻力面分布特征一致，集中分布在城市用地区域和未利用地区域；低阻力值区域集中分布于河流湿地区域。

6.4.3　生态源地空间格局

运用 Apache Spark 中的贝叶斯方法模拟城市群生态源地的精度达到 98.73%，该精度非常高，说明模型适合对生态源地进行模拟。X 城市群生态源地的空间格局呈现出东北部高、中部低、东南部高。城市群的中部地区生态源地的面积最小，是城市群的经济社会发展水平最高区域，该区域城市开发程度最高、人口集聚最为密集，所以除生态绿心保护区外，生态源地分布非常少。而东北部和东南部等区域的植被覆盖率高，生态源地的面积较大。其中，整个城市群生态源地面积为 3686 km^2，占生态用地总面积的 56.12%，占城市群面积的 42.72%。从土地利用类型来看，城市群生态源地主要由林地和水域两种土地利用类型构成，面积分别为 3051 km^2、404 km^2，两者占生态源地总面积的 93.73%。

6.4.4　生态廊道和生态战略点的空间格局

X 城市群的生态廊道包括陆地和水域两种生态廊道。总长度为 870 km，其中，陆地生态廊道为 504 km，水域生态廊道为 366 km。陆地生态廊道上共有"战略点" 27 处，其中 17 处位于三个城市市区的外围，这些地方的生态阻力值高，不利于生物的移动，另外有 10 处位于东北部、南部的生态源地的外围，这些地方的生态阻力值低，生物的移动量大。水域生态廊道共有"战略点" 10 处，其中，7 处位于城市群市域外围城市用地与河流交会处，包括城市群地区的综合航运枢纽、流域污染治理区，这些区域污染严重，表现出较高的生态阻力值，阻碍了水生生物的移动。

6.4.5　生态安全格局构建

X 城市群生态源地主要包括贯穿城市群区域的水域、湿地以及山区林地，按照生态源地的空间分布可以划为 7 个组团。同时，生态廊道呈现出"两横三纵"的空间格局，其中，陆地生态廊道呈现环状形态格局，水域生态廊道以河流水系为骨架贯穿整个城市群，构成城市群内 7 个组团之间生物移动的通道，以保持城市群内生态组织的连通性。生态战略点主要位于市区外围、城市用地与生态用地交集地带以及南北生态源地大面积区的外围，是保障生态廊道通畅性和生态结构完整性亟须修复的关键枢纽。

通过与研究区范围内的 15 处国家级和省级的森林公园、湿地公园、风景名胜区进行空间叠加，发现其全部位于本书构建的生态安全格局范围内，具体包括森林公园、国家级森林公园和湿地公园以及风景名胜区。以上区域拥有丰富的物种、较高的植被覆盖和生态系统服务价值，对维持城市群生态系统的健康具有重要作用。城市群陆地生态廊道呈环状分布，陆地生态廊道主要分布在植被覆盖相对较高的丘陵地带，避开了受人类行为影响较大的城市用地，为源地斑块间的空间联系起到桥梁的作用。而水域生态廊道与该区域的河流的空间位置非常吻合，主要是水体的阻力面系数设置得非常低，这与许多研究得到的结果一致（Peng et al.，2018a；2018b），表明水体是生物迁移最容易的区域。通过与城市群实际情况和现有研究成果对比验证，可以认为本书构建生态安全格局的方法体系是可靠的。

6.5　结论与讨论

6.5.1　结论

根据不同类型土地生态功能及评价目标的差异性，本章分别从生态系统服务功能重要性和生态系统敏感性两个方面，选取水源涵养、土壤保持、生物多样性保护、洪涝灾害以及地质灾害等 5 个单因子生态过程，利用生态保护红线评价方法，并基于 RS 和 GIS 等相关空间信息技术对研究区生态保护红线进行划定，得出如下结论。

（1）本章将 A 县生态保护红线空间划分为底线型生态红线空间、危机型生态红线空间和缓冲型生态红线空间。通过叠加分析，结果表明 A 县生态保护红线面积为 2880.64km²，大约占研究区总面积的 63.93%，其中缓冲型生态红线空间占比最大，达到 47.35%，大约占全区面积的 1/2。

（2）危机型生态红线空间和底线型生态红线空间次之，分别为 8.42% 和 8.16%。辨识结果较好地反映维护区域自然生态环境和人类活动范围的空间分布特征，也验证了提出构建识别区域生态保护红线评价方法的可行性。

（3）从国土空间冲突来看，在生态红线空间内，农业生产空间和建设空间面积分别为 210.83km² 和 122.52km²，分别占生态保护红线总面积的 51.43% 和 55.35%。

（4）由于城市建设、发展政策、发展规模等发展要素的差异化影响，城市群的生态系统服务供需关系表现出显著的空间失耦状态，可能导致生态服务需求高的地区出现生态系统退化的现象。生态系统服务供需关系受城市化水平和土地利用等影响，空间分布具有明显的差异性，其中，生态系统服务供给量的空间格局呈现"中心-外围"模式，且表现出向外递增的趋势；而生态系统服务需求量的空间格局呈现出与供给量明显相反的现状，表现出中心向外递减的趋势。

（5）贝叶斯模型适合城市群的生态源地模拟。整个城市群生态源地面积为 3686km²，占生态用地总面积的 56.12%，占城市群面积的 42.72%，以林地和水域为主。生态源地分布呈现东北部高、中部低、东南部高的空间格局，生态源地分布多的区域，其林地覆盖率高，而分布少的区域，其经济发展程度和人口密度较高。

（6）城市群的生态廊道总长度为 870km，其中，陆地生态廊道为 504km，水域生态廊道为 366km，陆地生态廊道呈环状分布于城市群外围，水域生态廊道呈南北走向贯穿整个城市群范围，整体上呈现出"两横三纵"的空间格局。生态廊道上生态战略点共 37 处，其中，陆地战略点 27 处，水域战略点 10 处，主要集中在建成区外围、建设用地与生态用地交集地带。

6.5.2 讨论

本章通过识别 A 县生态保护红线空间，针对不同级别生态保护红线空间提出相应的政策启示，以便更好地保护区域生态环境，构建区域生态安全格局，实现人与自然和谐相处。

（1）针对底线型生态红线空间，可以制定相关政策法规，以法律法规的形式将底线型红线区域纳入城市发展、经济发展、城乡建设用地扩张和耕地开垦的禁止开发区域，同时，在生态保护的核心区域（如区域各流域支流沿岸地带、高山森林区域、水源保护区等）严格禁止任何城镇开发建设活动，切实加强对区域生态环境保护的宣传教育力度，推动公众自觉参与到生态环境保护中来，采取生态保育和生态调控措施，实施退耕还林还湖还草，封山育林以及加大对水源保护区的保护力度，重点区域实施生态移民，从而缓解对当地生态环境的压力。

（2）针对危机型生态红线空间，在实现上述调控措施的基础上，要实施区域土地利用生态补偿政策，界定好补偿的对象、补偿标准和方式等，对合理利用土地资源和保护生态环境的对象从经济利益等方面进行合理补偿，构建土地利用生态补偿的常态化机制，同时，要创新土地利用生态补偿机制，可通过税收等财税手段加大对区域生态环境产生不良影响的经济活动主体征税力度，通过税收杠杆把区域生态安全引向健康道路。

（3）针对缓冲型生态红线空间，在实现上述调控措施的基础上，要加强生态安全的动态监测，合理调控区域土地利用，确定好自然生态用地、农业用地以及城市建设用地等控制指标，保证自然生态用地、农业用地和城市建设用地三者动态平衡，不断优化生态安全格局。同时，环境保护各主管部门要相互协调，及时发现生态环境破坏行为，及时处理，将对生态环境威胁的行为影响降到最低。

农业生产空间和城镇建设空间是受人类干扰强度最大的国土空间，一旦人类干扰强度超过了其生态承受能力，则会影响生态系统功能的正常运行，从而威胁局部甚至全域的国土生态安全。随着我国经济的发展和城镇化水平的提速，人类活动范围的扩大和活动强度的增强，都将会对区域自然生态环境以及维护区域生态安全产生更大的干扰。因此，通过生态保护红线空间的划定，可以提前预警农业生产空间、城镇发展空间与生态红线空间发生冲突的位置，为区域合理而又科学地管理国土空间资源提供依据。

（4）构建城市群生态安全格局的有效性。识别和维护生态安全格局，对于保证区域生态系统结构和过程的完整性至关重要。以往的研究侧重于生态重要性的量化，从而确定生态源地的空间范围和生态廊道的方向。本书提出了一种基于生态系统服务供需关系背景下集成机器学习和最小阻力累积模型方法的生态安全格局构建框架。通过与《湖南省生态保护红线》的城市群 15 处国家级（省级）森林公园、湿地公园、风景名胜区的空间叠加，发现全部位于本书构建的生态安全格局范围内，因此，认为本书的生态安全格局构建方法体系是可靠的。构建出的生态安全格局中，生态源地主要分布在水域、山区林地，这些区域植被覆盖度高，物种丰富，生态系统服务价值较高，对城市群的生态安全具有重要意义。同时，发现陆地生态廊道主要分布在植被覆盖相对较好的丘陵地带，总体避开了人为干扰大的建设用地，能够为源地之间的物种迁移和能量流通起到桥梁作用。而水域生态廊道与该区域的河流的空间位置非常吻合，主要是水体的阻力面系数设置得非常低，这与许多研究得到的结果一致，表明水体是生物迁移最容易的区域。

（5）从城市群整体视角出发，综合生态系统服务供需关系和生态用地现状，利用机器学习明确局部生态用地的转化，结合社会、经济等人为因素，构建未来城市群生态安全格局，相对于现有构建生态安全格局的方法更具准确性和客观性。但是，生态安全格局相关的一些关键问题仍然难以回答。比如，相关重要阈值的设定包括生态源地面积占整个研究区域面积的合适比例、生态廊道的合适宽度等以及如何将不同尺度的生态安全格局整合起来等问题。因此，如何解决这些科学问题是下一步研究的重点。

第7章 国土空间生态安全预警研究

7.1 引　　言

世界各国实践表明，不符合生态规律的人类经济活动，如对土地资源的过度开发、陡坡垦荒、大面积森林砍伐、草场过牧、工业污染、城市过度集中拥挤等，都会引起严重的土地生态危机并造成土地生态系统的退化（Darvishi et al.，2020；Prăvălie et al.，2021；Rienow et al.，2022；Luo and Zhang，2022）。而这些不合理的人类经济活动的本质是通过改变国土资源利用方式和国土空间配置来改变生态系统结构（李秀彬，2002），影响生态系统的正常运行，导致生态系统服务功能的降低（Lambin and Meyfroidt，2010；Zhang et al.，2020）。换句话说，是不合理的国土资源利用和国土空间配置直接引发了国土空间生态安全危机。

造成这一结果的原因包括两个方面，一是人们对土地生态系统缺乏正确的认知，二是国土资源利用和国土空间配置的无序性。随着生态学在土地领域的发展，尤其是景观生态学理论和实践的迅速发展（Yu，1996；Wu et al.，2014），土地生态安全研究取得长足进步，尤其是国土空间生态安全格局的识别，基于景观过程分析和识别国土空间生态安全格局已经成为基本范式（Yu，1996；Peng et al.，2018b；Fu et al.，2020）。

然而，国土空间生态安全格局的识别仅仅是实现国土空间生态安全的第一步，因为国土资源利用和国土空间配置行为常常与国土空间生态安全格局存在突出矛盾，尤其是城镇建设空间的扩张和农业生产的开发（李秀彬，2008；Tian et al.，2022）。这种无序的国土空间利用与配置行为可能来自不科学的规划（Martellozzo et al.，2018；Punzo et al.，2022），也可能是非法的国土空间开发（Li et al.，2013；Romano et al.，2021）。

为实现管理目的，从现场调查或 RS 监测中获得非法开发的信息为时已晚。相反，对可能的非法开发的早期预警，呼吁在生态风险或灾难发生之前就加以预防（Li et al.，2013），即缩短国土空间调控的时滞，可以实现有效的国土空间资源管理和规划。

因此，提前预报由未来国土空间格局变化导致的区域土地生态系统可能面临的风险和危害，进而规范国土空间利用与配置行为，引导国土空间利用与配置行为秩序，即国土空间生态安全预警，成为实现区域国土空间生态安全和国土资源可持续利用的重要手段。

然而真正意义上的国土空间生态安全预警研究较少，相关领域包括土地生态安全预警（Jiao et al.，2021）、土地利用预警（Chen et al.，2018）、土地环境安全预警（Li et al.，2020；Pan et al.，2021）、生态灾害预警（Mourato et al.，2021）等成果为其提供了有力的研究基础。首先，他们厘清了生态领域预警研究的原理，预警源于危机管理和风险管理理论，是对一定区域范围内未来发展的时空范围或潜在的生态风险危害程度进行预测和预报，使决策者能够提前掌握风险大小或灾害严重程度，对可能产生的风险或者危害进行有针对性的防范（Xie et al.，2020）；其次，他们强调了预警研究的基础，即需要明确警情定义和判断依据；最后，他们明确了预警研究的步骤，包括预警指标体系构建、警情分析和排除警情等。

但与已有预警研究不同的是，国土资源利用变化和国土空间格局是通过改变土地生态系统的结构，进而影响其功能，而土地生态系统是一个自然系统，有其自身的运行规则，因此，沿用社会经济系统中构建指标体系的方式作为警情的定义和判断依据并不能有效反映土地生态安全的本质（Xie et al.，2020）。为此，我们将国土空间生态安全预警定义为利用景观生态学原理，通过景观过程（包括城市的扩张、物种的空间运动、水和风的流动、灾害过程的扩散等）的分析和模拟，判别对这些过程的安全和健康具有关键意义的景观元素、空间位置及空间联系，从而识别区域景观生态安全格局。同时，根据资源现状、经济发展、人口需求、社会目标等内容预测不同情景下国土空间变化格局，以景观生态安全格局为刚性框架预报未来国土空间利用与配置潜在的空间冲突范围及其对区域土地生态安全的危害程度，并提出国土空间生态安全风险防范应对之策。

为进一步阐明国土空间生态安全预警，本章在构建区域国土空间生态安全预警框架的基础上，以具体的案例区（A 县）来阐明国土空间生态安全预警机制构建的步骤和过程。案例研究安排如下：第一部分为区域国土空间生态安全预警的框架体系；第二部分为数据来源和研究方法的介绍；第三部分为案例区未来国土空间格局的模拟；第四部分为案例区国土空间生态安全预警；第五部分为案例区国土空间生态安全排警策略。本章的最后，提出关于国土空间生态安全预警机制研究的展望。

7.2　区域国土空间生态安全预警的框架体系

区域国土空间生态安全预警包括四部分内容（图 7-1）：一是区域生态保护红

线的划定；二是区域未来国土空间格局的模拟；三是区域国土空间生态安全警情预报；四是区域国土空间生态安全风险防范策略。

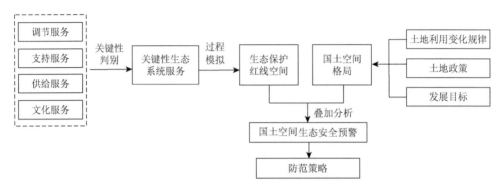

图 7-1　国土空间生态安全预警的框架体系

如同市政基础设施一样，生态保护红线空间就是区域发展所赖以持续的生态基础设施，它为区域及其居民提供综合的生态系统服务，维持区域生态系统结构和过程健康与完整（俞孔坚等，2005）。尽管生态系统提供的四大类服务（调节、支持、供给和文化）同等重要，但不同的生态环境条件决定了不同区域必须优先保护的关键性生态系统服务存在差别，因此关键性生态服务必须满足以下条件：必不可少性、地域关联性、尺度关联性和土地关联性（Yu et al.，2010）。在确定关键性生态服务后，就需要基于景观过程-格局原理，通过景观过程的分析和模拟，来判别对这些过程的安全和健康具有关键意义的景观元素、空间位置及空间联系，从而形成区域生态保护红线空间。

国土空间格局变化模拟要综合考虑三方面的因素，分别是区域发展目标、国土资源利用相关政策和国土资源利用变化规律。区域发展目标和国土资源利用相关政策决定了土地利用变化的数量；而土地利用变化规律决定了土地利用空间变化的规则。一般来说，区域发展目标通常可以通过区域规划性文件（国土空间规划、土地利用总体规划、城市发展规划等）获取。在国土资源利用和国土空间配置相关政策方面，以中国为例，目前来看与国土资源利用相关的政策主要包括永久基本农田保护制度，意味着在永久基本农田保护区内的耕地不能发生生用途转变；耕地占补平衡制度，意味着建设占用了多少耕地，相应就需要开发多少耕地。国土资源利用变化规律则要借助定量分析方法研究获取。因此，将这些因素纳入国土空间变化模拟模型中，可以实现未来国土空间格局的模拟。

将生态保护红线空间与模拟的国土空间格局相叠加，可以在空间上识别出未来国土资源利用潜在的警情，警情级别根据冲突所在位置进行判定，最后，基于不同级别的警情提出相应的防范策略。

7.3 数据来源和研究方法

7.3.1 数据来源

DEM 数据、气象数据、土壤数据、NDVI 数据、NPP 数据、土地利用数据、社会经济数据以及相关规划数据被用于构建 A 县国土空间生态安全预警机制中。其中，DEM、NDVI、NPP 以及土地利用数据来源于中国科学院地理科学与资源研究所。气象数据来自国家气象科学数据中心的中国地面气候资料年值数据集，包括气温、降水等数据。土壤数据源于中国第二次全国土壤调查，相关土壤理化性质和类型由中国科学院土壤科学研究所收集分析。社会经济数据来源于统计年鉴、政府公报。土地利用规划数据来源于地方政府规划部门。所有空间数据都进行重采样到 100m×100m 栅格上，并统一地理坐标系和投影坐标系。另外，X 城市群研究的数据来源同第五章。

7.3.2 研究方法

1. Markov 模型

在国内，国土空间需求量预测往往指的是城镇建设空间的需求量预测，因为中国正处于快速发展的阶段，人口的增长与建设用地不足的矛盾导致中国在制定国土空间规划时都要预测城镇建设空间的需求量。常用的城镇建设空间需求预测方法可以分为定性预测和定量预测，定性预测多根据预测者的经验、专业水平，对事物发展的前景做出预测。这类方法简单但常常会由于掌握的数据不多或主要影响因素难以用数量描述而造成预测结果可信度不高。定量预测方法是指运用数学或统计方法建立模型，利用模型对以往的统计数据进行分析，从而模拟预测结果。常用的定量预测方法有分项预测法、定额指标法和数学模型预测法。运用分项预测法和定额指标法常常需要非常详细的社会经济数据，预测的结果通常是对应到各个详细的二类建设用地，因此规划部门会根据需求选用这两类方法进行预测。数学模型预测法模型较多，常用的有回归预测模型、灰色预测模型、Markov预测模型、趋势外推预测模型等。回归预测模型设计通过建立建设用地面积变化与影响建设用地面积变化的主要影响因子之间的回归方程来预测目标年的建设用地需求量。在预测过程中，我们还需对方程的自变量进行精确的预测才能保证建设用地需求量预测结果的可靠性，但这是很难的。灰色预测法不直接使用原始数列，而是通过累加生成灰色模型，消除数据中其他一些未知或已知因素的影响，从而预测未来某个时点的值，该模型是根据指数曲线发展趋势进行预测，当建设用地总量数据波动较大时，其预测结果往往会偏高。Markov 预测法主要是通过对国土资源利用结构预测来达到预测未来国土空间需求量的目的，土地利用结构就是一个系统，其变化发展的过程，也就是土地利用结构从一种状态到另一种状态的过程，这个过程是完全随机的，并具有转移概率，这也是 Markov 预测模型运行的原理。因此，当国土资源政策较为稳定时，运用该模型预测城镇建设空间需求量较为合理。

Markov 模型是一种基于栅格的空间概率模型，是基于 Markov 过程理论而形成的预测事件发生概率的一种计量方法。它具有无后效性的特性，一般是根据事件目前的状况预测其在未来某个时间的变化情况，而不管该系统是如何过渡到目前状态的，本质是对事件发生概率的模拟预测。具体到国土空间格局模拟，国土资源政策在一定时间内是平稳展开的，国土空间中土地资源利用类型的变化具有双向性，既可以从当前土地利用类型转化为其他土地利用类型，也可以从其他土地利用类型向当前土地利用类型进行转化，在这种随机转化的过程中，土地利用的类型、数量等不断发生变化，因此其存在 Markov 过程理论描述的特质，可以利用 Markov 模型进行国土空间宏观总量预测（陆汝成等，2009）。Markov 模型如下所示

$$X_{t+1} = Y_{ij} \cdot X_t (i, j = 1, 2, \cdots, n) \tag{7-1}$$

其中，X_t、X_{t+1} 分别表示 t、$t+1$ 时刻土地利用系统的状态；Y_{ij} 表示不同时刻的土地利用状态的转移矩阵，通过对区域内不同时刻的土地利用状态转移矩阵进行统计分析，可以构成 Markov 状态转移概率矩阵。

单一的 CA 模型或者 Markov 模型都具有一定的缺点和局限性，但将两者集合起来就具有天然的优势性。利用 CA-Markov 模型模拟各种自然环境因素和人为社会因素相互作用下的区域国土空间格局，可以在一定程度上表达出传统计量经济学模型几乎无法描述的非线性特征，不仅能够对国土资源进行数量模拟，而且加入了较强的空间概念元素，并且能够基于模型模拟结果，提出不同调控情景策略下的国土空间格局优化方案和对策建议。

2. Logistic-CA 模型

20 世纪 40 年代末斯坦尼斯瓦夫·乌拉姆（S.Ulam）和冯·诺依曼（J.von Neumann）提出了 CA 模型，这是一种时间、空间、状态都离散，空间相互作用和时间因果关系都为局部的网格动力学模型，具有模拟复杂系统时空演化过程的能力（赵莉等，2016）。区域国土空间格局变化是一个高度复杂的空间动态非线性过程，是不同尺度上自然环境因素和人文社会经济因素相互作用的结果，既有自

然演化过程，又存在人类活动的干扰导致土地利用格局的变化。因此，传统的计量经济学模型已无法定量分析和动态模拟国土空间格局的变化问题（Lambin and Geist，2001）。CA 是一种时间、空间、状态都离散，空间上相互作用和时间上因果关系的局部网格动力学模型，被广泛应用于国土空间格局过程模拟，它具有强大的复杂计算功能、固有的平行计算能力、高度动态以及具有地理空间概念等特征，特别是其"自下而上"的研究思路，使得它在复杂系统微观空间变化模拟方面具有很大的优势和很强的能力。其主要由元胞（cell）、元胞状态（state）、时间（time）、邻域范围（neighbor）和转换规则（rule）等五个部分组成，基本原理为一个元胞空间下一时刻的状态是上一时刻其邻域状态的转换函数。

本章采用基于 Logistic 回归的国土空间格局 CA 模拟模型。国土空间中土地利用系统是一个动态的复杂系统，具有开放性、自组织性和非平衡性的特点。土地利用变化受到自然、社会和经济等多种要素的影响，其过程具有高度的复杂性。在利用 CA 模型模拟区域国土空间变化时，元胞的土地利用发生的概率主要与元胞自身的区位环境（海拔、坡度）、邻近范围元胞的状态、到城镇中心的最短距离、到最近道路（公路、铁路、地铁等）的距离、到最近河流的距离以及社会经济因素有关。

在基于 Logistic 回归的国土空间格局 CA 模拟模型中，某元胞 $t+1$ 时刻发展为某一空间类型（城镇建设空间、农业生产空间）的概率

$$P_{d,ij}^{t+1} = \mathrm{Pg} \times \Omega_{ij}^{t} \times \mathrm{con}\left(S_{i,j}^{t}\right) \times R \tag{7-2}$$

其中，随机项：$R = 1 + (-\ln r)^{\alpha}$。$r$ 表示 0～1 的随机数，α 表示控制随机变量的参数，值域区间为 $[1, 10]$。

开发适宜性：$\mathrm{Pg} = 1/(1 + \exp(-z_{ij}))$。其中，$z_{ij} = a + \sum b_k x_k$，$a$ 表示常数项，b_k 表示空间变量的权重，x_k 表示空间变量，如到最近公路的距离等。

约束条件函数：$\mathrm{con}\left(S_{i_m}^{t} = \mathrm{suitable}\right)$。其值域区间为 $[0, 1]$，S 表示 t 时刻元胞的状态。如果该状态越有利于向某一空间类型发展，其值越接近于 1；反之，则其值越接近于 0。

领域函数：$\Omega = \sum \mathrm{con}/8$，即 t 时刻元胞的 3×3 领域对其的影响值。得出单元发展概率后，还要判断元胞是否发展为某一空间类型，往往给定一个阈值，比较元胞发展概率与阈值的大小。

3. Logistic-CA-Markov 模型

Logistic-CA-Markov 模型主要由 Markov 模型宏观总量预测模块和 Logistic-CA 模型微观演化格局预测模块两个子模块组成。从单一的 CA 模型或者 Markov 模型在总量预测和时空模拟方面存在缺陷的角度出发，引入情景分析方

法，首先，设置三种不同发展情景的国土空间格局，即底线型、缓冲型和理想型，在每一种情景中都嵌入政府的国土空间规划政策目标。根据每一种不同情景预测未来各空间类型总量，并以未来国土空间中土地利用总量预测值控制 CA 迭代时间和迭代次数。其次，以 CA 模型为基础，选择影响国土空间变化的自然环境因素和人文社会经济因素，通过 Logistic 回归的 CA 元胞适应度计算、邻域空间影响以及强制性约束条件的确定，引入随机干扰项后，以元胞综合转换概率代替复杂的转换规则的制定。最后，在 GIS 技术支持下，通过 Markov 模型宏观总量预测和 CA 模型微观演化格局预测两方面优势结合进行区域国土空间格局情景变化模拟。

1）Markov 模型国土空间宏观总量预测子模块

不同国土空间格局情景下的区域国土空间宏观总量预测主要是根据《X 县土地利用规划》确定的最低耕地保有量、基本农田保护面积以及城乡建设用地总量约束条件，在考虑规划基期现状数据的基础上，预测城乡建设空间总量、农业生产空间（耕地总量）以及未利用地总量情况。

2）全局转换概率确定

在国土空间格局模拟过程中，元胞单元转换为其他空间类型的概率越高预示着其发展为其他土地利用类型的适宜性越大。国土空间适宜性可以通过一系列影响国土空间中土地利用变化的空间变量进行测度，这些变量包括土地演化过程中的自然环境因素和人文社会经济因素等。本章借鉴相关 Logistic 回归模型的文献，构建 CA 元胞适宜性计算公式。具体计算公式为

$$P_{d,ij}^{t+1} = \text{Pg} \times \Omega_{ij}^t \times \text{con}\left(S_{i,j}^t\right) \times R \qquad (7\text{-}3)$$

$$P(i_m) = E\left(Y_m \mid X_i\right) \qquad (7\text{-}4)$$

其中，$P(i_m)$ 表示空间单元 i 在元胞状态 X_i 时，选择第 m 种土地利用类型的发生概率，即选择事件 Y_m 的发生概率；X_i 表示土地利用变化的影响因素，如距城镇中心的距离、地形坡度、距河流或湖泊的距离、人口密度等；$m \in \{$耕地，城乡建设用地，生态用地，未利用地$\}$。

对 Logistic 回归方程组采用 Theil 正规化之后，国土空间转换率可以表示为

$$P(i_m) = \frac{\exp(\alpha_m + \beta_m X_i)}{1 + \sum_{m=2}^{n} \exp(\alpha_m + \beta_m X_i)}, \quad m = 2, \cdots, n; \text{且} \sum_m P(i_m) = 1 \qquad (7\text{-}5)$$

通过对方程组进行求解，可以得到在一定时期内元胞单元 i 从原来的土地利用类型转移为土地利用类型 m 的概率集合，每个元胞单元对应的概率最大值，就

是该元胞在下一时期可能转换的土地利用类型；研究主要保存各地类的元胞适宜度作为 CA 模型全局转换率，$P(i_m)$ 值在区间 [0, 1] 之内。

3）局部转换概率确定

元胞单元全局转换概率只考虑到各种空间距离变量（如距城镇中心的距离、地形坡度、距河流或湖泊的距离、人口密度等）对其土地利用类型转换的影响，而 CA 模型的邻域对土地利用类型转换具有非常重要的影响，因此，在进行元胞单元转换时还需要考虑邻域对元胞中心单元的影响，在 CA 模型中增加了使土地利用类型趋于紧凑的动态模块，能够防止元胞空间布局凌乱的现象。具体计算公式为

$$\Omega_{i_m}^t = \frac{\sum\limits_n \mathrm{con}(i_m)}{n-1} \tag{7-6}$$

其中，$\Omega_{i_m}^t$ 表示 t 时刻第 i 个地块单元上适合第 m 种土地利用类型转换的局部概率；$\mathrm{con}(i_m)$ 表示元胞邻域范围内｛耕地，城乡建设用地，生态用地，未利用地｝的总数目，n 表示该邻域范围内的总元胞数目。

4）强制性约束条件的设定

在 CA 模型中还必须综合考虑客观的元胞单元约束条件，譬如河湖水体、基本农田等转换成建设用地的可能性一般比较低。因此，在 CA 模型中有必要引入元胞单元的约束条件 $\mathrm{con}\left(S_{i_m}^t = \mathrm{suitable}\right)$，$\mathrm{con}$ 值在区间 [0, 1] 之内。

5）随机干扰因子的设定

国土空间在扩展和转换过程中还受到各种政治因素、人为因素、随机因素和偶然事件的影响和干预，特别是人为因素，使其演化过程更为复杂。因此，为了使 CA 模型的运算结果更接近实际情况，反映出土地利用系统所存在的固有的不确定性，在改进的约束性 CA 模型中引进了随机干扰项。具体计算公式为

$$R = 1 + (-\ln\gamma)^\alpha \tag{7-7}$$

其中，γ 表示值在 [0, 1] 区间范围之内的随机干扰项；α 表示控制随机变量影响大小的参数，取值范围为 [1, 10] 区间范围之内的整数。

6）元胞综合转换概率的确定

元胞综合转换概率需要综合考虑全局发展概率、局部邻域转换概率、强制性约束条件和随机干扰项的影响，任意元胞单元在 $t+1$ 时刻的转换概率的具体表达式为

$$P_{总}^{t+1} = P_{i_m}^t \times \Omega_{i_m}^t \times \mathrm{con}\left(S_{i_m}^t = \mathrm{suitable}\right) \times R \tag{7-8}$$

其中，$P_{总}^{t+1}$ 表示元胞单元在 $t+1$ 时刻转换的综合概率值；$P_{i_m}^t$ 表示元胞单元的全局转

换概率值；$\Omega_{i_m}^t$ 表示元胞单元的受邻域空间范围影响的概率值；$\mathrm{con}\left(S_{i_m}^t = \mathrm{suitable}\right)$ 表示元胞单元的强制性约束条件值；R 表示土地转换过程中的随机干扰因子。

将综合概率值标准化到区间 $[0, 1]$ 之间，与所选择的定义的转换为目标空间（建设空间或者耕地空间）的阈值 $P_{\mathrm{threshold}}$ 进行比较。

$$\begin{cases} P_{\text{总}} \geqslant P_{\mathrm{threshold}}, & \text{转换为目标用地} \\ P_{\text{总}} < P_{\mathrm{threshold}}, & \text{转换为其他用地} \end{cases}$$

当 $P_{\text{总}} \geqslant P_{\mathrm{threshold}}$ 时，土地直接转换为目标用地，当 $P_{\text{总}} < P_{\mathrm{threshold}}$ 时，土地转换为其他用地类型。其转化规则定义为：在局部约束条件中，统计当前元胞周围邻域范围内的其他用地类型像元数目，根据上述公式分别计算每种土地利用类型的转换概率，而全局转换概率与随机干扰因子不变的情况下，分别计算每种土地利用类型的转换概率并取最大值作为该种土地利用类型。

$$\begin{cases} P_{\text{总}} \geqslant P_{\mathrm{threshold}}, & \text{转换为}i\text{的土地利用类型} \\ P_{\text{总}} < P_{\mathrm{threshold}}, & \text{保持原有土地利用类型不变} \end{cases}$$

其中，i 表示除目标用地外的其他土地利用类型中的一种。

4. SD 模型

以反馈控制理论为基础，用于研究时间变化的复杂系统问题，并通过模型模拟分析要素之间的相互作用关系与系统状态的变化趋势，适合运用于定量研究复杂系统随时间变化的问题（熊鹰等，2013）。目前，SD 模型已被广泛应用到社会、经济、环境等复杂系统中，用于预测分析及优化调控。而城市用地扩张与生态环境保护之间远没有达到共生发展的状态，亟须对两者构建的复杂系统进行仿真模拟和优化调控。城市用地扩张系统受到经济社会、自然要素、制度政策等因素影响，且各个因素之间有着复杂的相互作用关系，常规的线性预测模型难以全面、系统地对城市用地扩张进行模拟。因此，本书选用 SD 模型对城市群城市用地扩张的非线性规则进行仿真预测。

SD 建模主要步骤如下。①系统分析。对城市用地扩张复杂系统进行分析，确定系统的框图和空间边界。②结构分析。进行系统层次划分和变量定义，按照各子系统分别构建变量之间的反馈关系。模型的变量主要包括：水平变量（L）用于表示积累效应；速率变量（R）用于反映指标的变化速度；辅助变量（A）用于表征 L 和 R 两个变量中间的变量；常数（C）用于代表不会发生变化的系统参数。③模型构建。基于结构分析，构建系统的因果关系图，设计变量变化的方程。④模型调试。设定基准年，进行模型调试，与实际情况对比后对系统模型做出调整。⑤模型验证与仿真模拟。对模型调试至精度达到研究要求后，再应用模型进行不同情景的仿真模拟。

（1）X 城市群国土空间类型划分。参考现有文献中关于"三生"空间的划分标准（Fan et al.，2018），以及城市群都市区农业多功能性的形成、经济体量和人口规模的壮大、生态系统服务需求量的提升等特征，最终将国土空间类型分为城镇建设、都市农业以及生态三种空间。城镇建设空间是指维持人类生活的用地空间，参照《城市用地分类标准与规划建设用地标准》对相同功能的建设用地进行合并，最终将城镇建设空间分为居住及配套用地、工业用地和商服用地，这类空间基本由不透水地表覆盖。都市农业空间是用来供应城市群都市区的农产品和休闲娱乐，主要包括耕地。生态空间是通过生态产品和生态服务供应来维持人类生存，主要包括林地、草地和水域。三大空间存在彼此相互驱动、相互胁迫和相互约束的耦合协调关系，具有非线性、动态性和系统性（李伯华等，2018）。

（2）系统框图与空间边界。随着城市用地扩张和经济社会发展，人们对生态环境的需求日益提升，生态环境压力也逐渐提高。然后，这种"压力"反过来又推动城市进一步开发，通过改变城市用地的"状态"来影响生态环境。从压力增长和状态变化的视角来降低人类行为的干扰，生态环境在自我调节和管理干预的共同作用下进行"响应"。整体上，可以认为解决城市群土地利用不合理的问题就是需要城市群形成"PSR"之间的共生机制。因此，本书制定了城市群城市用地扩张仿真模拟的系统框图（图 7-2）。

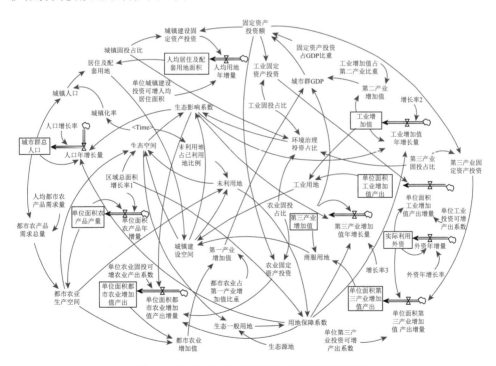

图 7-2　城市群土地利用及空间格局系统流图

系统空间边界为 X 城市群，具体包含 3 个城市市区范围以及 3 个县的行政范围。时间界限以 1995 年为基准年，以 1996～2018 年指标数据拟合系统的仿真方程，对 2019～2035 年城镇空间、都市农业空间以及生态空间进行仿真模拟，时间步长为 1 年。其中，研究期间部分县的行政区划有所调整，其中，两个县撤县设区等，需要说明的是，本书从城市群整体视角出发，故行政区划的调整，不影响整个系统空间边界。

（3）模型指标与反馈关系。国家治理体系和治理能力现代化对城市群国土空间提出了新要求，空间结构失衡和空间生产异化成为城市群国土空间优化和治理的关键问题。共生机制是对系统理论的优化，复杂系统中的控制参数达到阈值时，系统内所有子系统之间的相互共生关系将取代相对独立和相互竞争的关系（Zhou et al.，2017）。新的治理体系决定了国土空间必须保障用地需求和维持生态健康，作为生态健康和用地保障最为直接的生态影响系数（Li et al.，2020）和用地保障系数（Liu et al.，2020），可以用于评价城市群国土空间的模拟结果和预测国土空间的可持续发展程度。因此，本书以权衡城市开发与生态保护为主线，并引入生态影响系数和用地保障系数作为衡量国土空间可持续发展程度，以此调整"三生"空间用地供给比例。参考国土空间评价和模拟的相关文献（Sheng et al.，2018），将国土空间仿真系统划分为四个子系统，分别为经济产出、生活宜居、用地保障和生态健康，并根据第四章两者交互作用的研究结果，选取了 8 个水平变量、7 个速率变量、25 个辅助变量、22 个常数变量，不同变量与国土空间模拟存在关联且作用强度具有差异，如图 7-2 所示。经济产出是国土空间开发的目的，涉及一、二、三产业的产出效率和变化趋势，选取单位面积三次产业规模、效率及外资利用效率等指标进行表征；生活宜居是国土空间开发的目标，以居住面积、公园绿地及路网密度等指标进行表征；用地保障是国土空间开发的基础，以各类用地面积和用地保障系数等指标进行表征；生态健康是国土空间开发的前提，从生态系统的适宜性、安全性等方面选取生态一般用地、环境投资占比、生态影响系数等指标进行表征。

根据城市开发与生态保护两者子系统之间的胁迫与制约交互作用，形成了多重反馈的因果关系，可以归纳为四条反馈回路：①经济子系统呈正向反馈的作用关系，产业集聚促进 GDP 的增加，产业发展的固定资产投资总额也随之增加，三次产业单位面积的产出效益也得到提升，并进一步助推产业用地规模扩大。②社会、经济和土地利用三大子系统之间表现出负向反馈的作用关系，产业集聚、人口增长对城市用地提出更大的需求，土地资源短缺、用地保障水平降低将制约人口增长和产业集聚。③社会、经济和空间格局三大子系统之间也表现出负向反馈的作用关系，伴随产业集聚、人口增长，城镇建设空间扩张必然侵占生态要素空间，生态空间缩减致使生态环境风险上升，将会制约人口增长和产业发展。④社会、经济和生态空间三大子系统之间还存在正向反馈的作用关系，一方面伴随经济社会发展，对土地集约利用程度提出更高要求，使得农业生产和城镇建设过程中未能有效利用的土地得到开发利用，进而防止生态空间被侵占；另一方面经济发展使得用于生态环境改善的资金更加充盈，促进生态保护、环境治理工作的开展，上述两者均能降低生态风险，提高城市群的宜居性，增加城市群对人口、产业和外资的吸引力。

（4）模型构建。依据上述系统结构，为进一步明确系统中的变量因素及其相互作用的关系，绘制了系统流图（图 7-2）。

（5）参数及方程。根据研究内容和变量的性质，所使用的方程包括：常量方程（C）、速率方程（R）、其他方程。

"生态影响系数"为"由于城市用地扩张导致生态要素空间被侵占，从而产生对经济社会发展的消极影响"，方程表达式为"生态影响系数 = (1 + 环境治理投资占比×系数 A)×(生态空间×系数 x + 都市农业生产空间×系数 y)/区域总面积"；系数 A、系数 x、系数 y 通过多年历史数据拟合求取，模型中取值分别为 0.25、1.30 和 0.30。

"用地保障系数"为"后备土地资源满足社会经济发展用地需求的程度"，方程表达式为"用地保障系数 = (生态一般用地 + 未利用地)/(区域总面积×系数 B)"；系数 B 通过多年历史数据拟合求取，模型中取值为 0.143。

（6）情景设置。以城市群现有发展模式作为传统发展情景，该情景假设城市用地扩张不受其他条件约束，以现状发展趋势进行扩张；然后，在分析现状和构建共生机制的基础上，参考省级和市级的城市总体规划，对模型进行扰动分析，提取出 16 个敏感性决策变量，并观察相关目标变量的变化情况，形成发展经济、生态保护和协调共生三种情景模式，模型调控参数见表 7-1。为了保证情景的合理性，一方面，假设自然环境条件在预测期内不会发生变化，或者变化不大，并且对国土空间变化的影响不大。换句话说，自然环境条件将遵循历史时期观测到的平均值。另一方面，本书根据历史时期的社会经济发展情况设定了传统发展情景。四种情景将为国土空间模拟和未来的经济社会高质量发展提供参考依据。

方案一：传统发展情景。按照区域现有的经济集聚、人口增长和城市用地变化情况进行模拟，相关决策变量维持现状发展趋势。

方案二：发展经济情景。突出经济发展的重要性，以方案一为基础，固定资产投资向产业倾斜，提高各产业增加值的增长率，产业规模扩大将需要更多的用地指标。

方案三：生态保护情景。本方案考虑到用地紧张和生态退化对社会经济发展的影响，旨在提升生态系统服务功能，提倡节约用地的生产生活方式，缓解土地资源供需矛盾。具体表现为固定资产投资向环境治理倾斜，减少城镇建设、产业发展等方向的投资份额，相应地降低经济增速。

　　方案四：协调共生情景。基于方案三的结果，降低城市发展的固定资产投资总额，对产业结构和投资结构进行调整，提高产业用地的开发效率和产出水平，适当提高城镇建设和都市农业发展的投资份额以提高城市群的宜居水平。

表 7-1　X 城市群土地利用系统调控参数及方案

序号	参数名称	单位	年份	传统发展情景	发展经济情景	生态保护情景	协调共生情景
1	单位面积农产品产量年增长率	%	2035	3	3	5	5
2	工业增加值年增长率	%	2035	5	8	4	4
3	第三产业增加值年增长率	%	2035	10	14	8	11
4	实际利用外资年增长率	%	2035	10.69	10.69	10.69	12.00
5	固定资产投资占 GDP 比重	%	2035	67.95	67.95	67.95	60.00
6	城镇建设固定资产投资占比	%	2035	21.61	23.00	19.00	20.00
7	农业固定资产投资占比	%	2035	0.21	0.25	0.40	0.50
8	工业固定资产投资占比	%	2035	28.61	31.00	28.00	30.00
9	第三产业固定资产投资占比	%	2035	29.50	31.75	28.00	30.00
10	亿元城镇建设固定资产投资可增加人均居住及配套用地面积	m²	2035	0.000 50	0.000 50	0.000 15	0.000 20
11	单位农业固投可增产出系数	—	2035	1.85	1.85	1.85	2.00
12	单位工业固投可增产出系数	—	2035	0.7	0.7	0.7	0.8
13	单位第三产业固投可增产出系数	—	2035	2.0	2.0	2.0	2.2
14	人均都市农产品需求量	kg	2035	410	410	410	430
15	城镇化率	%	2025	84.88	84.88	85.71	85.71
			2030	86.44	86.44	87.85	87.85
			2035	88	88	90	90
16	未利用地占已利用地比例	%	2025			3.16	3.16
			2030	3.96	3.96	2.58	2.58
			2035			2.01	2.01

7.4 A 县国土空间模拟研究结果与分析

7.4.1 国土空间格局模拟

1）国土空间数量预测

由于案例区目前还未制定 2030 年的县级国土空间规划，因此，利用 Markov 模型预测区域自然发展情景下的建设用地总量，预测结果为 322.00km²。同时，耕地数量遵循中国耕地占补平衡政策，保持与预测基期年（2020 年）数量一致，为 450.94km²。

2）国土空间格局变化模拟

基于 CA 模型模拟国土空间格局的方法已十分成熟，近年来常用的 CA 模拟模型有未来土地利用模拟（future land-use simulation，FLUS）模型、地理模拟与优化系统（geographical simulation and optimization systems，GeoSOS）模型等，其中 FLUS 模型利用人工神经网络耦合不同类型的驱动因子计算元胞的土地适应性概率，在此基础上利用自适应惯性和竞争机制解决不同土地利用类型转换时的复杂性和不确定性。而 GeoSOS 模型中包含了 MCE-CA、PCA-CA、Logistic-CA、ANN-CA 和 Decision-tree CA 等多种定量 CA 方法可供选择。为此，在模拟测试环节，这两个模型均被用于测试。我们以 2015 年的土地利用图作为基期数据，以海拔、坡度、坡向、人口密度、人均 GDP、年均气温、年均降雨量、距县域中心的距离、距河流的距离、距道路的距离、土壤含沙量、土壤有机质含量、地形起伏度、土层深度共 14 个因素作为驱动因子，通过模拟 2020 年的国土空间格局来对比真实的 2020 年国土空间现状，结果显示运用 FLUS 模型模拟的实际城市用地精度仅为 62.2%，而 GeoSOS 模型中利用 Logistic-CA 模块模拟出的精度最高，为 75.3%。为此，在案例区 2030 年国土空间格局模拟中，GeoSOS 模型中的 Logistic-CA 模块被选用。

3）国土空间格局模拟结果

根据国土空间格局的发展规律，建设空间在过去十年的变化最为明显，表现出从中心向四周扩散的发展趋势。基于这样的发展趋势，我们模拟了区域 2020 年的国土空间格局，并与 2020 年现状进行精度检测，模拟结果的总体精度（overall accuracy，OA）为 0.967，Kappa 系数为 0.8978，FOM（figure of merit，优质因数）值为 0.7208，总的来说模拟精度较高。为此，我们继续模拟了区域未来国土空间格局，从模拟结果看，区域建设空间仍然呈现从县域中心向东南方向扩张的趋势，此外，部分乡镇沿着道路呈条带状扩张趋势。

7.4.2　国土空间生态安全预警结果

国土空间生态安全警情主要来自建设空间的扩张和农业生产空间不合理的开发，新增建设空间带来的生态安全警情主要表现为重警和轻警，且警情分布较为集中，其中，重警主要分布在研究区的东北部，少量分布在中部；轻警主要分布在西部和东南部，少量分布在研究区的北部。此外，模拟的新增建设用地也存在少量中警，主要部分在研究区的中部。

新增耕地空间带来的各类生态安全警情均有分布，其中，重警较为集中地分布在研究区的东部，少量分布在中部和东南部；轻警主要分布在东南部和西部，中警在研究区范围内有零星点缀。

将新增建设用地和新增耕地情景综合后可知，重警分布较为集中，主要在研究区的东北部；中警较为集中地分布在中部；轻警分布较为分散，主要在县域的东南部和中西部等地。

7.4.3　国土空间生态安全预警防范策略

从前文分析的结果看，在自然发展情境下，国土空间格局变化会给区域生态安全带来较大的威胁。因此，为提前防范可能的威胁，我们针对每一级警情制定了相应的防范策略。

（1）针对重警的防范策略。如出现重警警情，意味着新开发的建设空间或耕地空间侵占了区域底线型生态红线空间，会破坏区域生态系统且难以恢复。一方面，应在易发生重警的区域建立国土空间生态安全重警防范机制，提高管理者对该区域土地利用用途变更的戒备。具体来说，对于案例区易发生重警的乡镇，应制定符合区域生态安全的国土空间规划，可将本书中生态保护红线空间作为乡镇国土空间规划的底图以限制建设用地和耕地的开发范围。同时，区域土地利用用途变更应严格遵照划定的国土空间规划。另一方面，加强对非法建设用地的防范，例如，设置非法建设占用的强处罚规制规则以提高非法建设占用的成本，建立非法建设占用的及时响应机制以将非法建设占用遏制在初始阶段，加强对非法建设危害的宣传等。

（2）针对中警的防范策略。如出现中警警情，意味着新开发的建设空间或耕地空间侵占了区域危机型生态红线空间，会阻碍区域生态系统的正常运行且较难恢复。因此，应在易发生中警的区域建立国土空间生态安全中警防范机制。具体来说，对于案例区易发生中警的乡镇，管理者、决策者应熟知易发生中警警情的空间范围，对于选址要求不高的开发建设应杜绝其在该范围内选址。而对于必须在该范围内选址的开发建设，则应开展生态风险评估，针对每一具体的风险做好应对方案，例如，在地质灾害较敏感的区域内开发建设，应采取加固地基和相应的防护措施等。

（3）针对轻警的防范策略。如出现轻警警情，意味着新开发的建设空间或耕地空间侵占了区域缓冲型生态红线空间，在不辅以相应生态环境保护措施的情况下易干扰生态系统或造成区域生态系统轻微受损。因此，在易发生轻警的区域应成立专门的国土空间生态修复机构，并建立相应的生态修复机制，并针对每一种轻警（水源涵养生态服务受损、水土保持生态服务受损和生态廊道受损等）做好修复预案，一旦轻警警情发生及时采取生态修复措施。

7.5　X 城市群国土空间规模预测研究结果与分析

7.5.1　SD 模型仿真评价

运用 Vensim-PLE 5.10 软件对模型进行检验，发现模型的因果关系、变量设置等方面都比较合理；对模型进行一致性检验，以 2015 年为基准年，仿真计算 X 城市群 2015～2018 年城镇空间、生态空间、GDP 和总人口，与 2015～2018 年实际结果进行对比分析，发现模拟结果的拟合误差都低于 5%（表 7-2），说明模型整体上符合城市群土地利用及空间格局模拟的精度要求。

表 7-2　X 城市群土地利用及空间格局系统仿真数据对照表

年份	总人口			GDP			生态空间			城镇空间		
	实际值/万人	仿真值/万人	误差/%	实际值/亿元	仿真值/亿元	误差/%	实际值/km²	仿真值/km²	误差/%	实际值/km²	仿真值/km²	误差/%
2015	833.9	833.9	0	9 175.8	9 175.8	0	4 663.9	4 732.9	1.48	782.5	767.6	−1.91
2016	853.7	859.3	0.66	9 921.6	9 916.9	−0.05	4 675.9	4 690.6	0.31	812.6	823.3	1.32
2017	884.7	885.3	0.07	10 759.4	10 722.8	−0.34	4 663.8	4 643.9	−0.43	845.5	834.8	−1.27
2018	916.8	911.6	−0.57	11 475.4	11 598.1	1.07	4 615.4	4 592.8	−0.49	893.1	902.3	1.03

7.5.2　动态仿真模拟

1）模拟设置

以 2018 年数据为基准（表 7-3），模拟步长设置为 1 年，模拟的终点时间为 2035 年，模拟的内容主要包括城市群的人口、经济和国土空间的变化。通过拟合历史数据设定变量的初始值，变量变化率参考了省级和市级的相关规划。结合控制变量的设定原则和系统模拟过程，调整四种情景的变量组合，建立其发展情景。

表 7-3　2018 年 X 城市群土地利用系统主要指标

指标名称	单位	数值	指标名称	单位	数值
城市群总人口	万人	916.8	区域总面积	km^2	8 629
城镇人口	万人	758.1	生态空间	km^2	4 615.4
GDP	亿元	11 475.4	生态一般用地	km^2	929.4
第一产业增加值	亿元	254.5	生态源地	km^2	3 686
第二产业增加值	亿元	4 786.5	都市农业生产空间	km^2	2 967.5
第三产业增加值	亿元	6 434.4	城镇建设空间	km^2	893.1
三次产业结构比例		2.2∶41.7∶56.1	居住及配套用地	km^2	363.5
固定资产投资	亿元	7 797.4	工业用地	km^2	197.3
城镇建设固定资产投资占比	%	21.6	商服用地	km^2	332.3
环境治理固定资产投资占比	%	20.1	未利用地	km^2	153.0
农业固定资产投资占比	%	0.2	实际利用外资	亿美元	84.9
工业固定资产投资占比	%	28.6	人均都市农产品消费需求	kg/人年	0.41
第三产业固定资产投资占比	%	29.5	城镇化率	%	82.7

2）模拟结果

四种情景仿真模型的结果显示,到2035年X城市群城镇建设空间达到1600km^{2}左右，较2018年增长了约79.15%，城市化率达到88%～90%。

在传统发展情景下，2035 年 X 城市群的总人口达到 1338.29 万人；城镇建设空间扩张到 1572.06km^2，增加了 678.96km^2；生态空间缩减至 4322.77km^2，减少了 292.63km^2；2035 年 X 城市群 GDP 将达到 27 041 亿元，增速为 5.2%，三次产业结构比例调整为 2.7∶29.8∶67.5；城镇建设对生态空间的侵占致使生态影响系数由 2018 年的 0.843 下降到 2035 年的 0.778；后备用地资源日益趋紧，用地保障系数由 2018 年的 0.907 持续下降到 2035 年的 0.650，社会经济发展受生态环境恶化和用地供给不足的影响日益严重。

在发展经济情景下，2035 年 X 城市群的总人口达到 1291.31 万人；城镇建设空间扩张到 1763.27km^2，增加了 870.17km^2；生态空间缩减至 4217.79km^2，减少了 397.61km^2；2035 年 X 城市群 GDP 将达到 35 136.2 亿元，增速为 6.8%，三次产业结构比例调整为 2.4∶29.0∶68.6，产业结构略优于传统发展情景；但社会经济发展对土地资源的需求大于传统发展情景，生态空间被侵占的问题更为严重，到 2035 年生态影响系数降至 0.747，用地保障系数降至 0.568，由此，社会经济发展受生态环境恶化和用地供给不足的制约将加剧，这是一种粗放的、不可持续的发展模式。

在生态保护情景下，2035 年 X 城市群的 GDP 将达到 33 337.9 亿元，增速为6.5%，虽不如发展经济情景，但是明显高于传统发展情景；三次产业结构比例调整为 4.3：25.5：70.2，第一产业比重高于上述两种发展情景；2035 年 X 城市群城镇建设空间扩张到 1634.13km²，增加了 741.03km²；生态空间增加到 4810.34km²，增加了 194.94km²；生态环境显著优于上述两种发展情景，土地资源供给充足，生态影响系数在 0.850 上下小幅波动，2035 年为 0.848，用地保障系数则大幅上升，由2018 年的 0.907 提高到 2035 年的 0.973；该情景下城市群宜居水平显著提高，对人口的承载能力均高于上述两种情景，2035 年城市群总人口将达到 1543.23 万人。

在协调共生情景下，2035 年 X 城市群的总人口达到 1480.83 万人；城镇建设空间扩张到 1668.69km²，增加了 775.59km²；生态空间也有增加，发展到4761.35km²，增加了 145.95km²；2035 年 X 城市群的 GDP 将达到 37 294.9 亿元，平均增速为 7.2%，三次产业结构比例调整为 4.5：21.8：73.8，相较于生态保护情景，第一产业比重略微偏高，第二产业比重显著偏低，第三产业比重更高；模拟期内生态影响系数在 0.832 到 0.846 之间小幅波动，2035 年为 0.832，用地保障系数则逐步提升至 2035 年的 0.943，生态环境未出现明显退化，土地资源供给基本能够满足社会经济发展需求。

7.5.3　方案优化调控

通过不同发展情景的模拟结果对比分析，可以发现 X 城市群土地利用系统运行状态存在差异性，见表 7-4。

表 7-4　2025 年和 2035 年 X 城市群土地利用系统方案比较

参数名称		传统发展情景		发展经济情景		生态保护情景		协调共生情景	
		2025 年	2035 年	2025 年	2035 年	2025 年	2035 年	2025 年	2035 年
用地空间格局	生态空间/km²	4 475.60	4 322.77	4 409.77	4 217.79	4 801.49	4 810.34	4 730.56	4 761.35
	城镇建设空间/km²	1 165.09	1 572.06	1 255.57	1 763.27	1 158.15	1 634.13	1 160.68	1 668.69
	其中：居住及配套用地/km²	511.03	837.82	516.85	878.66	484.11	759.03	478.20	755.88
	工业用地/km²	228.69	246.03	255.09	295.39	226.99	256.81	219.83	235.08
	商服用地/km²	425.37	488.21	483.62	589.22	447.05	618.29	462.65	677.74
	都市农业生产空间/km²	2 830.09	2 570.14	2 802.95	2 479.91	2 552.30	2 109.48	2 618.52	2 122.94
	生态影响系数	0.811	0.778	0.788	0.747	0.863	0.848	0.846	0.832

续表

参数名称		传统发展情景		发展经济情景		生态保护情景		协调共生情景	
		2025 年	2035 年	2025 年	2035 年	2025 年	2035 年	2025 年	2035 年
土地供给	生态一般用地/km²	789.60	636.77	723.77	531.79	1 115.49	1 124.34	1 044.56	1 075.35
	未利用地/km²	158.21	164.03	160.72	168.03	117.07	75.06	119.23	76.02
	用地保障系数	0.769	0.650	0.718	0.568	1.000	0.973	0.944	0.934
用地效益	固定资产投资强度/(亿元·km²)	9.88	11.69	10.57	13.54	10.30	13.86	9.32	13.41
	单位面积都市第一产业增加值产出/(亿元·km²)	0.039	0.071	0.043	0.084	0.063	0.168	0.066	0.193
	单位面积第二产业增加值产出/(亿元·km²)	19.349	23.769	19.586	25.014	19.313	24.006	19.464	25.060
	单位面积第三产业增加值产出/(亿元·km²)	24.472	37.365	25.139	40.922	24.304	37.848	24.682	40.595
	人均城镇建设用地/m²	125.8	133.5	136.8	155.2	119.3	117.7	122.3	125.2
经济社会	城市群 GDP/亿元	16 944.8	27 041.0	19 529.4	35 136.2	17 558.9	33 337.9	18 022.1	37 294.9
	人均 GDP/万元	15.52	20.21	18.06	27.21	15.50	21.60	16.27	25.19
	GDP 平均增长率/%	5.7	5.2	7.9	6.8	6.3	6.5	6.6	7.2
	城市群总人口/万人	1 091.71	1 338.29	1 081.24	1 291.31	1 132.5	1 543.23	1 107.85	1 480.83
	其中: 城镇人口/万人	926.42	1 177.16	917.54	1 135.84	970.55	1 388.90	949.42	1 332.75
	三次产业结构（2035 年）	2.7 : 29.8 : 67.5		2.4 : 29.0 : 68.6		4.3 : 25.5 : 70.2		4.5 : 21.8 : 73.8	

从系统整体来看，相较于前面三种发展情景，X 城市群在协调共生情景下空间格局、土地资源供给、宜居水平均处于较好状态，对人口的承载能力虽略低于生态保护情景，但明显高于传统发展情景和发展经济情景，经济增长态势则显著优于前面三种情景。

1）不同情景下城镇建设空间

X 城市群城镇建设空间的变化主要取决于工业、商业服务业和居住及配套设施的用地需求。经济发展和人口增长，导致城市群对土地资源需求日益提升，2018～2035 年 X 城市群城镇建设空间规模呈现持续的扩张态势。按照传统发展情景下的发展趋势，城镇建设用地在模拟期内增幅为 76%，其中工业用地增幅为 25%，商服用地增幅为 47%，居住及配套用地增幅为 130%，人均城镇建设用地由 2018 年的 117.8m² 增加到 2035 年的 133.5m²。在发展经济情景下，城镇建设用地扩张最快，模拟期内增幅为 97%，其中工业用地增幅为 50%，商服用地增幅为 77%，居住及配套用地增幅高达 142%，城镇人均建设用地增加到 155.2m²。在生态保护情景下，城镇建设对用地的需求相对较小，模拟期内增幅为 83%，其中工业用地增长 30%，商服用地增幅为 86%，居住及配套用地增幅为 109%，城镇人均建设用地保持在 117.7m^2。协调共生情景下，城镇建设用地仍有 87%的增幅，其中工业用地仅增长 19%，商服用地需求很大，增长了 104%，居住及配套用地增长了 108%，在四种情景下增幅最小，城镇人均建设用地小幅增长至 125.2m^2。

不同情景下城镇建设空间演变结果显示：①传统发展、发展经济、生态保护和协调共生等四种情景下居住及配套用地占新增建设空间比例分别为 69.9%、59.2%、53.4%和 50.6%，即新增城镇建设空间有一半以上是为了满足城镇人口增长及生活水平提高对居住空间的需求。X 城市群仍处于集聚发展阶段，在完善城市基础设施和公共服务设施的基础上，提倡集约节约的生产方式对于节约用地和城市群健康发展至关重要。②在协调共生情景下，X 城市群的固定资产投资占 GDP 的比重由 2018 年的 67.95%下调至 60%，产业投资向第三产业倾斜，同时也考虑人民生活水平提高对居住环境和食品安全的需求，适当提高城镇和都市农业的投资份额。模拟结果显示，2030 年协调共生情景下新增建设用地较 2030 年发展经济情景少 94.58km^2，但 GOP 较发展经济情景多 2158.7 亿元。传统发展和发展经济两种情景下均表现出的 2018~2025 年平均 GDP 增速明显高于 2026~2035 年平均增速，即模拟期后段经济增速出现下滑的情况；协调共生情景下 2026~2035 年实现年均 7.2%的 GDP 增速，高于 2018~2025 年 6.6%的年平均增速，即模拟期后半段比前半段表现出更好的发展态势。因此，推动产业结构优化升级，提高第三产业对地区经济发展的贡献率，在用地供给上优先满足第三产业的发展需求，既能实现高效的经济效益，又能显著提升土地资源利用效益。

2）不同情景下生态空间

根据前文生态安全格局构建（6.4 节）的研究结果，2018 年 X 城市群生态空间范围为 4615.4km^2，其中有 3686km^2 是生态源地，生态一般用地 929.4km^2。生态源地是 X 城市群的生态基底，3686km^2 是城市群无论如何发展均需严防死守的生态底线，城镇建设所需用地一方面来源于农业生产水平提高而节约出来的农业用地，不足之处则需要侵占现有生态一般用地。在传统发展和发展经济情景下，社会经济发展侵占的生态一般用地分别为 329.60km^2 和 434.57km^2，生态影响系数显著下降，生态系统功能出现明显退化现象，这必将给城市群社会经济发展带来负面影响。而在生态保护和协调共生情景下，生态一般用地分别增加了 157.98km^2 和 109.99km^2，生态影响系数在较高的水平上小幅波动，城镇建设与生态保护之间呈现出良性的互动关系。

后备用地资源一方面来自生态一般用地，另一方面来自零散分布在城镇建设空间和农业生产空间内、因技术水平和开发成本等原因未能充分利用的地块。未利用地占已开发利用地比例在一定程度上反映出土地利用的集约程度，而后备用地资源是否充裕则直接决定了产业发展的速度和水平。四种不同情景中，生态保护情景下后备用地规模最大，为 1199.40km^2，略高于协调共生情景下 1151.37km^2 的土地规模，相较于传统发展情景 800.90km^2 和发展经济情景 699.82km^2 的后备用地规模，生态保护情景和协调共生情景下具有更高的用地保障水平。

3）不同情景下都市农业生产空间

2018 年 X 城市群仍然拥有 2967.5km^2 的都市农业生产空间，它一方面发挥农业生产功能，为城市群提供新鲜和有机的农产品，满足城市群居民的生活需求；另一方面也拥有重要的生态系统服务功能，对保育自然生态、涵养水源、调节气候、改善城市群人居环境起着重要作用。都市农业空间充当着城市群的隔离带，防止城市用地连片扩张形成摊大饼的空间模式；同时基于农业的娱乐休闲功能，开展观光、体验、休闲等农业活动，为城市群居民提供与大自然交流的场所。当前 X 城市群农业生产效率不高，单位面积都市农业增加值产出仅 211.32 亿元/km^2，低于长三角、珠三角等城市群的平均水平，X 城市群农业生产单位面积用地产出还有较大提升的潜力。此外，X 城市群都市农业发展尚处于初级发展阶段，属于城郊农业类型，以商品性的生产为主，农园观光、农园教育、民宿农庄等新型的农业经营方式尚处于初步阶段。

2018～2035 年 X 城市群的都市农业生产空间呈现逐年递减的态势。按照现状发展趋势，到 2035 年 X 城市群的都市农业生产空间将缩减至 2570.14 km^2，而在生态保护和协调共生的情景下，X 城市群的都市农业生产空间分别缩减至 2109.48km^2、2122.94km^2，面积减少量都超过 800km^2，远大于传统发展情景减少的 397.36km^2 和发展经济情景减少的 487.59km^2，但第一产业增加值在生态保护情景和协调共生情景下分别达到 1433.52 亿元和 1678.27 亿元，将近是传统发展情景和发展经济情景下第一产业增加值的两倍。

7.6　结论与讨论

7.6.1　结论

（1）区域国土空间生态安全预警机制的构建有助于规范土地利用秩序，减少因土地无序开发建设导致的生态安全威胁。

首先，本章在界定国土空间生态安全预警概念的基础上，从生态保护红线划定、国土空间格局模拟、国土空间生态安全警情预报和国土空间生态安全风险防范策略四个方面构建了国土空间生态安全预警机制的理论分析框架。在此基础上以江西省 A 县为案例区，进一步阐明区域国土空间生态安全预警机制构建的步骤和过程。通过案例区的研究，结果显示，在自然发展情景下，区域国土空间中城镇建设空间扩张仍然呈现从县域中心向周围扩散的趋势，道路对城镇建设空间的扩张也具有推动作用。在国土空间生态安全警情预报中，案例区重警、中警和轻警均有分布，其中重警分布较为集中，主要在研究区的东北部；中警警情较少，主要分布在中部；轻警分布较为分散。最后，针对警情级别，有针对性地提出了每一类警情的防范策略。

（2）生态影响系数和用地保障系数是评价国土空间合理性的重要指标，也是实现城市群空间高质量发展的关键。

从权衡城市开发与生态保护出发，运用 SD 模型分析非线性问题的优点，设置传统发展、发展经济、生态保护以及协调共生四种发展情景，对湖南省 X 城市群城镇建设空间、生态空间以及都市农业生产空间的需求进行仿真模拟研究。该模型将国土空间变化影响因素分为社会、经济、土地、空间四部分，各子系统之间互为因果关系，形成闭环模型。该模型模拟了 2018～2035 年 X 城市群国土空间变化趋势。通过传统发展、发展经济、生态保护和协调共生等不同情景的模拟，找到城市群国土空间的可持续发展途径。

城市群经济发展和人口增长对土地资源的需求将不断增长，城市群城镇建设空间仍呈现持续扩张态势。2035 年 X 城市群在传统发展、发展经济、生态保护以及协调共生四种发展情景下城镇建设空间面积分别为 1572.06km^2、1763.27km^2、1634.13km^2、1668.69km^2。在传统发展情景下沿用现有的社会经济和土地开发政策，城镇开发空间遵循历史发展趋势，模拟期内增幅为 76%；在发展经济情景下城镇开发空间增幅最大，模拟期内增幅达 97%；在生态保护情景下城镇建设对用地的需求相对较小，模拟期内增幅达 83%；在协调共生情景下，模拟期内增幅达 87%，"生态-生产-生活"三大空间更均衡，有利于 X 城市群空间协同发展。

不同情景下国土空间变化对生态环境和后备用地资源影响差异明显。生态环境影响方面，在传统发展和发展经济情景下，城镇开发空间侵占生态空间面积较大，生态影响系数显著下降，生态系统功能出现明显退化现象；在生态保护和协调共生情景下，生态影响系数在较高的水平上小幅波动、城镇建设与生态空间保护呈现出良性互动的发展态势。后备用地资源影响方面，生态保护情景下后备用地规模最大，略高于协调共生情景；相较于传统发展情景和发展经济情景的后备用地规模，生态保护情景和协调共生情景下具有更高的用地保障水平。

模拟期内 X 城市群都市农业生产空间呈现出逐年递减的趋势，农业生产效率逐年提升的趋势。相较于 2018 年，2035 年 X 城市群传统发展情景下都市农业生产空间将缩减至 2570.14km^2，而在生态保护情景和协调共生情景下，X 城市群都市农业生产空间将缩减至 2100km^2 左右，减少量超过 800km^2，远大于传统发展情景减少的 397.36km^2 和发展经济情景减少的 487.59km^2，但第一产业增加值在生态保护情景和协调共生情景下将近是传统发展情景和发展经济情景下第一产业增加值的两倍。

从系统整体来看，比较其他三种发展情景，X 城市群在协调共生情景下空间格局、土地资源供给、宜居水平均处于较好状态，对人口的承载能力虽略低于生态保护情景，但明显高于传统发展情景和发展经济情景，经济增长态势则显著优于前者三种情景。因此，2025 年和 2035 年两个时间节点上的人口、经济和国土空间结构调整，可以实现土地的可持续集约利用。本章可为进一步的土地供应提供科学依据，为政府决策提供依据。

7.6.2　讨论

当前，与本章密切相关的两个研究领域分别是国土空间生态安全预警和基于"反规划"理论的国土空间格局情景模拟。

国土空间生态安全预警是在土地生态安全评价的基础上，对国土空间生态安全状况模拟和预测（Jiao et al.，2021）。因此，其研究的一般范式是构建国土空间生态安全指标体系，通过评价形成对土地生态系统所处现状及未来发展趋势和状况的判断、预测和警报。由此可见指标体系成为土地生态安全评价和预警结果科学与否的决定性因素。基于大量文献，现有土地生态安全评价指标体系的构建多基于概念模型或框架模型，如 PSR（Boori et al.，2022）、EES（刘孝富等，2010）以及它们的混合模型（Peng et al.，2021）等，从自然、资源、社会、经济和环境等子系统选取若干指标。这种方式可能带来的最大问题是混合各类系统所选取的指标，尤其是较多外部影响因素的选取难以真实反映土地生态系统及其安全的内涵。同时，从最后的评估结果看，它只能反映出土地生态安全的最终状况，较难追溯造成这一状况的根本原因。

与土地生态安全预警的思路不同，首先，如图 7-1 所示，本章从景观格局-过程着手，在判别区域关键性生态系统服务的基础上，通过识别区域重要性生态空间和敏感性生态空间，从而形成区域生态保护红线空间；其次，根据土地利用变化规律、土地政策、发展目标等内容预测国土空间变化格局；最后，以区域生态保护红线空间为刚性框架叠加预测的国土空间变化格局，实现未来国土空间生态安全预警。构建这一思路的原因是国土资源利用变化和国土空间配置本质上改变的是土地生态系统结构，当关键性生态系统结构遭到破坏时，区域土地生态系统安全便遭到威胁。因此，与土地生态安全预警相比，国土空间生态安全预警关注的是未来国土资源利用变化可能对生态系统的威胁和影响。从研究过程看，国土空间生态安全预警不需要考察大量外部因素。从预警结果看，国土空间生态安全预警可以追溯其结果发生的根本原因，即警情具体是由土地利用改变了哪一类或哪几类关键性生态系统服务功能而导致，从而帮助决策者更有针对性地提出解决方案。

"反规划"是一种逆向思维的景观规划途径，其通常的做法是在构建景观生态安全格局的基础上进一步划分出规划控制范围以实现城市空间规划（俞孔坚等，2005）。该理论认为景观生态安全格局相当于城市的生态基础设施，是城市和居民获得持续的自然服务的基本保障，是城市扩张和土地开发利用不可突破的刚性限制（Machado et al.，2019）。随着土地生态安全重视程度越来越高，基于"反规划"理论或思维模拟不同情景下土地利用规划格局成为近年来的热点（Li et al.，2020；Baldini et al.，2022），原因是这种规划模式不仅能够提前保护好区域关键性生态空间，也可以为决策者提供可供选择的多种土地利用规划方案。

　　本章借鉴了"反规划"理论的研究思路，书中提及的生态保护红线空间近似于"反规划"理论中的生态基础设施。但基于"反规划"理论的国土空间格局情景模拟可能仍然对非法开发建设束手无策，依靠卫片检查难以克服信息滞后问题；同时它更侧重于国土空间格局的模拟，无法判断国土资源利用无序行为对生态安全威胁的影响，从而无法做出有效的应对策略。因此通过本章提出的国土空间生态安全预警机制的构建不仅能够辅助区域开展国土空间规划，更重要的是能够针对警情多发地区提前制定国土空间生态风险防范策略，将警情遏制在摇篮。

　　尽管国土空间生态安全预警表现出诸多优势，但其结果的准确性也依赖于多个方面。首先，要能够正确判断区域关键性生态系统服务，这是至关重要的，原因是不同地区的土地生态系统组成不同，所表现出的重要性生态空间和敏感性生态空间存在差异。例如，本章以 A 县为案例区，结合该县实际情况（典型的丘陵山区，具有丰富的森林资源、水资源），识别了水源涵养、土壤保持、洪涝灾害防护、地质灾害防护以及生物多样性维护五类关键性生态空间。但当研究区域发生变化时，如针对干旱的中国西北地区、湿润的沿海地区，上述关键性生态服务便不再适用。其次，关键性生态过程需要科学的模拟，包括研究尺度的确定、模型的选择以及参数的设置等。最后，未来国土空间格局模拟要符合区域发展实际，本章模拟的是区域自然发展情景，而针对不同发展目标，在实际应用中可以设置不同的情景。

　　此外，在本章研究过程中也存在一个值得讨论的问题，即国土空间格局模拟模型的选择。FLUS 模型（Liu et al.，2017）是当前最热门的国土空间格局模拟模型，被应用到珠江三角洲（Liang et al.，2018）、长三角（Zhang et al.，2020）等地，并取得较好的模拟结果。但在本章的模拟测试中，运用 FLUS 模型预测的结果精度却不及 GeoSOS 模型中的 Logistic-CA 模型，通过对比现有文献，我们初步认为 FLUS 模型更适用于城镇化水平较高、城镇整体扩张的城市区域或城市群。对于经济欠发达的县城来说，其城镇扩张呈现以县城为中心向外扩散的形式，利用 Logistic-CA 模型得到了更好的模拟结果。这一判断是否具有普遍性和通用性我们在这章不能提供更多的证据，有待后续进一步探究。

　　城市群国土空间格局变化预测模型的局限性。国土空间变化模拟涉及经济、社会、政策等多方面因素，且各个因素之间存在着相互作用、相互制约的关系。运用 SD 模型对国土空间变化模拟，可以从整体视角对国土空间变化进行动态系统分析，同时，根据历史数据利用仿真技术，反馈各要素之间的相互作用，模拟分析国土空间变化趋势。本书根据城市群实际情况，通过合理调整驱动参数，对国土空间进行情景模拟，定量研究与定性分析相结合，加深对研究区国土空间变化驱动机理的认识。然而，SD 也存在不足，该模型为条件预测，构建模型需要大量的参数，任何参数都需要基于大量的历史数据。由于历史数据在统计方式的不统一性，很难保证其准确性，从而影响模型预测的精度。并且，SD 模型缺乏模拟国土空间格局的能力。

生态影响系数和用地保障系数是代表国土空间可持续发展的重要指数，是经济、社会和生态相互作用的结果。目前，关于国土空间可持续发展的研究主要从资源利用、社会发展、环境制约和经济转型等视角探讨国土空间可持续发展问题。

但尚未从国土空间视角揭示区域国土空间的生态空间和用地储备等问题。因此，模拟国土空间变化，考虑国土空间变化导致的生态问题和后备土地资源对社会经济发展的影响，是实现区域土地资源可持续发展的基础，能够为其他城市群提供参考。

生态影响系数和用地保障系数基于社会、经济和生态的现状，更适合对国土空间进行中长期的预测。然而，全球气候的变化将对国土空间的生态安全产生显著的影响。因此，从长期发展来看，将气候因素纳入国土空间变化模拟是下一步完善的方向。在发展情景设置方面，本章在城市群国土空间格局模拟中设置了四种情景，除了传统发展情景以外，设置了发展经济、生态保护、协调共生等三种情景，然而 X 城市群不仅是中国资源节约型和环境友好型的实验区，也是重要的粮食生产基地，耕地保护也是未来发展的目标。因此，在未来的研究中，将设置更多的情景框架，比较不同发展情景下国土空间变化的可持续发展程度，并制定相应的发展措施。

第8章 国土空间生态安全调控研究

8.1 引　　言

国土空间可划分为农业生产空间、城镇建设空间和生态空间三大类（Guo et al.，2018）。其中生态空间具有水源涵养、土壤保持、净化空气、调节气候和生物多样性保护等重要功能（Ma et al.，2019）。然而，这一类国土空间早年并未被广泛认知，被侵占、被破坏的现象严重，并引发水土流失、土地退化、土壤污染、洪涝灾害等诸多生态安全问题，威胁区域可持续发展（Feist et al.，2017；Peng et al.，2018a；Zheng et al.，2019）。因此，研究生态安全尤其是国土空间生态安全成为近些年的热点（Steffen et al.，2015；Cumming and Allen，2017）。当前，对国土空间生态安全的研究主要集中在概念的界定（Feng et al.，2017）、评价指标体系的构建（Liu et al.，2019；Zhao et al.，2021）、评价方法的选取和应用（Feng et al.，2017；Guo and Wang，2019）、生态风险评估（Yang and Cai，2020；Li et al.，2020）和建立生态安全格局（Wang and Pan，2019；Wang et al.，2020）等方面。尽管学者对国土空间生态安全的定义还没有达成一致，但现有的概念都包含两层含义：一是强调国土空间中土地资源生态系统自身的健康和可持续性；二是强调土地生态系统对人类提供稳定的生态服务或保障能力。也就是说，当前国土空间生态安全研究更强调国土空间中土地生态系统的状态和能力。

事实上，从土地生态系统被破坏的角度看，其遭到破坏和侵害的主要原因来自城镇建设空间和农业生产空间对生态空间的侵占以及被侵占后利用强度的加深，即不合理的国土资源利用和国土空间配置是威胁国土空间生态安全系统最主要的因素（Foley et al.，2005；He et al.，2014；Wang et al.，2020；Awotwi et al.，2018）。因此，本章尝试从国土空间的角度拓展国土空间生态安全的概念，即国土空间生态安全是一个复合的概念，强调土地自然生态系统和社会经济系统的协调关系，通过社会经济系统对国土资源的合理利用，既实现土地自然生态系统的健康安全，又保障社会经济系统实现其自身的繁荣和发展。因此，构建国土空间生态安全格局是实现区域生态安全，促进社会经济可持续发展的重要手段（Feng et al.，2017；Qiao et al.，2018）。

确保国土空间生态安全，实现可持续发展，是全球环境研究面临的共同问题。在此背景下，土地利用生态安全模式（land-use ecological security pattern，LUESP）逐渐成为解决这一问题的有效途径。LUESP 旨在约束生态安全背景下的国土空间开发和利用，同时满足国土资源的社会经济需求（Mao et al.，2013）。LUESP 实现的两个基本任务是人类活动用地扩展的空间配置和不合理土地利用单元的调整（Mao et al.，2013）。本章基于"反规划"理论构建 LUESP，优先划定对国土空间生态安全至关重要的生态空间范围，保证生产生活用地空间在此范围之外，在保证国土空间生态安全与可持续发展的基础上尽量满足城镇建设空间和农业生产空间开发的需求。

LUESP 作为维持土地生态安全与可持续发展的重要途径和手段受到广泛重视，通过各种模型进行 LUESP 的调控模拟成为研究热点（Fan et al.，2018；Xie et al.，2020；Fu et al.，2020）。最近的研究表明，国土空间格局模拟的重点已经从静态模拟转向动态模拟，这种转变使得动态模拟模型逐渐成熟（Zhu et al.，2020），如 CA 模型（Yang et al.，2012；Jayanthi et al.，2021）、MAS 模型（Tian et al.，2016）、CLUMondo 模型（Zhu et al.，2020；Wang et al.，2020）和 CLEU-S 模型（Liu et al.，2017；Huang et al.，2019）。但目前的国土空间生态安全格局调控模拟研究在以下两方面仍显不足。第一，国土空间生态安全格局优化目标最终应该通过国土资源利用的经济效益、社会效益和生态环境效益三个方面来体现，而目前对生态效益的标准尚缺乏完整而系统的研究。例如，在国土空间生态安全格局设计中，研究者常常以单一生态指标（林草覆盖率等绿化面积比例）为生态约束条件，并且常常以政策规定或者地方经验值作为这些生态指标的量化标准，而较少涉及以区域关键性生态空间作为空间限制条件模拟国土空间格局。划分关键性生态空间旨在保护重要的生态脆弱区和生态功能区，因此，模拟受关键性生态空间限制的国土空间格局变化对构建国土空间生态安全格局是很有价值的。第二，传统的国土空间生态安全格局优化方法大多停留在优化指标相互作用关系的静态优化上，且难以定量地考虑格局的空间优化。以空间显式模型为核心的格局优化模式，真正触及了土地利用格局的形成机制，并体现了景观生态学强调水平方向生态学过程的特征。因此，通过模拟格局演化进行格局优化的客观性和自动化程度较高，而且模拟演化过程本身就验证了优化方案的效果和可实现性。

CA 模型是一种时间、空间、状态都离散，空间的相互作用及时间上的因果关系皆局部的网格动力学模型（White and Engelen，1997）。其"自下而上"的研究思路、强大的复杂计算功能、高度动态以及具有地理空间概念等特征，使它在复杂系统微观空间变化模拟方面具有很强的能力（Li and Yeh，2002；Zhou et al.，2009）。地理研究已经发展了 CA 模型来表示复杂系统的空间和时间动态过程，例如，森林动态或规划（Lett et al.，1999；Mathey et al.，2008）、城镇建设空间的扩张（Batty，1998；He et al.，2017）和土地利用变化（Sheng et al.，2018）。国土空间生态格局与其他复杂的地理现象一样，具有时间和空间的属性，并受到邻近地区的状态和相关社会自然因素的影响。因此，基于 CA 模型进行区域国土空间格局的调控模拟研究，在一定程度上能表现出传统数学模型几乎无法描述的非线性特性，并能模拟不同调控策略下的管理效果。

本章以南方 A 县为案例区，进行国土空间生态安全调控研究。本章的主要步骤如下：①以生态保护红线空间为约束条件，设置不同政策调控情景；②构建国土空间格局演化的 CA 模型，模拟多种情景下的国土空间格局；③利用景观格局指数比较不同情景策略下国土空间格局的生态安全水平，为决策者提供多情景国土空间生态安全格局优选，帮助提出合理的规制策略，以实现国土空间生态安全调控。

8.2　数据来源与研究方法

8.2.1　数据来源

1. A 县数据来源

本章研究所有数据来源见表 8-1。土地利用数据来源同第 5 章，DEM 数据、NDVI 数据、饮用水水源地保护区图、自然保护区图来源于中国科学院资源环境科学与数据中心。气象数据来源于国家气象科学数据中心。土壤数据来源于中国科学院土壤研究所。社会经济数据包括人口密度和 GDP 分别来源于 WorldPop 和中国科学院资源环境科学与数据中心。所有图形数据都要通过投影变换和重采样两种操作进行预处理，图像经过处理后，栅格大小转为 100m×100m，所有数据均投影到统一坐标系。

表 8-1　数据来源

数据类型	具体内容	数据来源	年份
地理信息数据	DEM 数据 NDVI 数据	中国科学院资源环境科学与数据中心 （https://www.resdc.cn）	2010，2015
生态保护地区位图	饮用水水源地保护区图 自然保护区图	中国科学院资源环境科学与数据中心 （https://www.resdc.cn）	2010，2015
气象数据	降雨、湿度、风速、温度	国家气象科学数据中心 （http://data.cma.cn）	2010，2015
土壤数据	土壤空间数据 土壤属性数据	中国科学院土壤研究所	2010
社会经济数据	人口密度和 GDP	WorldPoP 和中国科学院资源环境科学与数据中心	2010，2015

2. X 城市群数据来源

国土空间模拟的相关数据获取与处理：生态保护区作为生态保护情景下的限制发展区域，包括自然保护区、生态绿心保护区、风景名胜区、水库河流等水源地、城市公园等，该部分数据来源于湖南省生态环保部门；农田数据来源于湖南省自然资源部门。以上所有数据通过 ArcGIS10.2 处理成栅格数据，分辨率为 1km，使其满足 ANN-CA 模型的数据形式。

8.2.2　研究方法

1. 情景设置

生态保护红线空间旨在保护重要的生态脆弱区和生态功能区。目前文献中很少有研究将生态保护红线空间作为空间限制。因此，模拟受生态保护红线空间限制的国土空间格局变化是很有价值的。本章在第 6 章的基础上，综合考虑粮食安全和城市扩张对土地的需求，设置底线安全、满意安全、理想安全共三种情景，将模拟的目标年份设定为 2030 年。

（1）底线安全型。该情景假定区域未来（2030 年）城镇建设空间扩张和农业生产空间开发禁止在底线型生态保护红线空间内进行，即满足生态安全的最低要求，在生态保护的底线区内严格禁止建设开发活动，同时满足耕地保护的最低要求，即基本农田保护面积约束条件，得出区域未来（2030 年）国土空间生态安全格局。

（2）满意安全型。该情景假定区域未来（2030 年）城镇建设空间扩张和农业生产空间开发禁止在危机型生态保护红线空间和底线型生态保护红线空间内进行，即满足生态安全的中度要求，在生态保护的底线区和危机区内严格禁止任何建设开发活动，同时满足耕地保有量和基本农田保护面积等约束条件，得出区域未来（2030 年）国土空间生态安全格局。

（3）理想安全型。该情景假定区域未来（2030 年）城镇建设空间扩张和农业生产空间开发只允许在非关键性生态空间内进行，即满足生态安全的理想格局，同时满足耕地保有量、基本农田保护面积和新增建设用地占用耕地等约束条件，得出区域未来（2030 年）国土空间生态安全格局。

2. 基于 CA 模型的国土空间格局模拟

CA 模型的构建思路如图 8-1 所示。首先，为国土空间格局设定三种安全情景，即底线安全型、满意安全型和理想安全型，每一种情景都嵌入政府的规划目标。每一种情景都预测未来各土地利用类型的总量，并以总量预测值控制 CA 迭代时间。其次，利用 2015 年的土地利用数据和土地利用变化驱动因子（离城镇中心的距离、DEM、坡度、人口密度、人均 GDP）数据，通过 Logistic 回归计算元胞适应度、邻域空间的影响以及强制性约束条件，引入随机项，以元胞综合转换概率代替复杂的转换规则的制定。最后，在 GIS 技术支持下，进行土地利用格局空间模拟，获得三种情景下 2030 年研究区的国土空间格局。

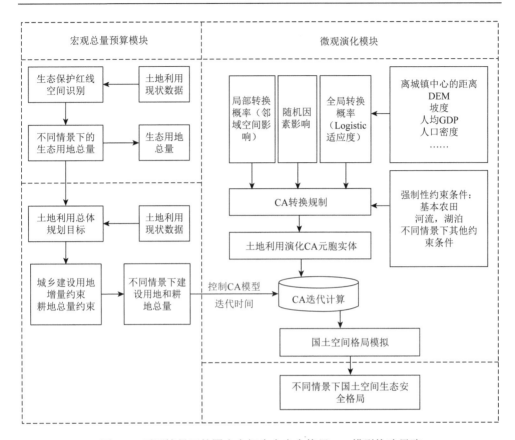

图 8-1　不同情景下的国土空间生态安全格局 CA 模型构建思路

（1）土地利用宏观总量预测子模块。三种情景下的区域土地利用的宏观总量预测主要是根据《A 县土地利用总体规划（2006～2020 年）》中确定的耕地保有量、基本农田保护面积和建设用地总规模约束条件，其中耕地保有量不低于45 401.32hm²，基本农田保护面积不低于 40 725.25hm²，建设用地总规模控制在19 425.10hm²。在考虑规划基期现状数据的基础上，预测建设用地总量和耕地总量，然后预测生态用地和未利用地总量。

（2）土地利用微观演化子模块。CA 模型由元胞（C）、状态（S）、时间（T）、邻域范围（N）、转换规则（R）5 个最基本的部分组成。简单地讲，CA 可以视为由一个元胞状态和定义于该元胞邻域空间的转换函数所组成，用公式表达为$S(T+1) = f(S(T), N)$。本章提出基于 Logistic 回归计算元胞适应度，并利用邻域函数确定元胞邻域空间影响，并结合强制性约束条件、随机项计算 CA 综合转换概率，以此解决传统 CA 由于复杂的转换规则而难以解决的问题。

（3）全局转换概率确定（基于 Logistic 回归的元胞适应度计算）。在模拟土地利用变化的过程中，元胞转换的概率越高预示着土地利用转移的适宜性越大。影响土地利用变化的因素包括自然因素、社会经济因素等，这些变量能够很好地度量土地利用演变的适宜性问题。本章参考 Wu 和 Hobbs（2002）的 Logistic 回归研究，计算 CA 元胞适宜性。公式如下：

$$P(i_m) = E\left(Y_m \middle| X_i\right) \qquad (8\text{-}1)$$

其中，$P(i_m)$ 表示元胞单元 i 向 m 转移的概率，$P(i_m)$ 值为 $[0,1]$ 之间；$m \in \{$耕地, 林地, 草地, 水域, 建设用地, 未利用地$\}$；X_i 表示土地利用变化影响因素，如离城镇中心的距离、DEM、坡度、人口密度、人均 GDP 等。

用泰尔指数对 Logistic 回归方程进行归一化后，土地利用类型转化率公式为

$$P(i_m) = \frac{\exp(\alpha_m + \beta_m X_i)}{1 + \sum_{m-2}^{n} \exp(\alpha_m + \beta_j X_i)} \qquad (8\text{-}2)$$

$$m = 2, \cdots, n;\ \text{且} \sum_m P(i_m) = 1$$

对式（8-2）求解，可以得到一定时期内元胞单元 i 向 m 转移的概率集合，每个元胞对应的概率最大值，就是该元胞下一期可能转移的土地利用类型。

（4）局部转换概率确定。元胞单元转移概率 $P(i_m)$ 只考虑各种空间距离变量对其转化的影响，而元胞单元的邻域效应是一个非常重要的因子，因此，我们还需要考虑邻域对中心单元的影响。本章在 CA 模型中增加了使土地利用类型趋于紧凑的动态模块，防止出现空间布局凌乱的现象。其定义公式如下：

$$\Omega_{i_m}^{t} = \frac{\sum_n \mathrm{con}(i_m)}{n-1} \qquad (8\text{-}3)$$

其中，$\Omega_{i_m}^{t}$ 表示 i 元胞单位上适合 m 种土地利用类型发展的局部概率；$\mathrm{con}(i_m)$ 表示像元邻域范围内耕地、林地、草地、水域、建设用地、未利用地的总数目；n 表示邻域范围内的总体像元数目。

（5）强制性约束条件的设定。在 CA 模型中还必须考虑客观的单元约束条件，譬如，水体、基本农田等发展成建设用地的可能性一般较低。因此，在 CA 模型中有必要引入元胞单元的约束条件 $\mathrm{con}\left(S_{i_m}^{t} = \text{suitable}\right)$，con 值在 $[0,1]$ 范围内。

本章中对不同的情景，设置不同的约束条件，以体现生态安全和粮食安全的实现程度。具体分为：①对于底线安全情景，约束条件只是核心型生态用地和基本农田等禁止演化；②对于满意安全情景，约束条件只是核心型生态用地、辅助型生态用地和基本农田等禁止演化；③对于理想安全情景，推行退耕还林还草、水源保护区、自然保护区等限制区禁止开发以及耕地总量控制等政策，其约束条件为核心型生态用地、辅助型生态用地、过渡型生态用地和基本农田等禁止演化，即严格禁止建设开发占用生态用地和基本农田。

（6）随机因子的设定。国土空间扩展过程中存在各种政治因素、人为因素、随机因素和偶然事件的影响和干预，特别是人的参与，使其更为复杂（黎夏和刘小平，2007）。因此，本章为了反映出土地系统所存在的不确定性，使模型的运算结果更接近实际情况，在改进的约束性 CA 模型中引进随机项。该随机项可表达为

$$R = 1 + (-\ln \gamma)^{\alpha} \tag{8-4}$$

其中，γ 表示值在（0，1）范围内的随机数；α 表示控制随机变量影响大小的参数，取值为 1～10 的整数。

（7）CA 元胞综合转换概率的确定。综合考虑全局发展概率、局部邻域转换概率、强制性约束条件和随机项，任意元胞单元在 $t+1$ 时刻发展的概率具体表达式为

$$P_{\text{comprehensive}}^{t+1} = P_{i_m}^{t} \times \Omega_{i_m}^{t} \times \text{con}\left(S_{i_j}^{t} = \text{suitable}\right) \times R \tag{8-5}$$

其中，$P_{\text{comprehensive}}^{t+1}$ 表示 $t+1$ 时刻元胞单元的综合概率值；$P_{i_m}^{t}$ 表示元胞单元的全局发展概率值；$\Omega_{i_m}^{t}$ 表示元胞单元的受邻域空间范围影响的概率值；$\text{con}\left(S_{i_j}^{t} = \text{suitable}\right)$ 表示元胞单元的约束值；R 表示土地发展过程中的随机变量。

将综合概率值标准化到（0，1），与所选定义的发展为建设用地的阈值 $P_{\text{threshold}}$ 进行比较，可得

$$\begin{cases} P_{\text{comprehensive}} \geq P_{\text{threshold}}, & \text{转为建设用地} \\ P_{\text{comprehensive}} < P_{\text{threshold}}, & \text{转为其他用地} \end{cases} \tag{8-6}$$

当 $P_{\text{comprehensive}} < P_{\text{threshold}}$ 时，土地应转化为其他用地，即耕地、林地、草地、水域、未利用地。其转化规则为：在局部约束条件中，统计当前元胞周围邻域范围内的耕地、林地、草地、水域、未利用地的像元数目，根据式（8-3）计算每种土地利用类型的转换概率，在全局转换概率与随机因子不变的情况下，分别计算耕地、林地、草地、水域、未利用地的转换概率并取最大值，则为

$$\begin{cases} P_{\text{comprehensive}} \geq P_{\text{threshold}}, & \text{转变为} i \text{的土地利用类型} \\ P_{\text{comprehensive}} < P_{\text{threshold}}, & \text{保持原有土地利用类型不变} \end{cases} \tag{8-7}$$

目前大多数 CA 模型的研究会选择区位因素，如离最近城镇中心、公路等的距离，而对土地利用变化影响较大的社会经济因素则较少考虑，主要是因为其难以空间量化，但这些影响因素是决不能忽略的，其对现代土地利用系统的变化往往起到重要的推动作用。为了能更加真实地开展 CA 模型模拟研究，在自然因素的基础上将人口密度和人均 GDP 两个社会经济因素考虑进来，依据相关研究成果，最终选取 6 个自然因素和 2 个社会因素自变量（表 8-2），将其原始属性值标准化到 [0，1]，并内插成 30m×30m 的栅格数据。

表 8-2 　Logistic 回归模型挖掘转换规则所需要的空间变量

变量		获取方法	标准化值
因变量	2010～2015 年转为建设空间	叠加分析	0～1
	2010～2015 年转为耕地	叠加分析	0～1
	2010～2015 年转为生态用地	叠加分析	0～1
自然因素自变量	离最近城镇中心的距离	ArcGIS 的 Eucdistance 函数	0～1
	离最近公路的距离	ArcGIS 的 Eucdistance 函数	0～1
	离最近河流的距离	ArcGIS 的 Eucdistance 函数	0～1
	离最近村庄的距离	ArcGIS 的 Eucdistance 函数	0～1
	DEM	地形图数字化	0～1
	坡度	ArcGIS 的表面分析模块	0～1
社会因素自变量	人均 GDP	栅格裁剪	0～1
	人口密度	栅格裁剪	0～1

3. 基于 ANN-CA 模型的国土空间格局模拟

人工神经网络是参照生物神经网络而开发的机器学习模型，是一种非线性系统，包括系列的神经元和层，可用于模拟非线性的复杂系统。由于具有学习功能，且能够拟合输入数据与训练目标之间的复杂关系，人工神经网络模型已经成功地应用于分析和处理各种非线性的问题（Liu et al.，2019）。与传统线性回归模型相比，人工神经网络模型能够高效地处理空间各个变量间的非线性关系，可以显著提高 CA 模型在城市用地扩张模拟中的精度（汤燕良和詹龙圣，2018）。

人工神经网络模型由输入层、隐藏层和输出层组成。其中，输入层中的神经元一一对应于 CA 模型中的空间变量。

$$X(k,t) = [x_1(k,t), x_2(k,t), x_3(k,t), \cdots, x_n(k,t)]^{\mathrm{T}} \tag{8-8}$$

其中，$x_i(k,t)$ 表示 t 时刻 k 网格单元与输入神经元 i 相关的第 i 个变量；T 表示转置。隐藏层中 j 神经元从输入层中接收 t 时刻 k 网格的信号 $\mathrm{net}_j(k,t)$，公式如下：

$$\mathrm{net}_j(k,t) = \sum_i w_{ij} x_i(k,t) \tag{8-9}$$

其中，w_{ij} 表示 i 输入层对 j 隐藏层的自适应权值，隐藏层中接收 j 神经元的响应函数，称为激活函数，用于验证隐藏层与输出层之间是否有效连接。激活函数的公式如下：

$$\mathrm{Sigmoid}(\mathrm{net}_j(k,t)) = \frac{1}{1 + \mathrm{e}^{-\mathrm{net}_j(k,t)}} \tag{8-10}$$

激活函数的结果作为输出层的输入值，输出层最后接收的信号为 $P(k,t,z)$，公式如下：

$$P(k, t, z) = \sum_j w_{j,z} \frac{1}{1 + e^{-\mathrm{net}_j(k,t)}} \tag{8-11}$$

其中，$w_{j,z}$ 表示隐藏层与输出层之间的权值；$P(k, t, z)$ 表示输出层的最终信号，表示 t 时刻 k 网格单元土地利用类型从现有类型到 z 类型的转换概率。

为了得到与实际土地利用类型更接近的结果，CA 模型中通常加入一个随机扰动项。随机扰动项的公式如下：

$$RA = 1 + (-\ln \mathrm{rand})^\beta \tag{8-12}$$

其中，rand 表示 0～1 的随机变量；β 表示参数，控制随机变量波动的大小；因此，$P(k, t, z)$ 最终表现为

$$P(k, t, z) = [1 + (-\ln \mathrm{rand})^\beta] \times \sum_j w_{j,z} \frac{1}{1 + e^{-\mathrm{net}_j(k,t)}} \tag{8-13}$$

$P(k, t, z)$ 值越大，转化为 z 类型的概率越大。鉴于本部分的重点是城市用地扩张的模拟，因此，建立了用于预测城市用地扩张概率的人工神经网络模型。此外，还包括一些限制条件来表示城市用地扩张的适宜性。例如，如果一个元胞属于水域、林地或其他类型的限制区域，那么该元胞的转换概率应该为 0，这意味着该元胞不会被考虑用于开发。

不同情景模拟的限制条件设置。传统发展情景是城市群基于 1995～2018 年土地利用变化规律，按照目前的城市群发展模式，不设定土地利用类型之间相互转换的限制条件以及未涉及政府和市场干预的扩张情景，是城市群土地利用模拟纳入其他约束条件的基础。发展经济情景是尽量优先城市群经济社会的发展，在传统发展情景下，限制将城市用地转换为其他地类。生态保护情景将城市群生态安全格局设置为城市用地禁止扩张区域，严格控制生态一般用地转化为城市用地。生态一般用地是综合考虑城市群生态系统结构和资源承载力等因素而划定的区域，防止城市群无序地扩张对生态环境造成破坏。协调共生情景将生态源地设置为城市用地禁止扩张区域，禁止生态源地转换为城市用地。生态源地的划定是综合考虑区域社会经济发展和生态系统服务的结果，促进城市开发和生态保护之间的协调发展，从而实现城市群的高质量发展。

8.3　A 县的国土空间生态安全调控

8.3.1　三种情景下的国土空间格局模拟

本章使用 ArcGIS 10.8 软件进行地理空间数据的采集和预处理，使用 ERDAS 软件进行 RS 图像预处理及分类。整个模型在 Visual Basic 环境下开发实现。首先，将各土地利用类型 2010～2015 年的扩展变量作为因变量 Y 与影响因素图（自变量

X_i）叠加，随机采样的数据量为 20%。随机的采样点坐标信息通过 Visual Basic 语言提供的随机函数 Random（）编程得到，并保存为美国信息交换标准代码（American Standard Code for Information Interchange，ASCII）格式的文件。其次，将得到的样本数据导入 GeoSOS 软件，执行 Logistic 回归模型计算元胞适宜性。邻域空间影响主要分析 3×3 邻域。自然发展情景的强制性约束条件主要是基本农田，并赋值为 0。最后，设置好模型后，先以 2010 年的土地利用类型为基础现状模拟 2015 年的土地利用格局，用以训练模型，同时对模拟精度进行 Kappa 系数检验，得到总体精度为 83.10%，从各土地利用类型来看，除草地和未利用地偏低外，其他土地类别的 Kappa 模拟值均在 80% 以上。结果表明，模拟结果与实际土地利用高度一致，模型精度能够满足模拟要求。因此，利用训练后的模型，通过改变约束条件模拟底线安全情景、满意安全情景和理想安全情景三种安全情景下 2030 年区域国土空间格局。

统计 A 县 2015 年和模拟的 2030 年三种安全情景下的土地利用类型分类面积（表 8-3）。从表 8-3 中可知，在三种安全情景下，建设用地面积未超出规划约束量，耕地面积未低于耕地保有量，生态用地面积也没有大幅减少。说明三种安全情景设置的土地利用格局均满足 A 县粮食安全、建设用地扩张和生态安全的要求。

表 8-3　不同安全情景下 A 县 2030 年土地利用类型面积与 2015 年的对比　单位：km²

土地利用类型	2015 年	2030 年		
		底线安全情景	满意安全情景	理想安全情景
建设用地	166.10	194.25	194.25	188.28
耕地	496.86	454.01	454.01	454.01
生态用地	3824.77	3849.51	3848.64	3850.97
未利用地	14.73	4.69	5.56	9.2
总计	4502.46	4502.46	4502.46	4502.46

8.3.2　三种情景下国土空间格局的景观指数

利用 Fragstats 4.2 软件计算三种情景下国土空间格局的景观指数，可以反映景观格局的破碎程度，本章选取的景观指数包括 PD、LPI、COHESION、AI、SPLIT。把三种情景下模拟的 2030 年土地利用格局示意图和前文研究的生态保护红线空间分别进行叠加，分析三种情景下关键性生态空间的损失量，可以比较三种情景下国土空间生态安全的保护效果。具体结果如表 8-4 所示。

表 8-4　三种安全情景下 2030 年国土空间格局影响的比较

评价指标	2015 年	2030 年		
		底线安全情景	满意安全情景	理想安全情景
关键性生态空间损失量/km²	84.15	7.33	6.18	0
斑块密度（PD）	4.998	3.1358	3.3870	4.2273
最大斑块指数（LPI）	77.5895	81.0741	80.9048	80.0572
斑块结合度指数（COHESION）	99.6728	99.6866	99.6914	99.7004
聚集度（AI）	80.2099	84.8375	84.3210	82.1518
分离度（SPLIT）	1.6606	1.5208	1.5270	1.5600

从表 8-4 可以看出，三种安全情景下关键性生态空间的损失量大大减小，并且底线安全情景＞满意安全情景＞理想安全情景。因此，应优先采取生态调控措施，严格限制开发建设，推行退耕还林还草，以便较好地保护区域的关键性生态空间，维护区域生态安全。

从景观优势度方面看，三种安全情景的 LPI 指数都增大了，PD 指数都变小了，说明景观破碎化程度减小。底线安全情景的 LPI 指数最大（81.0741），且 PD 指数最小（3.1358）。LPI 和 PD 指数结果表明，底线安全情景下生态用地的优势斑块得到了有效保护，有利于生态用地对整个景观生态安全的维护。COHESION 和 AI 越高说明斑块团聚程度上升，反映人类干扰程度下降。三种安全情景的 COHESION 和 AI 都增加，说明人类干扰程度下降。SPLIT 反映斑块在空间分布上的分散程度，三种安全情景的 SPLIT 都变小，说明斑块趋于聚集，三种情景之间：理想安全情景＞满意安全情景＞底线安全情景，表明底线安全情景下生态斑块之间更趋于聚集。

综合三种情景下关键性生态空间的损失量以及空间形态两方面的因素，发现三种情景下的土地利用格局都在变好。不同安全情景下的土地利用格局的优劣排序为：底线安全情景＞满意安全情景＞理想安全情景。

8.4　X 城市群国土空间格局模拟

8.4.1　ANN-CA 模型模拟评价

1）模拟过程

首先，根据 SD 模型对 2035 年城市群传统发展、发展经济、生态保护和协调共生四种情景下的土地利用类型进行。其次，基于 IDRISI 软件，采用人工神经网络模型从自然、经济和社会方面选取影响土地利用变化的空间驱动因素（地形、交通区位、空间相互作用等），同时基于 2018 年土地利用数据，获取各类土地利用数据在城市群范围内像元上出现的概率，得到适宜性概率文件。然后，在 CA 模块中输入 SD 模型确定的各类土地利用类型的预测值、不同情景的限制条件、空间驱动因素以及模拟参数（迭代次数、邻域值、成本矩阵等），模拟得到 2035 年不同情景下土地利用类型的空间分布。最后，利用 Kappa 系数和 Fom 系数进行精度验证。

2）模拟精度

以 2015 年土地利用数据为模拟基准数据，将城市群空间分为城镇建设空间、生态空间、都市农业空间以及未利用空间。其中，城镇建设空间为城市用地的范围，生态空间为林地、水域以及草地等生态系统服务价值较高的用地范围，都市农业空间为基本农田的范围，未利用空间为未利用地的范围。运用 ANN-CA 模型模拟得到 2018 年城市群的土地利用类型空间分布情况，并采用 IDRISI 软件中的 Crosstab 模块，计算 Kappa 系数和 Fom 系数，验证模拟的精度。其中，Kappa 值为 0.755，总体精度为 85.57%，Fom 值为 0.287，说明该模型模拟城市群扩张精度较高，可以用于模拟 2035 年城市群的土地利用类型空间分布。

随着 X 城市群城市化进程的加快，城市用地向核心城区的周边县快速扩张，尤其是新区和新城等城市发展战略的实施，以及城市群交通一体化"三干两轨"的建设，将促使城市群城市用地继续大规模扩张。SD 模型和 ANN-CA 模型从"自上而下"和"自下而上"的视角出发，综合考虑自然、经济和社会等驱动要素以及基本农田和生态保护区等限制要素，使 ANN-CA 模型的总体精度和 Kappa 值均符合城市群扩张模拟的要求，表明该模型具有稳定性和可靠性。

8.4.2　不同情景下国土空间分布格局

结合 2018～2035 年 X 城市群城市用地需求，模拟未来城市群城市用地的空间分布。结果表明，不同情景下城市用地的空间分布以城市群中部地区为主要"集聚区"。

在传统发展情景下，城市用地扩张呈现惯性扩张，以现有城市用地为核心，向边缘地区进行扩张，整体表现出"核心-边缘"的扩张模式。以新增城市用地为主，城市用地呈现无序蔓延状态且扩张强度高，其中，耕地面积则出现较大幅度减少，同时，生态一般用地面积也有相当程度的缩减。由此，不仅加剧了城市群生态景观的破碎、耕地功能下降、水资源缺乏等生态问题，也加剧了城市开发与生态保护之间的矛盾。

在发展经济情景下，城市用地呈现大规模的扩张，开发区将成为城市用地扩张的主阵地，株洲和湘潭的国家级开发区均新增了大面积的城市用地。以新增城市用地为主，对开发区现有城市用地存量的转型提升不足，大量占用都市农业空间和生态空间。

在生态保护情景下，城市用地受生态用地和基本农田保护区边界限制，生态空间呈现显著扩张，未利用空间和都市农业空间呈现较大幅度的缩减，缩减的区域主要集中于生态绿心保护区和城市群南部地区的耕地，区域生态环境质量明显改善。

在协调共生情景下，新增的城市用地空间分布更加均衡。在城市开发和生态保护二元共生的前提下，城市用地扩张以填充式为主，整个城市用地结构和布局更加紧凑，提高了城市群城市用地利用效率，达到既保护生态环境，又保障城市开发的用地需求。

8.4.3　基于"经济-生态"权衡的城市用地扩张模拟情景选择

对比四种不同情景下的城市群城市用地模拟结果，发现现有城市用地周边区域转化为城市用地的概率最大。不同情景下的新增城市用地的空间分布高度重合，存在分布差异的区域主要集中于城市群市域外围。在生态约束条件下，新增城市用地集中分布于周边的县；无生态约束条件下，新增城市用地集中分布于城市市区。随着 X 城市群一体化的建设，经济社会发展水平不断提升，由此对土地资源需求和消耗日益增长，土地供需矛盾也逐渐凸显，城市用地扩张的优化调控迫在眉睫。因此，从经济效益和生态效益两个方面探讨不同情景下城市用地扩张质量，从而选取最优的城市用地扩张情景，为城市群制定高质量发展规划和划定增长边界提供科学依据。

1）土地利用结构经济效益计算方法

不同类型用地对应不同经济产出，各类用地数量乘以相应经济产出系数后加和，得到土地利用结构的经济效益。城市群拥有都市农业空间、生态空间、城镇建设空间以及未利用空间，其中，未利用空间几乎不能产出经济效益，因此其经济产出系数忽略不计。结合多情景下土地利用系统方案的 SD 模拟结果，可以将土地利用结构经济效益等同于城市群 GDP。

2）土地利用结构生态系统服务价值计算方法

本书采用谢高地等制定的单位面积生态系统服务价值当量，结合 X 城市群的实际情况，以湖南地区生态系统服务价值的修正指数（1.95）进行价值系数修正，制定了单位面积生态系统服务价值当量表（表 8-5），并按照 1km×1km 的网格尺度进行研究区生态系统服务价值的计算。生态系统服务价值当量因子的价值量计算公式为

$$VC_k = \frac{1}{7} \times P \times \frac{1}{n} \sum_{i=1}^{n} Q_i \tag{8-14}$$

其中，VC_k 表示生态系统服务价值当量因子的价值量[元/(hm²·a)]；P 表示全国平均粮食价格（元/kg）；Q 表示研究区平均粮食产量（kg/hm²）；n 表示年份数。

生态系统服务价值计算公式为

$$ESV = \sum A_k \cdot VC_k \qquad (8\text{-}15)$$

其中，ESV 表示生态系统服务价值；A_k 表示第 k 类土地利用类型的面积（hm²）；VC_k 表示 ESV 当量因子的价值量[（元/hm²·a）]。

表 8-5　各地类单位面积生态系统服务价值当量表　　　单位：元/(hm²·a)

生态系统服务价值	耕地	林地	草地	水域	未利用地
气体交换	2 773.58	16 641.50	5 778.30	1 964.62	231.13
气候调节	3 736.63	15 678.45	6 009.43	7 935.53	500.79
水源涵养	2 966.19	15 755.50	5 855.34	72 305.78	269.65
土壤形成与保护	5 662.73	15 485.84	8 628.93	1 579.40	654.87
废物处理	5 354.56	6 625.78	5 084.90	57 205.16	1 001.57
生物多样性保护	3 929.24	17 373.42	7 203.61	13 213.04	1 540.88
食物生产	3 852.20	1 271.23	1 656.45	2 041.67	77.04
原材料	1 502.36	11 479.55	1 386.79	1 348.27	154.09
娱乐休闲	654.87	8 012.57	3 351.41	17 103.77	924.53
合计	30 432.38	108 323.85	44 955.17	174 697.25	5 354.56

3）不同情景的土地利用结构经济效益变化

在 2035 年传统发展情景下，城市群土地利用结构经济效益达到 27 041 亿元。其土地利用结构中，城镇建设空间为 1572.06km²，相比 2018 年增加了 678.96km²。这是因为传统发展情景的城镇建设空间经济产出系数不高，为了实现经济的增长，城镇建设空间需要大量侵占生态空间和都市农业空间；从生态影响系数和用地保障系数来看，社会经济发展受生态环境恶化和用地供给不足的制约作用将日益严重。

在 2035 年发展经济情景下，城市群土地利用结构经济效益达到 35 136.2 亿元。其土地利用结构中，城镇建设空间为 1763.27km²，相比 2018 年增加了 870.17km²。由于工业用地和商服用地的经济产出系数较高，在经济利益最大化目标下，产业结构略优于传统发展情景；但社会经济发展对土地资源的需求大于传统发展情景，生态空间被侵占的问题更为严重，到 2035 年生态影响系数降至 0.747，用地保障系数降至 0.568，由此社会经济发展受生态环境恶化和用地供给不足的制约将加剧。

在 2035 年生态保护情景下,城市群土地利用结构经济效益达到 33 337.9 亿元,虽不如发展经济情景,但是明显高于传统发展情景,相对于发展经济情景经济效益降低了 5.12%。生态空间增加到 4810.34km²,与 2018 年相比增加了 194.94km²,生态环境显著优于上述两种发展情景,土地资源供给充足,即降低 5.12%的经济效益换取了生态环境。同时,该情景下城市群宜居水平显著提高,对人口的承载能力均高于上述两种情景,可满足城市群城镇人口居住需求。

在 2035 年协调共生情景下,城市群土地利用结构经济效益达到 37 294.9 亿元,为四种情景下效益最佳。生态空间亦有增加,面积扩张到 4761.35km²,与 2018 年相比增加了 145.95km²。同时,生态环境未出现明显退化,土地资源供给基本能够满足社会经济发展需求。实现了土地利用类型在时间和空间上的合理分配,发挥了土地的最大经济效益,符合城市群的可持续发展理念。

4) 不同情景的土地利用结构生态效益变化

与传统发展情景相比,其他三种情景的生态系统服务价值变化有所不同。图 8-2 显示 2035 年三种情景下各单项生态系统服务价值相对于传统发展情景的变化率。

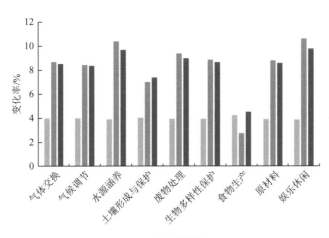

图 8-2　2035 年其他三种情景下生态系统服务价值相对于传统发展情景的变化率

与传统发展情景下的各单项生态系统服务价值相比,发展经济情景、生态保护情景以及协调共生情景下的各项服务价值均有所上升。其中,生态保护和协调共生生态效益方面表现相对于发展经济情景要优。主要是林地和草地等生态用地得到保护,同时考虑经济效益和生态效益的权衡发展,通过提高单位面积经济效益的产出，保证粮食安全，加大对土地生态环境质量的改善，合理控制城镇建设空间的规模，实现城市开发和生态环境的协调共生发展。

5）城市群城市用地扩张最优情景的确定

从土地利用结构来看，在传统发展情景和发展经济情景下，城镇建设空间的扩张促进了城市群经济建设的快速发展，但都市农业空间和生态空间均呈现大规模减少，加剧土地的退化和生态环境的恶化。在生态保护情景下，城镇建设空间的扩张有所控制，都市农业空间减少，生态空间显著扩张，城市群生态环境质量明显改善。在协调共生情景下，综合考虑了城市开发和生态保护等需求，整个城市群的土地利用结构较为合理，经济效益达到最佳。

从生态系统服务价值来看，生态保护和协调共生两种情景表现出发展经济的同时，不断提升区域生态系统服务价值。所有情景中，以协调共生情景为最优，该情景以形成节约和高效的土地利用模式为目标，各类用地产生的生态效益和经济效益均满足人类各项需求，最终实现了城市群土地利用的优化目标。该情景方案有利于保证城市群社会经济的稳定发展及生态效益的最大化，这与《X 城市群区域规划》确定的目标和原则一致。

综合城市群土地利用结构和生态系统服务价值两个方面，可以确定协调共生情景为城市群未来发展最优的情景方案。

8.5　讨　　论

8.5.1　关于构建国土空间生态安全格局的讨论

现有文献对生态安全格局（ecological security pattern，ESP）的研究较多，LUESP 与 ESP 类似，都是保护关键性生态空间，具有明确保护边界的景观格局。另外，与 LUESP 和 ESP 类似的概念还包括城市增长边界（urban growth boundary，UGB）、生态网络（ecological network，EN）和绿色基础设施（green infrastructure，GI）。现有研究在构建 ESP 时较常使用"源-阻力面-廊道"框架（Li et al.，2020；Wang and Pan，2019；Zhang et al.，2017），该框架分为三个步骤：①生态源识别；②生态阻力设定；③生态廊道识别。由于该方法遵从景观生态学原理，因此，构建的生态安全格局能有效保护生态系统的完整性和稳定性，增强景观的生态连通性（Fu et al.，2020；Gao et al.，2021）。

但"源-阻力面-廊道"模型仅从生态供给的角度构建景观格局，忽略了城市化会导致建设用地的需求增大，大量生态用地和耕地会向建设用地转移，同时，为了保证粮食安全，农户也会开垦耕地周围的生态用地。只考虑生态因素构建的生态安全格局可能不是可持续的景观格局，因为未来城市化还会继续促进建设用地和耕地占用关键性生态空间，景观格局可能受到土地利用变化的影响向着破碎化和生态脆弱性发展。为了实现土地生态系统的健康安全，同时又保障社会经济系统实现其自身的繁荣和发展。本章把满足 A 县未来规划的城镇建设空间和农业生产空间指标作为核心要素，从需求的角度构建景观格局。如表 8-3 所示，构建的国土空间生态安全格局满足了城市扩张和粮食安全对国土空间的需求，同时保护了区域生态保护红线空间。

过去生态安全格局构建还有另一点不足，即生态安全格局的建设通常是基于研究时间的现状（Peng et al.，2019），所以生态安全格局往往不能反映景观的长期可持续性。结果是，构建的生态安全格局只能应用于特定的研究时间，而不能适应外部因素对景观格局的动态影响，这样的结果显然不利于决策者做出国土空间生态安全调控策略。后来的研究中增加了情景分析，增加了多情景的国土空间格局选择；增加了模拟模型预测未来情景下的国土空间格局，以保证结果的真实性（Fan et al.，2021；Wang et al.，2020）。例如，Li 等（2020）利用 CA-Markov 模型预测了 2025 年珠江三角洲城市群土地利用的时空变化，并模拟了三种不同情景下的土地利用格局。因此，在构建国土空间生态安全格局中加入算法进行动态模拟成为新的趋势（Zhao et al.，2021）。本章构建了底线安全、满意安全和理想安全三种安全情景下的国土空间生态安全格局，以提供给决策者多情景国土空间生态安全格局选择，以提出合理的国土空间生态安全调控策略。

8.5.2　关于模型拟合精度的讨论

本章使用 CA 模型来模拟土地利用格局变化的复杂系统模型，因为 CA 模型可以反映土地利用变化的复杂性和非线性。CA 模型中的邻域效应使得简单的模型能够说明复杂的动态过程，对现实情况具有一定的应用意义。经测试样本检验，本章使用的模型拟合精度为 83.03%，与该领域的许多研究相比表现良好（Aburas et al.，2017；Fu et al.，2018；Wang et al.，2020），说明得到的结果对现实有参考价值。需要指出的是，本章对某些假设和条件做了简化处理，现实中的土地利用变化情况更加复杂，可能需要考虑许多层面的因素。为了反映出土地利用变化的真实情况，越来越多的研究人员致力于引入约束和建立模型，例如，Martellozzo 等（2018）和 Amato 等（2016）基于 CA 模型开发的 SLEUTH[①]模型。但将 CA 模型变得越来越复杂也违背了 CA 模型的初衷。因此在模拟土地利用变化时，有必要权衡模型的简洁性和模拟的真实性，找到一个适当的平衡。

---

① SLEUTH 是 CA 模型的一种实现，是模型所需的 6 种输入图层的首字母缩写而成［地形坡度（slope）、土地利用（landuse）、排除图层（exclusion）、城市空间范围（urbanextent）、交通网络（transportation）、地形阴影（hillshade）］，是关于城市空间增长与土地利用变化的模型。

8.5.3　关于评价土地利用格局生态安全水平的讨论

本章采用景观指数来衡量国土空间生态安全格局的生态安全水平,与本章研究内容类似,Li 等(2017),Zhang 等(2017),Saha 和 Pal(2019),Talukdar 等(2021)也在他们的研究中应用了景观指数方法。根据 Zhang 等(2017)和 Talukdar 等(2021)的研究,城市化与 PD 指数成正比,与 LPI、COHESION 指数成反比,意味着当 PD 指数降低,LPI、COHESION 指数升高时,城市化的影响越低,生态安全水平越高。如表 8-4 所示,三种安全情景比 2015 年的 PD 指数降低,LPI、COHESION 指数升高,证明了三种安全情景的土地利用格局是生态安全格局。但底线安全情景的生态安全水平最高,理想安全情景比另外两种情景的效果都要差,说明对经济发展空间的过度限制反而起到反效果。就像 Li 等(2020)的研究指出,生态保护水平越高,并不意味着土地利用格局最优,缓冲区生态安全格局(buffer ecological security pattern)(生态用地和建设用地之间的过渡地带)反而是较好的生态安全保障模式,既能保证生态安全,同时又能满足城市扩张的需要。

8.5.4　国土空间规划体系下综合划定城市群增长边界

基于对国土空间规划的历程梳理和思考,在规划逻辑转变下综合划定城市群增长边界。该边界具有技术属性和政策属性。其中,技术属性是指通过划定城市群"弹性-刚性"增长边界以确定其成长的空间范围;政策属性是指具有保障增长边界有效实施的配套政策。以城市用地扩张为切入点,刚性边界是静态边界,未来发展中不能对其进行改变;弹性边界是动态边界,未来发展中用于引导城市用地有序扩张。因此,城市群增长边界既要划定不可开发的刚性边界,又要划定用于开发的弹性边界。

1)城市群刚性增长边界划定

刚性增长边界是城市群国土空间的生态基底,用于保障城市群生态系统结构和提升人类福祉,本书运用逆向思维划定城市群刚性增长边界。基于第 6 章生态安全格局的划定结果,确定了城市群的生态源地、生态廊道和生态战略点。其中,生态源地是城市群的约束区域,具有不可开发的特征。

刚性增长边界范围为 3686km^2,占生态用地总面积的 56.12%,占城市群面积的 42.72%。从土地利用类型来看,城市群生态源地的类型主要由林地和水域构成,面积分别为 3051km^2、404km^2,两者占生态源地总面积的 93.73%。刚性增长边界主要包括贯穿城市群区域的湘江等水域,千龙湖、松雅湖等湿地以及鹅形山、影珠山、黑麋峰、北山等山区林地。城市群生态战略点主要位于市区外围、城市用地与生态用地交集地带以及南北生态源地大面积区的外围,这部分区域是保障生态廊道通畅性和生态结构完整性亟须修复的关键枢纽。

2)城市群弹性增长边界划定

目前划定弹性增长边界的方法有三种:一是直接将城市用地模拟结果的栅格数据在 ArcGIS 10.2 中转换为矢量数据,将矢量边界作为城市群初步的弹性增长边界;二是以第一种方法的结果为基础,剔除面积小、分布零散的图斑,将剩余的矢量边界作为城市群最终的弹性增长边界;三是运用 FLUS-UGB 模型,该模型通过膨胀侵蚀的原理划定弹性增长边界。第三种方法相对于前面两种方法更加便捷,但划定的边界内会出现大于城市用地预测规模的情况。因此,本书综合采用前两种方法划定城市群弹性增长边界。

(1)弹性增长边界的初步划定。运用协调共生情景下城市用地扩张的模拟结果,将栅格数据转换为矢量数据初步划定弹性边界。

弹性边界初步规模为 1668.69km^2。将边界与 2018 年城市群土地利用覆盖数据进行叠加,结果显示边界范围内土地利用类型以城市用地、耕地和林地为主。

(2)弹性增长边界的调整。城市群初步的弹性增长边界中存在面积小、分布零散的城市用地斑块,因此,参照 SPOT 5 高分辨率 RS 卫星影像,剔除小于 0.01km^2 的城市用地斑块,提升弹性边界的整体性和集中性。另外,结合 X 城市群各个区域的规划对部分分布零散的城市用地斑块进行合并以连片形式纳入弹性边界内。经过调整后城市群弹性增长边界规模为 1794.53km^2。X 城市群弹性增长边界呈现出“市区范围连片发展,其他区域范围小且相对分散”的组团特征。其中,X 城市群 3 市市区,被生态绿心和湘江流域分为 7 块拥有连续且周长较长的弹性增长边界;其他区域的弹性增长边界零散分布在市区的周边,且周长较短。

最终划定的城市群弹性增长边界与 2018 年城市群城市用地空间格局对比发现,新增弹性增长边界主要分布在 4 个区块:西北区块、东北区块、西南区块、东南区块。从新增弹性增长边界的分布来看,未来城市群城市发展围绕现有核心区,呈现边缘式向外辐射带动周边县的发展特征。

8.5.5　对未来研究的展望

本章在构建国土空间生态安全格局中,通过梳理已有研究,认为未来相关研究主要关注不同土地利用功能的协调关系,将多功能权衡理念融入国土空间生态安全调控。研究表明,土地利用功能之间存在复杂的权衡与协同关系(Hou et al.,2021),进行土地利用多功能权衡/协同关系分析可以辨析土地利用多功能作用机制、遴选与优化土地利用功能类型,进而成为土地利用调控决策的重要依据(Ma,2020)。

本章在构建国土空间生态安全格局时考虑了社会经济因素，但是本章选取人均 GDP 和人口密度指标在数据质量方面显得不是很理想。针对县级尺度的研究案例可用其他指标代替，如常住人口，如果是农村为主的乡镇，用人口数就能很好地体现，如果是发达的乡镇，也可以用企业数、财政收入类似指标来体现。还可以利用 RS 数据，如夜间灯光数据，同样可以反映该地区的经济发展情况。

8.6 结　　论

本章构建了国土空间生态安全格局的约束性 CA 模型，模拟 A 县在三种安全情景下的 2030 年的国土空间生态安全格局。经过 GIS 统计分析和景观指数评价，可得出以下 4 个结论。

（1）在三种安全情景下，建设用地面积未超出规划约束量，耕地面积未低于耕地保有量，生态用地面积也没有大幅减少。本章设置的三种安全情景下的国土空间格局不仅保证了 A 县的粮食安全和经济发展对建设用地的需求安全，同时也保证了生态安全。

（2）从关键性生态空间的损失量和空间形态分析三种安全情景下国土空间格局的生态安全水平。三种安全情景下国土空间格局的关键性生态空间的损失量大大减小，景观破碎化现象改善，斑块趋于聚集，景观格局的抗干扰能力增强。三种安全情景下的土地利用格局都在变好，根据生态安全保护效果，它们的优劣排序为：底线安全情景＞满意安全情景＞理想安全情景。

（3）尽管在理想安全情景下，关键性生态空间的损失量降到最低，但其景观格局指数表明该情景下的国土空间格局并不是最优。而在底线安全情景下，关键性生态空间的损失量是三种安全情景下最高的，但其景观格局指数表明该情景下的土地利用格局是最优的。决策者需要根据这样的结果进行权衡。

（4）以共生机制为理论框架，基于生态系统服务供需关系，构建了城市群的生态安全格局，为城市群城市用地扩张模拟提供了约束条件。同时，从城市用地扩张的影响因素出发，通过改进的非线性模型分析研究区城市用地扩张的作用机制，并从时间规模和空间格局两个方面分别建立 SD 模型和 ANN-CA 模型，预测 2035 年城市群不同发展情景下的用地需求，设置不同发展情景下的限制条件以及模拟参数（迭代次数、邻域值、成本矩阵等），预测 2035 年城市群不同发展情景下的城市用地空间格局，再通过生态效益和经济效益的对比分析，确定了协调共生情景为最优的情景，为划定城市群增长边界提供科学参考。

第9章 国土空间生态安全格局优化研究

9.1 引　　言

农村居民点是农民进行多样化活动的乡村聚落空间，也是人与地相结合衍化出拥有特定结构和功能的综合体（金其铭，1988）。长久以来，在中国的乡村地区，农民有较大的宅基地自主选址权，因此由宅基地聚合而成的农村居民点往往呈现布局松散、规模细碎、空间占用随意等特征（刘彦随等，2009；Long et al.，2012）。根据学者对我国乡村聚落空间演变的探究，发现地形、坡度、高程、水系、耕地资源等自然地理要素决定了乡村聚落空间的历史性格局（屠爽爽等，2019），而在改革开放后，随着社会经济的发展，城乡联系愈发紧密，农民对家庭住房改善的需求增加使得乡村聚落空间在原有格局的基础上向外扩延，同时在乡镇中心附近的新增乡村聚落空间还表现出明显的交通和城镇指向，逐渐形成"内疏外密"和"沿路发展"的特征（海贝贝等，2013）。此时，地形、水系等自然地理要素的作用已经弱化。

当社会经济因素取代自然地理要素成为乡村聚落空间格局形态的主要作用因素后，农村宅基地选址则很可能处于区域关键性生态空间范围内，破坏生态系统结构；同时，农民通过对居民点建设的限制条件进行改造，加剧了对自然生态系统的干扰程度，进而影响生态系统运行规律，对区域生态安全造成威胁（曲衍波等，2010）。这些现象在我国广大农村均有所表现，在山区、农牧交错带等生态脆弱区尤为明显，谢花林和李秀彬（2011）发现新农村建设活动中不合理的土地利用方式，导致了农村住区生物多样性减少、水土流失以及特色乡村景观资源丧失等生态安全问题。倪琳等（2019）认为山区农村居民点不合理发展对生态环境造成威胁。李学东等（2022）发现农村居民点及其破碎化分布是四川西昌市植被退化、森林火灾、山洪与泥沙流灾害频发、水土流失、水体污染等多种生态环境问题的关键因素。

2021年4月29日第十三届全国人民代表大会常务委员会通过了《中华人民共和国乡村振兴促进法》，提出应"整体筹划城镇和乡村发展，科学有序统筹安排生态、农业、城镇等功能空间，优化城乡产业发展、基础设施、公共服务设施等布局"，并"因地制宜安排村庄布局"。可见广大乡村地域空间既是生态安全格局构建的主战场之一，也是筑牢国家生态安全屏障的重要一环。随着生态文明理念的日渐深入和乡村振兴战略的稳步发展，从维护区域生态安全的角度探究农村居民点用地格局优化已经成为推动区域乡村振兴，促进区域可持续发展的重要路径。

近年来，国内外学者对农村居民点用地格局优化研究做了大量的探索。在研究内容方面，相关学者主要聚焦在空间格局演变特征（闵婕等，2016）、格局演变的影响因素分析（李红波等，2015；杨忍，2017）、空间布局优化路径和模式（刘建生等，2013；唐承丽等，2014；刘鹏等，2017；许建和等，2017）、乡村空间整治（张英男等，2017）等方面。从乡村聚落空间优化的研究视角来看，相关研究基于城乡融合发展导向（李冰清等，2018；胡嫚莉等，2022）、产业融合导向（和西芳和乌兰敖登，2022）、农民生活质量导向（唐承丽等，2014；邵帅等，2016）、人居环境提升导向（曲衍波等，2021）、农户意愿导向（马利邦等，2019）、区位适宜性导向（徐枫等，2018）、景观安全格局导向（曲明等，2021）、生态约束导向（倪琳等，2019；汪什豪等，2017；彭雪丽等，2022；黄背英等，2022）等视角开展了研究。相关研究视角可归结为提升乡村聚落自身发展水平、优化提升乡村居民生产生活水平和维护生态安全三个方面。从研究方法来看，学者尝试运用MAS模型（Huang et al.，2020）、复杂网络（宿瑞和王成，2018）、最小累积阻力模型（张颖和徐辉，2014）、分形理论（庄至凤等，2015）、蚁群算法（Yao and Xie，2016）、粒子群算法（Kong et al.，2021）、Voronoi图（刘军杰等，2020）等模型和方法，对农村居民点用地格局优化的特殊性和一般性进行了探索。其中，蚁群算法是一种启发式的仿生智能优化算法，相对于上述其他方法来说，它的优势是对小尺度的研究对象模拟效果好、运行效率高，针对多目标的复杂情景可以进行群智能优化，并得到相对的最优解（Kuby et al.，2005）。例如，王尧（2017）、王兆林等（2022）、彭雪丽等（2022）分别应用了蚁群算法对横山区、重庆山区和河北唐县的农村居民点优化开展研究，并取得了较好的研究结果。

上述研究的开展极大地丰富了乡村聚落空间格局优化的研究内容，奠定了该领域的研究基础，但仍存在进一步探索的空间：①乡村聚落空间优化较多集中在微观尺度上的农村居民点布局优化和模式探讨上，较少开展中观尺度上的格局优化研究；②基于生态安全约束视角下的乡村聚落空间优化多为指导指向，即生态约束条件的选取是用于对现有农村居民点布局的评价并指导其优化方向，基于生态安全约束条件下的格局优化模拟研究较少；③缺乏多情景下的乡村聚落空间格局优化模拟。因此，本章尝试以南方典型山区县A县为例，首先，在区域生态保护红线空间识别的基础上，判别A县现状乡村聚落空间与生态保护红线空间的空间冲突；其次，运用蚁群算法分别模拟低度安全、中度安全和高度安全三种生态安全情景下的乡村聚落空间，并比较不同情景下乡村聚落空间的景观格局指数；最后，针对上述研究结果提出不同区域的生态管制策略。

9.2　数据来源和研究方法

9.2.1　数据来源

本章的研究内容所需数据包括 A 县 2020 年的土地利用数据、A 县 DEM 以及 A 县的行政区划，其中土地利用数据同第 5 章，农村居民点空间数据是在 RS 解译出的土地利用数据比对第二次全国土地调查数据基础上提取的；数字高程地图来自中国科学院地理科学与资源研究所；行政区划数据来自江西省自然资源厅网站。另外，本章中农村居民点适宜性因子中涉及的主干道、河流等数据是通过土地利用数据提取而来的，海拔、坡度数据则是通过数字高程地图分析计算得到的。

为了便于数据在模型中的运算，所有数据都采用 GIS 的栅格数据类型，并且在 100m×100m 的分辨率上进行重采样，都配准到 CGCS2000 坐标系统。

9.2.2　蚁群优化目标函数构建

1. 蚁群优化算法

蚁群优化（ant colony optimization，ACO）算法是一种基于群体智能的仿生学优化算法，由科洛尔尼（Colorni）等于 1991 年提出，其本质是一个复杂的 MAS，由大量的简单智能体——蚂蚁所组成的团体，通过互相合作能够有效地完成复杂任务，如寻找食物的最优路径。每个蚂蚁智能体根据路径上的信息做随机选择，系统无中心控制，但最终整个蚁群能够得到优化。这样的系统更具有鲁棒性，不会由于一个或者某几个智能个体的故障而影响整个问题的求解，该算法是群集智能的典型实现。

农村居民点优化是给定限制条件下的农民群体在满足自身需求下的群体选址行为，具有群集智能的特征，因此，本章利用 ACO 模型进行农村居民点用地格局优化，模型具体内容如下。

1）定义目标函数

目标函数用于判断算法得到的结果的好坏，在区域农村居民点选址中，目标函数就是以农村居民点用地格局优化的费用为准则，本章以所选取的栅格与农村居民点用地之间的阻力费用和达到最小为目的，目标函数为

$$F = \sum_{i=1}^{M}\sum_{j=1}^{N} d_{\min}(i, j) \times \text{cost}(i, j) \times A \tag{9-1}$$

其中，M 表示试验区域的宽带，即栅格的行数；N 表示实验区域的长度，即栅格的

列数；$d_{\min}(i, j)$ 表示栅格 (i, j) 到与其最近的目标栅格的欧几里得距离；$\text{cost}(i, j)$ 表示栅格 (i, j) 的阻力费用距离；A 表示每个栅格在实际中对应的面积。

在真实的农村居民点用地格局优化应用中，通过获取实验区内任意两栅格的真实路径长度，替换两栅格间的欧几里得距离即可。

2）定义启发函数

信息素是表征过去信息的载体，而启发函数是表征未来信息的载体，他们直接影响到算法的全局收敛性和求解效率。大量实验结果表明，启发函数对保证蚁群算法在合理的时间内搜索到全局最优解非常重要。按照常理，评价函数表明：其一，选择那些大型村镇的栅格作为目标栅格趋向于使总的费用最小；其二，选择靠近实验区域村镇中心的栅格作为目标栅格也趋向于使总的费用最小。启发函数定义为

$$\eta_{ij}(k) = \text{cost}(i, j) \tag{9-2}$$

3）信息素更新策略

农村居民点用地格局优化问题是从大量候选栅格中选出位数较少的目标栅格，只有极少数被蚂蚁选中的栅格的信息素在挥发后会增加，这样蚂蚁在路径选择过程中的正反馈机制被大大地削弱甚至被淹没，不利于蚂蚁搜索最优解；另外，邻近栅格有可能比目标栅格本身更优。基于以上两点，采取信息素递减扩散的策略对信息素进行更新。具体实现如下：如果某栅格被选为目标栅格，则在信息素更新时，在以目标栅格为中心、以指定的长度为边长的正方形小区域内，按信息素增量从中心向四周递减的策略更新，正方形小区域的边长根据实验区域的大小和选择的目标栅格的数目作相应的调整，如区域较大，边长可相应调大，选择的目标栅格较少，边长也可相应调得更大。公式如下所示

$$\Delta\tau_{ij}^r(k) = \begin{cases} \dfrac{Q}{\left(d_{\text{centre}}^p(i, j) + 1\right) \cdot F}, & \text{若栅格} (i, j) \text{在目标栅格} P \text{所在的小区域内} \\ 0, & \text{否则} \end{cases}$$

$$\tag{9-3}$$

其中，Q 表示信息素强度；$d_{\text{centre}}^p(i, j)$ 表示目标栅格对应的小区域内栅格与目标栅格 P 的欧几里得距离；F 表示目标函数的值。

2. 构建农村居民点用地格局的蚁群优化目标函数

（1）选取距乡镇中心距离、距主干道路的距离、距河流的距离、海拔和坡度 5 个指标作为居民点用地扩张的适宜性因子（表 9-1），根据蚁群优化算法模型，构建居民点用地扩张的蚁群优化目标函数。

$$F = \omega_1 F_1 + \omega_2 F_2 + \omega_3 F_3 + \omega_4 F_4 + \omega_5 F_5 \tag{9-4}$$

其中，F 表示总的目标函数；F_1，F_2，F_3，F_4，F_5 分别表示距乡镇中心距离、距主干道路的距离、距河流的距离、海拔和坡度 5 个目标函数；ω_1，ω_2，ω_3，ω_4，ω_5 分别表示对应目标函数的权重。

（2）采用熵值法确定各适宜性因子的权重（表 9-1），由于空间数据量过大，故对 A 县包含上述适宜性因子值的矢量数据进行随机抽样，抽取其中 1000 个样本点进行权重计算，其计算步骤为

设指标值矩阵为 $X = (x_{ij})_{m \times n}$，其中 $i = 1, 2, 3, \cdots, m$；$j = 1, 2, 3, \cdots, n$。对矩阵数据进行无量纲化处理可得

$$\text{正向指标：} \quad P_{ij} = \frac{x_{ij} - \min(x_{ij})}{\max(x_{ij}) - \min(x_{ij})} + 0.0001 \tag{9-5}$$

$$\text{负向指标：} \quad P_{ij} = \frac{\max(x_{ij}) - x_{ij}}{\max(x_{ij}) - \min(x_{ij})} + 0.0001 \tag{9-6}$$

其中，P_{ij} 表示第 j 项指标 i 年的标准化数据。

计算熵值

$$e_j = -\frac{1}{\ln(n)} \sum_{i=1}^{n} \frac{P_{ij}}{\sum_{i=1}^{n} P_{ij}} \ln \frac{P_{ij}}{\sum_{i=1}^{n} P_{ij}} \tag{9-7}$$

其中，e_j 表示第 j 项的熵值。

权重系数的确定

$$w_j = (1 - e_j) / \sum_{j=1}^{m} (1 - e_j)$$

其中，w_j 表示最终指标的权重系数。

表 9-1　农村居民点适宜性因子构成

适宜性因子	权重	适宜性系数（0～100）	
		分类	赋值
距乡镇中心距离（F_1）	0.09	$F_1 < 2\text{km}$	100
		$2\text{km} < F_1 \leqslant 3\text{km}$	80
		$3\text{km} < F_1 \leqslant 4\text{km}$	60
		$4\text{km} < F_1 \leqslant 5\text{km}$	40
		$F_1 > 5\text{km}$	10

适宜性因子	权重	适宜性系数（0~100）	
		分类	赋值
距主干道路的距离（F_2）	0.28	$F_2 \leqslant 1km$	100
		$1km < F_2 \leqslant 2km$	80
		$2km < F_2 \leqslant 3km$	60
		$3km < F_2 \leqslant 4km$	40
		$F_2 > 4km$	10
距河流的距离（F_3）	0.21	$F_3 \leqslant 1km$	100
		$1km < F_3 \leqslant 2km$	80
		$2km < F_3 \leqslant 3km$	60
		$3km < F_3 \leqslant 4km$	40
		$F_3 > 4km$	10
海拔（F_4）	0.18	$F_4 \leqslant 200m$	100
		$200m < F_4 \leqslant 400m$	80
		$400m < F_4 \leqslant 600m$	60
		$600m < F_4 \leqslant 800m$	40
		$F_4 > 800m$	20
坡度（F_5）	0.24	$0 < F_5 \leqslant 5°$	100
		$5° < F_5 \leqslant 10°$	80
		$10° < F_5 \leqslant 15°$	60
		$15° < F_5 \leqslant 25°$	40
		$F_5 > 25°$	20

9.2.3　景观格局评价

在生态学中，格局和过程往往相互联系，由于结构一般比功能容易研究，因此，常常通过研究空间格局来更好地理解生态学过程。景观格局指自然或人为形成的景观空间分布特征，是景观异质性的具体表现，也是各种干扰因素在不同尺度上综合作用的结果。景观格局评价则是通过分析一些格局指数的变化，来揭示景观的生态学过程。本章尝试应用 NP、PD、LPI、SPLIT、AI 5 个景观指数（表9-2）来反映乡村聚落空间现状及未来不同情景下包括聚集和破碎化程度在内的空间格局分布特征。

表 9-2　景观指标分类表

指标	含义	公式
斑块数量（NP）	区域内农村居民点斑块总个数	$NP = N$
斑块密度（PD）	反映区域内农村居民点分散度，值越大，分布越散乱，破碎化越严重	$PD = \dfrac{NP}{S}$
最大斑块指数（LPI）	反映了最大斑块对整个农村居民点的影响程度，值越小表示最大斑块面积越小	$LPI = \dfrac{\max(a_1, \cdots, a_n)}{A}$
分离度（SPLIT）	描述斑块在空间分布上的分散程度，值越大表示越分散	$SPLIT = \dfrac{A^2}{\sum\limits_{j=1}^{m} a_{ij}^{\,2}}$
聚集度（AI）	考察了每个斑块间的连通性，取值越小表示越离散	$AI = \left[\dfrac{g_{ii}}{\max \to g_{ii}}\right] \times 100$

9.2.4　乡村聚落空间格局优化情景设置

首先，在设置乡村聚落空间格局优化情景前，我们对现状农村居民点进行了空间冲突识别，将现状农村居民点空间与第 6 章研究得到的生态保护红线空间进行叠加，识别出每个居民点在生态保护红线空间中的位置。

以生态保护红线空间为基础，在农村居民点用地格局优化布局中，优先考虑生态安全保障程度，并设置了以下三种情景。

（1）情景 1（低度安全）：农村居民点选址只允许在生态保护红线空间的危机型生态红线空间、缓冲型生态红线空间和非关键性生态保护红线空间内，即满足生态安全的最低要求，在底线型生态保护红线空间内严格禁止进行有关建设和开发活动。

（2）情景 2（中度安全）：农村居民点选址只允许在缓冲型生态红线空间和非关键性生态保护红线空间内，即满足生态安全的总要求，在底线型生态保护红线空间和危机型生态红线空间内严格禁止进行有关建设和开发活动。

（3）情景 3（高度安全）：农村居民点选址只允许在非关键性生态保护红线空间内，即满足生态安全的理想格局，未来的居民点选址只在非关键性生态保护红线空间内，严格控制在生态保护红线空间内进行任何开发和建设活动。

根据上述不同情景对农村居民点格局进行蚁群优化，利用 ArcGIS 10.2 转换工具，运用 GeoSOS 模块，将研究区农村居民点布局适宜性评价图栅格图谱转换为 ASCII 文本格式，结合三类不同情景下研究区农村居民点主要空间形态特征，集成蚁群优化算法，优化研究区农村居民点布局，并分别提出调控策略。

9.3　结　果　分　析

9.3.1　基于生态安全的乡村聚落空间现状冲突分析

运用 ArcGIS 10.2 分析工具，将农村居民点栅格数据和生态保护红线空间栅格数据进行叠加，得到农村居民点与生态保护红线空间的现状冲突图。

表 9-3 详细地列出了研究区各个乡镇范围内乡村聚落空间与生态保护红线空间的冲突数量。在非生态红线空间范围内的农村居民点栅格有 5282 个，在缓冲型生态红线空间范围内的农村居民点栅格有 2109 个，占总农村居民点的 23.01%；在危机型生态红线空间范围内的农村居民点栅格有 611 个，占总农村居民点的 6.67%；在底线型生态红线空间范围内的农村居民点栅格有 1163 个，占 12.69%。三类生态红线空间冲突合计占比 42.37%。

表 9-3　乡村聚落空间与生态保护红线空间的冲突数量分布

乡镇	非空间冲突	缓冲型生态红线空间冲突	危机型生态红线空间冲突	底线型生态红线空间冲突	冲突合计
义宁镇	15	16	8	16	40
大桥镇	458	62	15	8	85
渣津镇	360	128	14	32	174
马坳镇	325	98	32	18	148
杭口镇	96	24	30	104	158
港口镇	114	40	28	26	94
山口镇	222	68	8	11	87
黄沙镇	65	170	28	22	220
黄港镇	46	129	13	34	176
何市镇	223	93	7	4	104
上奉镇	78	58	3	14	75
宁州镇	147	62	20	23	105
路口乡	118	73	29	5	107
上衫乡	153	30	17	12	59
余段乡	39	16	7	5	28
石坳乡	199	25	11	3	39
东港乡	77	43	20	13	76

续表

乡镇	非空间冲突	缓冲型生态红线空间冲突	危机型生态红线空间冲突	底线型生态红线空间冲突	冲突合计
上杭乡	201	15	2	6	23
新湾乡	79	22	9	15	46
布甲乡	50	26	15	12	53
漫江乡	74	26	13	9	48
复源乡	46	19	5	10	34
竹坪乡	77	13	11	25	49
征村乡	202	32	13	22	67
黄坳乡	28	147	16	16	179
白岭镇	313	74	39	28	141
全丰镇	136	118	29	40	187
黄龙乡	97	119	32	28	179
水源乡	71	67	28	19	114
溪口镇	182	82	42	28	152
大椿乡	138	36	13	17	66
古市镇	358	108	18	10	136
庙岭乡	94	13	3	15	31
四都镇	129	31	24	182	237
太阳升镇	14	5	1	324	330
西港镇	258	21	8	7	36
合计	5282	2109	611	1163	3883

从表 9-3 中可以看出底线型生态红线空间冲突主要分布在太阳升镇、四都镇和杭口镇，分别为 324、182 和 104 个栅格。危机型生态红线空间冲突相对较少，主要分布在溪口镇、白岭镇、黄龙乡和马坳镇，分别为 42、39、32 和 32 个栅格。缓冲型生态红线空间冲突则主要分布在黄沙镇、黄坳乡和黄港镇，分别为 170、147 和 129 个栅格，此外，黄龙乡、渣津镇、全丰镇和古市镇分布的缓冲型生态红线空间也超过 100 个栅格。

不考虑空间冲突的等级，仅考虑空间冲突的栅格数量，则太阳升镇、四都镇和黄沙镇是空间冲突分布最多的乡镇，分别为 330、237 和 220 个栅格，上杭乡、余段乡和庙岭乡是空间冲突分布最少的乡镇，分别为 23、28 和 31 个栅格。

9.3.2　不同情景下乡村聚落空间格局优化结果

把距乡镇中心距离、距主干道路的距离、距河流的距离、海拔和坡度五个适宜性因子和其对应的权重带入 GeoSOS 软件中，运用蚁群优化算法模拟出三种不同生态安全情景下乡村聚落空间格局。

在低度安全情景下，模拟的乡村聚落空间主体呈带状分布，伴有零星点状分布；在中度安全情景下，模拟的乡村聚落空间主体分布与低度安全情景的较为类似，但在聚落的规模和形状上有差异；在高度安全情景下，模拟的乡村聚落空间形成了两个较大的核心区域，且两个核心区域距离较远，各聚落空间的规模和形态已与低度安全和中度安全的完全不同。

为进一步分析三种生态安全情景下模拟的乡村聚落空间格局特征，我们进一步计算了现状乡村聚落空间和三种情景模拟下的乡村聚落空间的景观格局指数，用以反映它们各自的格局特征。由表 9-4 可知，在优化情景下的乡村聚落空间 NP 由原来的 5597 个减少到 56 个；PD 由原来的 61.069 减少到 0.611；LPI 由原来的 0.2073 增加到 24.7；SPLIT 由原来的 3075.8074 减少到 8.8034；AI 由原来的 14.834 增加到 86.7971。总体来看，在经过优化后的农村居民点斑块数量大幅度减少并且分布更加聚集。

不同优化情景下乡村聚落空间分布格局有明显差异。从 LPI 指标可以看出，高度安全情景下的数值最高，达到了 24.7，其次为中度安全（17.3904）和低度安全（14.1392），这表明在高度安全情景下乡村聚落空间的最大聚集面积最高，空间异质性最低；SPLIT 指标由低到高分别为高度安全、低度安全和中度安全，其值分别为 8.8034、16.8117 和 16.9066，高度安全情景下指标值最低，说明在高度安全情景下乡村聚落空间的聚合情况是最好的；AI 指标最高的是低度安全情景，其值为 89.3936，其次为中度安全（88.6549）和高度安全（86.7971），这表明低度安全情景下乡村聚落空间的离散程度最低。

表 9-4　居民点空间格局指标数据对比

情景		指标				
		斑块数量（NP）	斑块密度（PD）	最大斑块指数（LPI）	分离度（SPLIT）	聚集度（AI）
现状情景		5597	61.069	0.2073	3 075.8074	14.8340
优化情景	低度安全	56	0.611	14.1392	16.8117	89.3936
	中度安全	56	0.611	17.3904	16.9066	88.6549
	高度安全	56	0.611	24.700	8.803 4	86.7971

9.4　结论和启示

乡村聚落空间格局优化作为乡村重构的重要内容，是优化乡村空间组织、促进乡村可持续发展、助推全面振兴的重要手段，近年来成为乡村地理学领域持续关注的热点话题。本章在识别 A 县现状乡村聚落空间与区域生态保护红线空间的冲突基础上，设置了三种生态安全情景，运用蚁群优化算法模拟了三种生态安全情景下的乡村聚落空间的优化格局，并运用景观格局指数分析了现状乡村聚落空间及三种情景模拟下的乡村聚落空间的景观格局特征。

结果显示，现状乡村聚落空间与生态保护红线空间存在较大范围的空间冲突，从叠加分析的结果看，有超过 40%的乡村聚落空间与区域生态保护红线空间存在冲突，主要分布在太阳升镇、四都镇和黄沙镇，其中与底线型生态红线空间的冲突范围达到 12.69%，主要分布在太阳升镇、四都镇和杭口镇。在模拟的三种生态安全情景下的乡村聚落空间格局中，低度安全和中度安全情景下的乡村聚落空间格局主体呈带状分布，伴有零星点状分布，高度安全情景下的乡村聚落空间格局则形成两个较大的核心区域，聚落空间的整体格局，聚落的规模、形状均与前两者不同。在景观格局分析中，三种模拟优化格局的 NP 和 PD 要远远小于现状格局，同时它们的 LPI、SPLIT 和 AI 也均优于现状乡村聚落空间。在三种模拟优化结果之间，高度安全情景下的乡村聚落空间优化格局的 LPI 最高，聚合情况最好，而低度安全情景下的乡村聚落空间优化格局的离散程度最低。通过本章乡村聚落空间与生态保护红线空间的冲突分析，发现有超过 40%的乡村聚落空间位于生态保护红线空间内，这意味着过去乃至现在都有大量的农村居民处于安居乐业和生态安全两者的权衡之中，尽管一些生态安全问题不是每时每刻都在发生，但其一旦发生，带来的破坏可能是毁灭性的。尤其是当下气候崩溃现象频发，干旱、洪水、山体滑坡、泥石流等灾害伴随着气候变化变得愈加频繁，使得原本脆弱的乡村聚落变得更加脆弱敏感，开展基于生态安全的乡村聚落空间格局优化已经迫在眉睫。然而，从现有研究看，较少研究较为全面地识别了区域生态保护红线空间，在此基础上判别乡村聚落空间与生态红线空间之间的冲突则更为少见，因此，本章建议在广大乡村开展识别生态保护红线空间的基础上，开展乡村聚落空间与生态红线空间的冲突分析，从而及时掌握乡村聚落空间所处的生态安全状况，此项研究可优先在生态脆弱地区开展。

模拟不同生态安全情景下的乡村聚落空间优化格局为乡村重构的决策者提供了参考。当前，乡村重构成为社会经济发展转型中乡村地域的必经之路，乡村空间重构是其重要内容，如何基于生态安全视角下优化乡村聚落的规模、组织形态、空间布局、景观特征是决策者需要思考的重大问题，本章在识别乡村聚落空间与区域生态保护红线空间的冲突基础上，模拟了三种生态安全情景下的乡村聚落空间的优化方案，并分析了每种方案下乡村聚落空间的景观格局特征，为决策者提供了较为翔实的结果展示和数据分析结果，决策者需根据区域发展目标进行抉择。

第 10 章　国土空间生态安全格局构建的对策启示

10.1　实施国土空间的生态分区管制

按照生态功能重要性和生态敏感性程度将区域国土空间划分为一般空间、较重要生态空间、重要生态空间和极重要生态空间。各区域的主要生态与环境问题不尽相同，因此，生态保护和生态建设的对策也有所区别。

10.1.1　极重要生态空间的管制

极重要性生态空间主要是区域关键性生态空间，属于区域内水系、自然保护区的核心区，地表径流环境保护的一级缓冲区域，视觉敏感度高，也是维护区域生态系统服务功能的重要景观骨架。包括生态状况维持较好的林地区域，植被覆盖程度好，生物多样性丰富，抗自然灾害能力较弱，不可承受人为扰动。这类空间为禁建区，禁止任何开发建设活动。这类空间生态保护和建设方向以生态养护为重点，保护水源涵养功能，建设林业生态工程、净化水源、加强生物多样性建设与保护。

10.1.2　重要生态空间的管制

该类空间为河流水系和生物多样性保护的重要生态缓冲带，生态脆弱，自我调节能力弱，相对稳定性较差，在人为或自然的干扰因素诱发下可能发生严重的生态退化，并会对整个区域的生态系统带来严重破坏，是生态风险防范的重点空间。因此，这类空间为限制开发区，限制干扰强度大的开发建设活动；同时，必须加强该区现有植被的保育，严禁乱垦滥伐等有损生态与环境的活动，并对已遭破坏的植被进行及时、有效的恢复或重建。

10.1.3　较重要生态空间的管制

较重要生态空间主要包括农田生态系统以及中度敏感区域过渡地带、主要地表径流汇水面、沿河生态缓冲带等区域。该区域要从保护自然生态系统入手，调整产业结构和布局，形成对环境破坏小、附加值大的绿色产业，建成维系生态安全的生态廊道和生态产业发展区域。

10.1.4　一般空间的管制

该类空间主要集中在现状已建设区域，土地利用类型主要为居民点和部分产业用地。该区生态系统较为简单，生物多样性较低。该类空间为优化开发区，是将来农村的居住建设开发区，其主要功能为体现农村景观、实现清洁生产和生态人居，因此，该类空间的保护必须合理控制人口发展规模，调整产业结构，发展生态型产业，杜绝污染严重、能耗大的企业在该区落户。

10.2　建立国土空间生态安全的预警机制

加强生态安全预警监测和研判是维护区域国土空间生态安全的重点任务，有必要通过建立健全国土空间生态安全监测预警体系，定期对国土空间生态风险进行调查；并完善多级联动的突发生态安全事件应急网络，提高国土空间生态安全预警的时效性。通过加强资源环境的国情、县情宣传，增强全民国土空间生态安全意识，进而完善国土空间生态安全预警机制。

10.2.1　国土空间生态风险动态评价制度

以习近平生态文明思想为指导，在生态风险评估过程中，秉承理性规避生态风险的监督新理念，改变"被动式发现，运动式查处"的执法方式，本着发现在初始，解决在萌芽，防患于未然的监管思路，建立国土空间生态风险常态化评价制度。现有的生态安全评价研究主要是对研究区域过去十几年的空间变化动态评价或现状的静态评价，而评价应包括过去、现在和未来三个方面，尤其要关注现状评价与未来预测。在当今资源更加紧缺和匮乏的情形下，更加注重现状和未来的动态国土空间生态安全预警评价，可为区域国土空间资源可持续利用及区域发展提供强有力的支撑。

10.2.2　国土空间生态风险预警调控机制

通过多种调控方式在土地利用、各种影响要素、预警体系和调控方案等之间建立有机联系和制约关系，对区域国土空间生态风险预警机制的运行过程和发展方向进行调节控制。特别是针对国土空间生态风险等级较高的乡镇，制定生态风险预警调控方案，进一步完善统一指挥、分级控制、条块结合、属地为主的国土空间生态安全应急管理体系，建立健全生态风险提示预警和应急机制、安全保障机制等，及时发现并处理可能出现的各种生态风险，寻找风险源并防范和消除风险，促进社会-生态-经济系统的正常运行。

10.2.3　国土空间生态风险预警管理机制

国土空间生态风险预警管理应从人才队伍建设、信息系统建设、组织管理建设和政策法规建设等方面入手，提升国土空间生态风险综合管理水平，提高国土空间生态安全管理效率。在人才队伍建设方面，通过与院校合作，提升国土空间生态管控的研究水平，为区域发展提供智力支撑。同时，建设国土空间生态风险信息系统，加强风险评价与管理的信息化平台建设，进一步完善信息服务和监督管理功能，保障相关信息的准确性和时效性，发挥预警管理和风险防范作用。同时，继续推进国土资源管理政策法规的宣传执行工作。

10.2.4　完善国土空间生态风险预警机制

预警机制的效果在于预警的时效性和科学性。由于现代监测技术较为成熟，国土空间生态风险监测无论是指标体系还是监测结果都趋于科学；另外，由于数据技术的革新，我国的风险监控是动态连续的，这也保证了预警的时效性。技术成熟保证了监测的科学性，那么人为的操作则是监测系统的关键一环。监测人员应当认识到个人工作的重要性以避免渎职；而一旦监测到国土空间生态风险险情，监测结果需要通过媒体宣传部门及时地传递给主管部门与公众，动员人民群众参与到紧急情况的应对中来。

10.3　创新国土空间生态安全的补偿机制

根据 2018 年 12 月 28 日，国家发展和改革委员会、财政部、自然资源部、生态环境部、水利部、农业农村部、中国人民银行、国家市场监督管理总局、国家林业和草原局等九部门联合印发的《建立市场化、多元化生态保护补偿机制行动计划》，要求建立政府主导、企业和社会参与、市场化运作、可持续的生态保护补偿机制，激发全社会参与生态保护的积极性。因此，国土空间生态安全补偿机制建立要重视市场化、多元化和补偿的可持续。国土空间生态安全补偿机制的构建亦需遵循市场化、多元化和可持续的原则，激发各相关主体参与国土空间生态安全保护的积极性，又要最大化利用市场调节机制，最终实现生态保护与经济发展的协同共进。

10.3.1　补偿主体多元化

在生态补偿的主体方面，中央政府应作为最为重要的补偿主体。同时，地方政府也应该作为生态补偿的主体之一。除此之外，要把负责生态补偿的机关细化到某个部门，保证操作有效性。在我国，一些企事业单位并没有为自身受益而承担起生态补偿责任，这与"谁受益，谁补偿"的原则不符，这种权利责任不明确的情况造成了相关利益的脱节和不均衡，挫伤了主动承担起生态补偿责任者的积极性。因此，应该增强不同地区、不同机构对于承担生态补偿责任的意识，直接从受益者的获利中进行征收。在明确补偿主体的前提下，结合具体国情，可进一步将受偿主体细化为如下三类：一是出于保护生态需要被征收、征用土地者；二是由生态保护原因导致其发展受限者；三是为生态保护做出贡献者。

10.3.2　补偿资金来源多样化

当前政府是主要的国土空间生态安全补偿的主体，也是最为重要的生态补偿资金来源渠道。这需要不断完善现有财政转移支付制度，建立国土空间生态安全补偿专项资金。但中央财政资金无法面面俱到，筹集生态补偿资金不能简单地依靠政府税收和财政转移支付，应该建立多元化的资金来源渠道，这样才能为做好生态补偿提供有力的资金支持。例如，直接征收生态安全补偿税（费），从涉及生态安全损失的大型项目中收取生态补偿费，为生态安全受损的地区筹集生态治理资金。此外，还有推行绿色贷款、完善生态安全治理备用金制度和引入生态保险、土地发展权交易等多种方式，鼓励社会资金参与到国土空间生态安全补偿中来。同时，还要注重提高补偿资金的使用效率。

10.3.3　补偿方式多元化

补偿方式的选择是国土空间生态安全补偿机制实施中的重要一环，也是生态补偿活动的具体实现形式。我国生态补偿的方式有资金补偿、政策补偿、实物补偿、项目补偿和智力补偿等多种形式，资金补偿、实物补偿倾向于"输血"，其他补偿方式倾向于"造血"，"输血"补偿和"造血"补偿的不同补偿方式组合比直接经济补偿或单一补偿更具有长远和现实意义，但补偿方式的选择也需要贴近区域实际，这样才能有效促进受偿方的长足发展。因此，国土空间生态安全补偿的形式可从单一要素补偿向多要素综合补偿转变，通过补偿方式的多元组合提高生态补偿机制的运行效率。

10.3.4　因地制宜长期补偿

国土空间生态安全补偿的关键还是要落到生态安全这个点上来，通过维护生态安全来指导国土资源利用和国土空间配置，使国土资源利用行为和国土空间配置行为在追求经济效益的同时，更要重视生态效益和重视生态环境的保护。另外，生态补偿涉及不同层级的行为主体也位于不同层面，他们彼此之间的利益关系错综复杂，同时不同区域在土地资源本底、社会经济发展水平和方向等方面都存在显著差异性，因此，在国土空间生态安全补偿机制的执行时特别是补偿方式的选择方面不应该一概而论，应该根据区域发展差异和生态风险实际情况因地制宜采取不同的补偿方式，才能实现生态补偿的长足发展。此外，生态补偿机制执行应循序渐进，有重点、有层次、有次序地推进，延长补偿链，创新机制，不断注入新活力。

10.4　完善国土空间生态安全的公众参与机制

生态安全事关良好生态环境和人民群众生活品质。公众既是生态安全的建设者，同时也是生态安全的受益者。保护生态环境的最终动力还是来自全体大众。公众对于生态安全的积极参与是最直接和最有效的维护生态安全的手段。因此，要主动、及时地公开环境信息，提高透明度，更好地落实广大人民群众的知情权、监督权；积极发挥新闻媒体和民间组织作用，自觉接受舆论和社会第三方组织监督，并通过宣传、教育等多种手段提升公众生态风险意识，建立健全国土空间生态安全的公众参与机制。

10.4.1　建立公众参与国土空间生态安全的保障机制

随着生态文明理念逐渐深入人心，公众生态环保意识和参与度也逐渐提高，但在相关法律规定中没有公众参与权的明确规定，尚未形成一个完善的和制度化的公众参与保障机制。因此，应通过出台相关规定，完善相应的法律法规，鼓励公众积极行使建设生态文明的参与权利，引导公众参与生态文明制度的建立并推动其有效实施。公众监督是公众参与的重要组成部分，地方应公开曝光违法典型案件，加强对公众环保举报工作的规范化管理，督促做好群众监督受理、查处和反馈工作。同时保护举报人的合法权益，对于公众监督的相关信息要严格保密。

10.4.2 强化国土空间生态安全信息公开

国土空间生态安全信息公开事关人民群众的知情权、参与权、表达权和监督权，要加强相关信息发布，保持传播力度，重视社会舆情，把网民的"表情包"变成生态安全保护工作的"晴雨表"，面对错误思想和负面有害言论敢于积极发声，始终占领网络传播主阵地，打好生态环境舆论主动仗，牢牢把握话语权和主导权。生态信息知情权是公众其他环境权利尤其是参与权的前提。只有相关的信息全面、透明地展现在公众面前，公民的环境知情权得到保障，才能更好地了解并参与其中。信息公开应做细做实，拓宽公开渠道，扩大公开范围，细化公开内容，强化重特大突发生态安全事件信息公开，对涉及群众切身利益的重大项目及时主动公开。

10.4.3 充分发挥第三方作用

以环保社会服务机构、环保社会团体为主体组成的第三方环保社会组织是我国生态文明建设与绿色发展的重要力量，旨在提升公众生态文明意识、促进公众参与生态环境保护、参与环保政策制定和实施、监督土地利用多方主体环境行为、促进生态环境保护国际交流与合作方面做出了积极的贡献。因此，国土空间生态安全保护要充分发挥这些第三方组织和机构的积极作用。同时也要引导相关社会组织健康有序发展，发动民间组织和社会志愿者，加大对第三方组织的扶持力度，规范其管理，使其成为生态环境保护工作的同盟军，推动多元共治的国土空间生态安全保护格局。

10.4.4 提高全民国土空间生态安全意识

当前我国行政机关及其工作人员、社会公众对国土空间生态安全认识不足，无法形成全社会公民共同参与和支持的良好氛围。为此，我国可以切实加大国土空间生态安全宣传教育的力度，提升生态安全观念，充分调动全民参与生态安全防范的积极性。同时也要充分发挥媒介的宣传作用，引导社会公众了解、参与；如通过微博、微信等方式加大生态安全宣传力度，以群众喜闻乐见、贴近生活的方式，让国土资源利用和国土空间配置的多个行为主体更加全面地理解和支持生态安全；通过在全国土地日等纪念宣传日中增设国土空间生态安全的内容，增强全民国土空间生态安全意识。

参 考 文 献

艾克旦•依萨克. 2022. 阿克苏河流域土地利用变化及生态安全预警研究[D]. 新疆师范大学硕士学位论文.

安佑志, 尹占娥, 殷杰, 等. 2011. 上海城市土地利用变化及生态安全风险研究[J]. 地域研究与开发, 30(1): 130-134.

白晓航, 赵文武, 尹彩春. 2022. 稳态转换视角下生态系统服务变化过程与作用机制[J]. 生态学报, 42(15): 6054-6065.

班茂盛, 方创琳, 宋吉涛. 2007. 国内外开发区土地集约利用的途径及其启示[J]. 世界地理研究, 16(3): 45-50.

蔡莉丽. 2020. 厦门"多规合一"实施评价与路径[J]. 城乡建设, (5): 44-47.

蔡林. 2008. 系统动力学在可持续发展研究中的应用[M]. 北京: 中国环境科学出版社.

曹祺文, 张曦文, 马洪坤, 等. 2018. 景观生态风险研究进展及基于生态系统服务的评价框架: ESRISK[J]. 地理学报, 73(5): 843-855.

曹阳. 2017. 城市化下的土地资源优化配置研究: 以沈阳市为例[D]. 东北财经大学硕士学位论文.

常青, 刘丹, 刘晓文. 2013. 矿业城市土地损毁生态风险评价与空间防范策略[J]. 农业工程学报, 29(20): 245-254.

车通, 李成, 罗云建. 2020. 城市扩张过程中建设用地景观格局演变特征及其驱动力[J]. 生态学报, 40(10): 3283-3294.

陈峰, 李红波, 张安录. 2019. 基于生态系统服务的中国陆地生态风险评价[J]. 地理学报, 74(3): 432-445.

陈国阶, 何锦峰. 1999. 生态环境预警的理论和方法探讨[J]. 重庆环境科学, (4): 8-11.

陈海嵩. 2015. "生态红线"制度体系建设的路线图[J]. 中国人口•资源与环境, 25(9): 52-59.

陈辉, 李双成, 郑度. 2005. 基于人工神经网络的青藏公路铁路沿线生态系统风险研究[J]. 北京大学学报: 自然科学版, 41(4): 586-593.

陈利顶, 傅伯杰. 1996. 黄河三角洲地区人类活动对景观结构的影响分析: 以山东省东营市为例[J]. 生态学报, 16(4): 337-344.

陈美婷, 匡耀求, 黄宁生. 2015. 基于RBF模型的广东省土地生态安全时空演变预警研究[J]. 水土保持研究, 22(3): 217-224.

陈鹏, 潘晓玲. 2003. 干旱区内陆流域区域景观生态风险分析: 以阜康三工河流域为例[J]. 生态学杂志, 22(4): 116-120.

陈群弟, 董玉祥. 2013. 广州市土地利用冲突强度测度与分析[C]//中山大学地理科学与规划学院、土地研究中心. 2013 全国土地资源开发利用与生态文明建设学术研讨会论文集. 西宁: 176-184.

陈世栋, 袁奇峰. 2017. 都市生态圈层结构及韧性演进: 理论框架与广州实证[J]. 规划师, 33(8): 25-30.

陈述彭. 1999. 城市化与城市地理信息系统[M]. 北京: 科学出版社.

陈小亮. 2007. "反规划"理论在西部地区新农村规划中的应用[J]. 小城镇建设, (5): 32-34.

陈彦光. 2009. 基于 Moran 统计量的空间自相关理论发展和方法改进[J]. 地理研究, 28(6): 1449-1463.

陈永生. 2016. 扬州市规划冲突区域诊断及其协同措施研究[D]. 南京农业大学硕士学位论文.

陈勇, 洪强, 刘艳中, 等. 2016. 地下铁矿山土地生态安全评价: 理论方法与实证检验[J]. 安全与环境学报, 16(3): 366-371.

成超男, 胡杨, 冯尧, 等. 2020. 基于CA-Markov模型的城市生态分区构建研究: 以晋中主城区为例[J]. 生态学报, 40(4): 1455-1462.

程江, 杨凯, 赵军. 2009. 基于生态服务价值的上海土地利用变化影响评价[J]. 中国环境科学, 29(1): 95-100.

程进. 2013. 我国生态脆弱民族地区空间冲突及治理机制研究: 以甘肃省甘南藏族自治州为例[D]. 华东师范大学博士学位论文.

程文仕, 姚尧, 黄鑫, 等. 2018. 基于生态风险空间差异的土地整治投入优先序研究[J]. 资源科学, 40(10): 2073-2084.

迟磊. 2018. "反规划"理论在城市景观规划中的应用[J]. 江西科学, 36(3): 480-483.

储金龙, 王佩, 顾康康, 等. 2016. 山水型城市生态安全格局构建与建设用地开发策略[J]. 生态学报, 36(23): 7804-7813.

邓楚雄, 刘唱唱, 李忠武. 2022. 生态修复背景下流域国土空间韧性研究思路[J]. 中国土地科学, 36(5): 11-20.

邓飞, 于云江, 全占军. 2011. 区域生态风险评价研究进展[J]. 环境科学与技术, 34(S1): 141-147.

邓伟, 刘德绍, 郑莉, 等. 2017. 基于生态功能保护的重庆市生态保护红线管控浅析[J]. 未来与发展, 41(8): 109-112, 104.

丁乙宸, 刘科伟, 程永辉, 等. 2020. 县级国土空间规划中"三区三线"划定研究: 以延川县为例[J]. 城市发展研究, 27(5): 1-9.

董君, 刘璐. 2016. "反规划"思想下的乡土景观建设研究[J]. 安徽农业科学, 44(2): 210-213.

段晓东, 王存睿, 刘向东. 2012. 元胞自动机理论研究及其仿真应用[M]. 北京: 科学出版社.

樊杰, 蒋子龙. 2015. 面向"未来地球"计划的区域可持续发展系统解决方案研究: 对人文–经济地理学发展导向的讨论[J]. 地理科学进展, 34(1): 1-9.

樊杰, 周侃, 王亚飞. 2017. 全国资源环境承载能力预警(2016 版)的基点和技术方法进展[J]. 地理科学进展, 36(3): 266-276.

范贺娟, 来风兵, 曹家睿, 等. 2020. 天山野果林区滑坡景观时空演变及生态风险预测[J]. 山地学报, 38(2): 231-240.

范琳琳. 2022. 多目标优化模型及其在农作物种质资源统计中的应用[D]. 长春工业大学硕士学位论文.

方创琳. 2004. 中国人地关系研究的新进展与展望[J]. 地理学报, 59(S1): 21-32.

方勇, 黄建洲, 罗成. 2020. 浅谈地方生态保护红线的评估问题: 以湖北黄冈市为例[J]. 中国土地, (2): 37-39.

冯玮. 2017. 矿粮复合区土地利用冲突识别与诊断研究: 以江西省德兴铜矿为例[D]. 东华理工大学硕士学位论文.

冯祎琛. 2021. 国家公园生态安全预警研究: 以祁连山国家公园试点区甘肃片区为例[D]. 兰州

大学硕士学位论文.

付梦娣, 唐文家, 刘伟玮, 等. 2021. 基于生态系统服务视角的生态风险评估及生态修复空间辨识: 以长江源区为例[J]. 生态学报, 41(10): 3846-3855.

傅伯杰, 陈利顶, 马克明, 等. 2000. 景观生态学原理及应用[M]. 北京: 科学出版社.

傅伯杰, 刘焱序. 2019. 系统认知土地资源的理论与方法[J]. 科学通报, 64(21): 2172-2179.

傅伯杰. 1991. 区域生态环境预警的原理与方法[J]. 资源开发与保护, 7(3): 138-141.

傅伯杰. 1993. 区域生态环境预警的理论及其应用[J]. 应用生态学报, 4(4): 436-439.

傅伯杰. 1995. 黄土区农业景观空间格局分析[J]. 生态学报, 15(2): 113-120.

傅伯杰. 2019. 土地资源系统认知与国土生态安全格局[J]. 中国土地, (12): 9-11.

傅丽华, 谢炳庚, 张晔, 等. 2011. 长株潭城市群核心区土地利用生态风险评价[J]. 自然灾害学报, 20(2): 96-101.

高吉喜, 徐德琳, 乔青, 等. 2020. 自然生态空间格局构建与规划理论研究[J]. 生态学报, 40(3): 749-755.

高磊. 2019. 济宁市土地利用空间冲突测度及其调控研究[D]. 山东农业大学硕士学位论文.

高奇. 2015. 基于 CPM-RBF 模型的区域土地生态安全预警研究[D]. 中国地质大学硕士学位论文.

高宇, 曹明明, 邱海军, 等. 2015. 榆林市生态安全预警研究[J]. 干旱区资源与环境, 29(9): 57-62.

郜红娟, 蔡广鹏, 罗绪强, 等. 2013. 基于能值分析的贵州省 2000—2010 年耕地生态安全预警研究[J]. 水土保持研究, 20(6): 307-310.

戈健宅, 李涛, 齐增湘, 等. 2022. 基于生态风险评估的生态补偿空间识别及分配: 以洞庭湖生态经济区为例[J]. 生态与农村环境学报, 38(4): 472-484.

宫雪, 张晟源, 李明玉. 2016. 延吉市城市生态用地空间结构评价[J]. 延边大学农学学报, 38(1): 24-30.

龚文峰, 袁力, 党永峰. 2012. 基于 RS、GIS 的城市化流域土地利用的生态风险研究—以松花江干流哈尔滨段为例[J]. 中国农学通报, 28(20): 255-261.

辜寄蓉, 朱明仓, 江浏光艳, 等. 2019. 国土空间规划中弹性空间的作用与划分[J]. 中国农业资源与区划, 40(12): 39-47.

郭怀成, 周丰, 刀谞. 2008. 地统计方法学研究进展[J]. 地理研究, 27(5): 1191-1202.

郭建明. 2020. 全面深化改革中国家治理现代化与国家自主性建设研究: 基于"结构—过程"的分析[J]. 社会主义研究, (3): 1-9.

郭伟峰, 王武科. 2009. 关中平原人地关系地域系统结构耦合的关联分析[J]. 水土保持研究, 16(5): 110-115.

郭颖, 胡山鹰, 陈定江. 2008. 资源型产业系统演化分析: 以黄磷产业系统演化为例[J]. 现代化工, 28(3): 79-83, 85.

国家环境保护部自然生态保护司. 2014. 国家生态保护红线-生态功能红线划定技术指南(试行)[S], 1.

海贝贝, 李小建, 许家伟. 2013. 巩义市农村居民点空间格局演变及其影响因素[J]. 地理研究, 32(12): 2257-2269.

韩晨霞, 赵旭阳, 贺军亮, 等. 2010. 石家庄市生态安全动态变化趋势及预警机制研究[J]. 地域研究与开发, 29(5): 99-103, 143.

何杰. 2021. 综合"流补平衡"与"空间置换"的生态保护红线优化与管控研究: 以苏南地区为例[D]. 南京大学硕士学位论文.

何毅, 唐湘玲, 代俊峰. 2021. 漓江流域生态系统服务价值最大化的土地利用结构优化[J]. 生态学报, 41(13): 5214-5222.

和西芳, 乌兰敖登. 2022. 基于"产—景—村"融合的西安市乡村聚落空间格局分析[J]. 中国农业资源与区划, 43(6): 242-250.

贺莉, 刘庆怀. 2015. 多目标优化理论与连续化方法[M]. 北京: 科学出版社.

贺艳华, 唐承丽, 周国华, 等. 2014. 基于地理学视角的快速城市化地区空间冲突测度: 以长株潭城市群地区为例[J]. 自然资源学报, 29(10): 1660-1674.

胡海龙, 曾永年, 张鸿辉, 等. 2011. 多智能体与蚁群算法结合选址模型: 长沙市生态用地选址[J]. 资源科学, 33(6): 1211-1217.

胡和兵, 刘红玉, 郝敬锋, 等. 2011. 流域景观结构的城市化影响与生态风险评价[J]. 生态学报, 31(12): 3432-3440.

胡嫚莉, 雍新琴, 李鑫, 等. 2022. 城乡融合发展导向下农村居民点空间布局优化研究: 以徐州市铜山区为例[J]. 地理与地理信息科学, 38(5): 104-110.

胡顺石, 彭雨龙, 秦建新, 等. 2019. 长株潭城市群植被指数动态变化及城市扩展对其影响分析[J]. 经济地理, 39(12): 178-186.

胡学东, 邹利林. 2020. 生态优先导向下长江经济带土地利用景观格局演变及其驱动机制研究: 以武汉市为例[J]. 地域研究与开发, 39(03): 138-143, 149.

胡云锋, 高戈. 2020. 城市景观生态风险评估框架与实践: 以北京天坛地区为例[J]. 生态学报, 40(21): 7805-7815.

黄背英, 谢保鹏, 陈英, 等. 2022. 基于区位适宜性和生态敏感性的农村居民点布局优化: 以西藏改则县为例[J]. 农业资源与环境学报, 39(2): 406-416.

黄海, 刘长城, 陈春. 2013.基于生态足迹的土地生态安全评价研究[J]. 水土保持研究, 20(1): 193-196, 201.

黄蛟. 2010.我国农村与城市土地闲置的原因及对策[J]. 国土资源, (8): 48-49.

黄隆杨, 刘胜华, 方莹, 等. 2019. 基于"质量-风险-需求"框架的武汉市生态安全格局构建[J]. 应用生态学报, 30(2): 615-626.

黄震方, 黄睿. 2015. 基于人地关系的旅游地理学理论透视与学术创新[J]. 地理研究, 34(1): 15-26.

黄征学, 蒋仁开, 吴九兴. 2019. 国土空间用途管制的演进历程、发展趋势与政策创新[J]. 中国土地科学, 33(6): 1-9.

霍文敏, 陈甲斌. 2022. 煤炭资源富集区生态安全预警技术方法与应用研究[J]. 矿业研究与开发, 42(2): 70-75.

贾仁安, 丁荣华. 2002. 系统动力学反馈动态性复杂分析[M]. 北京: 高等教育出版社.

江曼琦, 刘勇. 2020. "三生"空间内涵与空间范围的辨析[J]. 城市发展研究, 27(4): 43-48, 61.

江颂, 蒙吉军. 2021. 土地利用冲突研究进展: 内容与方法[J]. 干旱区地理, 44(3): 877-887.

焦士兴, 崔思静, 王安周, 等. 2022. 河南省耕地生态安全预警研究[J]. 江苏农业科学, 50(1): 182-188.

金其铭. 1988. 我国农村聚落地理研究历史及近今趋向[J]. 地理学报, 43(4): 311-317.

荆贝贝. 2022. 国土空间生态修复规划下的生态风险评估方法探究[J]. 城乡建设, (11): 54-56.

荆玉平, 张树文, 李颖. 2008. 基于景观结构的城乡交错带生态风险分析[J]. 生态学杂志, 27(2):

229-234.

景永才, 陈利顶, 孙然好. 2018. 基于生态系统服务供需的城市群生态安全格局构建框架[J]. 生态学报, 38(12): 4121-4131.

康鹏, 陈卫平, 王美娥. 2016. 基于生态系统服务的生态风险评价研究进展[J]. 生态学报, 36(5): 1192-1203.

康紫薇, 张正勇, 位宏, 等. 2020. 基于土地利用变化的玛纳斯河流域景观生态风险评价[J].生态学报, 40(18): 6472-6485.

柯小玲, 郭海湘, 龚晓光, 等. 2020. 基于系统动力学的武汉市生态安全预警仿真研究[J]. 管理评论, 32(4): 262-273.

柯小玲, 王晨曦, 郭海湘, 等. 2021. 基于系统动力学的长江经济带生态安全预警研究[J]. 长江流域资源与环境, 30(12): 2905-2914.

柯新利, 肖邦勇, 郑伟伟, 等. 2020. 城镇-农业-生态空间划定的多情景模拟[J]. 地球信息科学学报, 22(3): 580-591.

孔令桥, 王雅晴, 郑华, 等. 2019. 流域生态空间与生态保护红线规划方法: 以长江流域为例[J]. 生态学报, 39(3): 835-843.

雷金睿, 陈宗铸, 陈毅青, 等. 2020. 1990—2018 年海南岛湿地景观生态安全格局演变[J]. 生态环境学报, 29(2): 293-302.

黎斌, 何建华, 屈赛, 等. 2018. 基于贝叶斯网络的城市生态红线划定方法[J]. 生态学报, 38(3): 800-811.

黎德川, 廖铁军, 刘洪, 等. 2009. 乐山市土地生态安全预警研究[J]. 西南大学学报(自然科学版), 31(3): 141-147.

黎夏, 刘小平. 2007. 基于案例推理的元胞自动机及大区域城市演变模拟[J].地理学报, 62(10): 1097-1109.

黎夏, 叶嘉安. 1999. 约束性单元自动演化 CA 模型及可持续城市发展形态的模拟[J].地理学报, 54(4): 289-298.

黎晓亚, 马克明, 傅伯杰, 等. 2004. 区域生态安全格局: 设计原则与方法[J]. 生态学报, 24(5): 1055-1062.

李冰清, 王占岐, 张利国, 等. 2018. 基于集聚发展路径的农村居民点空间重构研究[J]. 中国人口·资源与环境, 28(11): 47-55.

李伯华, 曾灿, 窦银娣, 等. 2018.基于"三生"空间的传统村落人居环境演变及驱动机制: 以湖南江永县兰溪村为例[J]. 地理科学进展, 37(5): 677-687.

李才伟. 1997. 元胞自动机及复杂系统的时空演化模拟[D].华中理工大学博士学位论文.

李光华, 李俊清, 张亮, 等. 2019. 一种融合蚁群算法和随机森林的特征选择方法[J]. 计算机科学, 46(S2): 212-215.

李广东, 方创琳. 2016. 城市生态—生产—生活空间功能定量识别与分析[J]. 地理学报, 71(1): 49-65.

李果, 吴晓莆, 罗遵兰, 等. 2011. 构建我国生物多样性评价的指标体系[J]. 生物多样性, 19(5): 497-504.

李哈滨, 王政权, 王庆成. 1998. 空间异质性定量研究理论与方法[J]. 应用生态学报, 9(6): 651-657.

李红波, 张小林, 吴启焰, 等. 2015. 发达地区乡村聚落空间重构的特征与机理研究: 以苏南为例[J]. 自然资源学报, 30(4): 591-603.

李江南. 2017. 我国将划定生态保护红线[J]. 生态经济, 33(5): 10-13.

李洁, 赵锐锋, 梁丹, 等. 2018. 兰州市城市土地生态安全评价与时空动态研究[J]. 地域研究与开发, 37(2): 151-157.

李晋昌, 王文丽, 胡光印, 等. 2010. 玛曲县土地利用/覆盖变化对区域生态系统服务价值的影响[J]. 中国环境科学, 30(11): 1579-1584.

李昆, 谢玉静, 孙伟, 等. 2020. 农业主产区湖泊水质对湖滨带多尺度景观格局的空间响应[J]. 应用生态学报, 31(6): 2057-2066.

李玲, 侯淑涛, 赵悦, 等. 2014. 基于 P-S-R 模型的河南省土地生态安全评价及预测[J]. 水土保持研究, 21(1): 188-192.

李明阳, 汪辉, 张密芳, 等. 2015. 基于景观安全格局的湿地公园生态适应性分区优化研究[J]. 西南林业大学学报, 35(5): 52-57.

李明玉, 田丰昊, 董玉芝. 2016. 延龙图地区城市生态用地生态重要性空间识别与保护[J]. 地理科学, 36(12): 1870-1876.

李俏, 吴秀芹, 王曼曼. 2018. 荒漠化地区县级潜在土地利用冲突识别[J]. 北京大学学报(自然科学版), 54(3): 616-624.

李青圃, 张正栋, 万露文, 等. 2019. 基于景观生态风险评价的宁江流域景观格局优化[J]. 地理学报, 74(7): 1420-1437.

李谢辉, 李景宜. 2008. 基于 GIS 的区域景观生态风险分析: 以渭河下游河流沿线区域为例[J]. 干旱区研究, 25(6): 899-902.

李鑫, 董斌, 孙力, 等. 2014. 基于 TM 像元的湿地土地利用生态风险评价研究[J]. 水土保持研究, 21(4): 114-118, 321.

李秀彬. 1996. 全球环境变化研究的核心领域: 土地利用/土地覆盖变化的国际研究动向[J]. 地理学报, 51(6): 553-558.

李秀彬. 2002. 土地利用变化的解释[J]. 地理科学进展, 21(3): 195-203.

李秀彬. 2008. 农地利用变化假说与相关的环境效应命题[J]. 地球科学进展, 23(11): 1124-1129.

李学东, 刘云慧, 李鹏山, 等. 2022. 生态脆弱区农村居民点布局优化对区域生态系统服务功能的影响: 以四川省西昌市为例[J]. 生态学报, 42(17): 6900-6911.

李学伟, 吴今培, 李雪岩. 2013. 实用元胞自动机导论[M]. 北京: 北京交通大学出版社.

李耀明, 王玉杰, 王云琦. 2017. 基于 GIS 的北京地区生态风险评价[J]. 中国水土保持科学, 15(2): 100-106.

李怡, 赵小敏, 郭熙, 等. 2021. 基于 InVEST 和 MCR 模型的南方山地丘陵区生态保护红线优化[J]. 自然资源学报, 36(11): 2980-2994.

李益敏, 管成文, 朱军, 等. 2017. 基于加权叠加模型的高原湖泊流域重要生态用地识别: 以星云湖流域为例[J]. 长江流域资源与环境, 26(8): 1251-1259.

李占军, 刁承泰. 2009. 西南丘陵地区土地资源利用的冲突与协调: 以重庆江津区为例[J]. 水土保持研究, 16(02): 239-244, 248.

梁留科, 张运生, 方明. 2005. 我国土地生态安全理论研究初探[J]. 云南农业大学学报, 20(6): 829-834.

廖李红, 戴文远, 陈娟, 等. 2017. 平潭岛快速城市化进程中三生空间冲突分析[J]. 资源科学, 39(10): 1823-1833.

廖柳文, 秦建新, 刘永强, 等. 2015. 基于土地利用转型的湖南省生态弹性研究[J]. 经济地理, 35(9): 16-23.

林彰平, 刘湘南. 2002. 东北农牧交错带土地利用生态安全模式案例研究[J]. 生态学杂志, 21(6): 15-19.

刘道荣, 郑基滋, 占玄, 等. 2019. 临安山核桃主产区林地土壤重金属生态风险评价[J]. 物探与化探, 43(6): 1382-1388.

刘迪, 陈海, 耿甜伟, 等. 2020. 基于地貌分区的陕西省区域生态风险时空演变[J]. 地理科学进展, 39(2): 243-254.

刘冬, 林乃峰, 邹长新, 等. 2015. 国外生态保护地体系对我国生态保护红线划定与管理的启示[J]. 生物多样性, 23(6): 708-715.

刘建生, 郧文聚, 赵小敏, 等. 2013. 农村居民点重构典型模式对比研究: 基于浙江省吴兴区的案例[J]. 中国土地科学, 27(2): 46-53.

刘菁. 2018. 碳足迹视角下中国建筑全产业链碳排放测算方法及减排政策研究[D].北京交通大学博士学位论文.

刘军杰, 郄瑞卿, 刘大平, 等. 2020. 基于 GIS 的乡村聚落空间分布特征与优化模式研究: 以吉林省农安县为例[J]. 土壤通报, 51(4): 816-823.

刘黎明. 2003. 乡村景观规划[M]. 北京: 中国农业大学出版社.

刘鹏, 陈荣蓉, 杨朝现, 等. 2017. 基于"三生空间"协调的农村居民点布局优化研究[J]. 水土保持研究, 24(2): 283-288.

刘清丰. 2021. 基于 EES 和 GM(1, 1)模型的高陵区地质生态安全预警与分析[J]. 世界有色金属, (11): 139-140.

刘庆, 陈利根, 舒帮荣, 等, 2010. 长株潭城市群土地生态安全动态评价研究[J]. 长江流域资源与环境, 19(10): 1192-1197.

刘盛佳. 1998. 吴传钧院士的人文地理思想与人地关系地域系统学说[J]. 地理科学进展, 17(1): 12-18.

刘希朝, 李效顺, 蒋冬梅. 2021. 基于土地利用变化的黄河流域景观格局及生态风险评估[J]. 农业工程学报, 37(4): 265-274.

刘小平, 黎夏, 艾彬, 等. 2006. 基于多智能体的土地利用模拟与规划模型[J]. 地理学报, 61(10): 1101-1112.

刘小平, 黎夏, 彭晓鹃. 2007. "生态位"元胞自动机在土地可持续规划模型中的应用[J]. 生态学报, 27(6): 2391-2402.

刘晓, 苏维词, 王铮, 等. 2012. 基于 RRM 模型的三峡库区重庆开县消落区土地利用生态风险评价[J]. 环境科学学报, 32(1): 248-256.

刘孝富, 舒俭民, 张林波.2010.最小累积阻力模型在城市土地生态适宜性评价中的应用: 以厦门为例[J].生态学报, 30(2): 421-428.

刘昕, 谷雨, 邓红兵. 2010. 江西省生态用地保护重要性评价研究[J]. 中国环境科学, 30(5): 716-720.

刘延国, 李景吉, 逯亚峰, 等. 2021. 西南山区生态保护红线划定方法优化: 基于生态地质环境脆弱性评估[J]. 生态学报, 41(14): 5825-5836.

刘彦随, 刘玉, 翟荣新. 2009. 中国农村空心化的地理学研究与整治实践[J]. 地理学报, 64(10): 1193-1202.

刘彦随. 2020. 现代人地关系与人地系统科学[J].地理科学, 40(8): 1221-1234.

刘艳芳, 明冬萍, 杨建宇. 2002. 基于生态绿当量的土地利用结构优化[J]. 武汉大学学报(信息科学版), 27(5): 493-498, 515.

刘焱序, 王仰麟, 彭建, 等. 2015. 基于生态适应性循环三维框架的城市景观生态风险评价[J]. 地理学报, 70(7): 1052-1067.

刘勇, 邢育刚, 李晋昌. 2012. 土地生态风险评价的理论基础及模型构建[J]. 中国土地科学, 26(6): 20-25.

刘玉洁, 代粮, 张婕, 等. 2020. 资源承载力监测: 以西藏"一江两河"地区为例[J]. 自然资源学报, 35(7): 1699-1713.

卢宏玮, 曾光明, 谢更新, 等. 2003. 洞庭湖流域区域生态风险评价[J]. 生态学报, 23(12): 2520-2530.

陆大道. 2004.中国人文地理学发展的机遇与任务[J]. 地理学报, 59(S1): 3-7.

陆大道. 2008. 春风化雨润物无声: 贺毕生走治学和创业并重道路的吴传钧老师90华诞[J]. 地理学报, 63(4): 339-345.

陆大道, 郭来喜. 1998. 地理学的研究核心: 人地关系地域系统: 论吴传钧院士的地理学思想与学术贡献[J]. 地理学报 53(2): 97-105.

陆汝成, 黄贤金, 左天惠, 等. 2009. 基于CLUE-S和Markov复合模型的土地利用情景模拟研究: 以江苏省环太湖地区为例[J]. 地理科学, 29(4): 577-581.

吕春艳, 王静, 何挺, 等. 2006. 土地资源优化配置模型研究现状及发展趋势[J]. 水土保持通报, 26(2): 21-26.

吕乐婷, 张杰, 孙才志, 等. 2018. 基于土地利用变化的细河流域景观生态风险评估[J]. 生态学报, 38(16): 5952-5960.

马彩虹. 2013. 基于GIS的黄土台塬区土地资源开发利用与生态风险分析[D]. 陕西师范大学博士学位论文.

马欢, 于强, 岳德鹏, 等. 2017. 基于MAS-LCM的沙漠化空间模拟方法研究[J]. 农业机械学报, 48(10): 134-141.

马利邦, 豆浩健, 谢作轮, 等. 2019. 基于整合驱动因素和适宜性评价的乡村聚落重构模式研究[J]. 农业工程学报, 35(3): 246-255.

马琪, 李婷, 贺成民. 2022. 基于生态承载力预警的土壤侵蚀敏感红线划分研究: 以陕西省为例[J]. 水土保持研究, 29(5): 93-99.

马世五, 谢德体, 张孝成, 等. 2017.三峡库区生态敏感区土地生态安全预警测度与时空演变: 以重庆市万州区为例[J].生态学报, 37(24): 8227-8240.

马晓钰, 叶小勇. 2012. 新疆"脆弱生态环境-人口"系统安全预警机制初探[J]. 生态经济, 28(1): 176-178, 186.

马瑛. 2007. 北方农牧交错带土地利用生态安全评价[J]. 干旱区资源与环境, 21(7): 53-58.

马志昂, 盖艾鸿, 程久苗. 2014, 基于BP人工神经网络的区域土地生态安全评价研究: 以安徽省为例[J]. 中国农学通报, 30(23): 289-295.

毛汉英. 1991. 县域经济和社会同人口、资源、环境协调发展研究[J]. 地理学报, 46(4): 385-395.

毛小苓, 倪晋仁. 2005. 生态风险评价研究述评[J]. 北京大学学报(自然科学版), 41(4): 646-654.

毛子龙. 2007. 吉林省通榆县土地生态安全预警与土地资源利用优化研究[D]. 吉林大学硕士学位论文.

蒙晓, 任志远, 戴睿.2012. 基于压力-状态-响应模型的宝鸡市生态安全动态评价及预测[J]. 水土保持通报, 32(3): 231-235, 295.

孟宝. 2020. 宜宾市国土空间功能解析与优化对策研究[D]. 中国科学院大学(中国科学院水利部成都山地灾害与环境研究所)博士学位论文.

妙旭华, 董战峰, 郝春旭. 2018. 甘肃祁连山保护区生态保护红线管控政策框架研究[J]. 生态经济, 34(11): 214-218.

闵婕, 杨庆媛, 唐璇. 2016. 三峡库区农村居民点空间格局演变: 以库区重要区万州为例[J]. 经济地理, 36(2): 149-158.

母容. 2013. 基于多维决策法的海岸带主体功能区划研究[D]. 厦门大学博士学位论文.

倪琳, 宋安安, 郑艳东, 等. 2019. 基于生态约束的山区农村居民点整治分区研究: 以河北省涞源县为例[J]. 中国农业资源与区划, 40(10): 26-33.

聂新艳, 王文杰, 秦建新, 等. 2012. 规划环评中区域生态风险评价框架研究[J]. 环境工程技术学报, 2(2): 154-161.

聂云峰, 陈红顺, 夏斌, 等. 2009. 基于多智能体与 GIS 城市土地利用变化仿真研究[J]. 计算机应用研究, 26(07): 2613-2616.

宁珊, 张正勇, 周红武, 等. 2019. 基于生态服务价值的玛纳斯河流域土地利用结构优化[J]. 生态学报, 39(14): 5208-5217.

欧阳晓, 朱翔, 贺清云. 2019. 城市化与生态系统服务的空间交互关系研究: 以长株潭城市群为例[J]. 生态学报, 39(20): 7502-7513.

欧阳晓, 朱翔, 贺清云. 2020. 基于生态系统服务和生态系统健康的生态风险评价: 以长株潭城市群为例[J]. 生态学报, 40(16): 5478-5489.

欧阳志云, 王效科, 苗鸿. 1999. 中国陆地生态系统服务功能及其生态经济价值的初步研究[J]. 生态学报, 19(5): 607-613.

彭翀, 林樱子, 吴宇彤, 等. 2021. 基于"成本-能力-能效"的长江经济带城市韧性评估[J].长江流域资源与环境, 30(8): 1795-1808.

彭佳捷, 周国华, 唐承丽, 等. 2012. 基于生态安全的快速城市化地区空间冲突测度: 以长株潭城市群为例[J]. 自然资源学报, 27(9): 1507-1519.

彭建, 党威雄, 刘焱序, 等. 2015. 景观生态风险评价研究进展与展望[J]. 地理学报, 70(4): 664-677.

彭建, 王仰麟, 刘松, 等. 2004. 景观生态学与土地可持续利用研究[J]. 北京大学学报(自然科学版), 40(1): 154-160.

彭文君, 舒英格. 2017. 典型石漠化地区土地覆被变化对生态环境的影响: 以贵州省晴隆县为例[J]. 江苏农业科学, 45(14): 200-206.

彭雪丽, 徐磊, 徐维艺, 等. 2022. 基于生态适宜性的唐县城乡居民点用地优化研究[J]. 水土保持研究, 29(2): 398-405.

彭羽, 卿凤婷, 米凯, 等. 2015. 生物多样性不同层次尺度效应及其耦合关系研究进展[J]. 生态学报, 35(2): 577-583.

秦昆. 2016. GIS 空间分析理论与方法[M]. 武汉: 武汉大学出版社.

秦向东, 闵庆文. 2007. 元胞自动机在景观格局优化中的应用[J]. 资源科学, 29(4): 85-91.

曲明, 周蕴薇, 曹福存, 等. 2021. 基于景观安全格局的黄海区域农村居民点空间布局优化: 以辽宁大连普兰店区为例[J]. 水土保持研究, 28(1): 228-233, 241.

曲衍波, 董晓珍, 平宗莉, 等. 2021. 人地协调视角下农村居民点利用质量评价与提升策略[J]. 农业工程学报, 37(18): 252-262.

曲衍波, 张凤荣, 姜广辉, 等. 2010. 基于生态位的农村居民点用地适宜性评价与分区调控[J]. 农业工程学报, 26(11): 290-296.

曲衍波. 2008. 基于 GIS 的山区县域土地生态安全评价与土地利用优化调控研究[D]. 山东农业大学硕士学位论文.

全泉, 田光进, 沙默泉. 2011. 基于多智能体与元胞自动机的上海城市扩展动态模拟[J]. 生态学报, 31(10): 2875-2887.

饶胜, 张强, 牟雪洁. 2012. 划定生态红线创新生态系统管理[J]. 环境经济, (6): 57-60.

任金铜, 李仰征, 王志红, 等. 2020. 贵州草海湿地区域土地利用生态风险评估[J]. 贵州工程应用技术学院学报, 38(3): 99-107.

任启平. 2005. 人地关系地域系统结构研究: 以吉林省为例[D]. 东北师范大学博士学位论文.

荣联伟, 师学义, 高奇, 等. 2015. 黄土高原山丘区土地生态安全动态评价及预测[J]. 水土保持研究, 22(3): 210-216.

阮松涛, 吴克宁. 2013. 城镇化进程中土地利用冲突及其缓解机制研究: 基于非合作博弈的视角[J]. 中国人口·资源与环境, 23(S2): 388-392.

尚海龙, 潘玉君. 2013. 西安市人地关系协调状态评价及动态预测[J]. 人文地理, 28(2): 104-110, 90.

邵帅, 郝晋伟, 刘科伟, 等. 2016. 生产生活方式变迁视角下的城乡居民点体系空间格局重构研究: 框架建构与华县实证[J]. 城市发展研究, 23(5): 84-93.

沈润, 史正涛, 何光熊, 等. 2022. 基于景观破碎化指数的西双版纳生态安全格局构建与优化[J]. 热带地理, 42(8): 1363-1375.

施成超, 周英, 刘滢, 等. 2022. 基于 CA-Markov 模型的云南省德宏州土地利用变化和预测研究[J]. 西部林业科学, 51(1): 102-109.

石小伟, 冯广京, YI Y, 等. 2020. 浙中城市群土地利用格局时空演变特征与生态风险评价[J]. 农业机械学报, 51(5): 242-251.

侍昊, 李旭文, 牛志春, 等. 2015.浅谈生态保护红线区生态系统管理研究概念框架[J]. 环境监控与预警, 7(6): 6-9.

舒昶, 张林波, 冯雪华. 2015. 基于 RS 和 GIS 的区域生态风险评价[J]. 生态经济, 31(12): 116-119.

苏凯, 王茵然, 孙小婷, 等. 2019. 基于GIS与RS的东北森林带景观格局演变与模拟预测[J]. 农业机械学报, 50(12): 195-204.

苏世亮, 李霖, 翁敏. 2020. 空间智能计算[M]. 北京: 科学出版社.

苏迎庆, 刘庚, 赵景波, 等. 2021. 2006-2018 年汾河流域土地生态安全预警测度及时空格局演变[J]. 水土保持通报, 41(1): 144-151.

苏泳娴, 张虹鸥, 陈修治, 等. 2013. 佛山市高明区生态安全格局和建设用地扩展预案[J]. 生态学报, 33(5): 1524-1534.

宿瑞, 王成. 2018. 基于网络中心点辐射导向的农村居民点体系重组与优化: 以重庆市江津区燕坝村为例[J]. 资源科学, 40(5): 958-966.

孙芬, 吴涌泉, 刘秀华, 等. 2012. 基于 GIS 的三峡库区土地生态安全评价: 以丰都县沿江地区为例[J]. 中国农学通报, 28(8): 240-247.

孙峰华, 朱传耿, 王振波, 等. 2012. TRIZ: 研究人地关系问题的一种新的理论与方法[J]. 地理研究, 31(10): 1737-1748.

孙洪波, 杨桂山, 朱天明, 等. 2010. 经济快速发展地区土地利用生态风险评价: 以昆山市为例[J]. 资源科学, 32(3): 540-546.

孙磊. 2010. 江西省城市化加速推进中的农村土地冲突类型划分及时空分布特征[D]. 南昌大学硕士学位论文.

孙奇奇, 宋戈, 齐美玲. 2012. 基于主成分分析的哈尔滨市土地生态安全评价[J]. 水土保持研究, 19(1): 234-238.

孙月蓉, 李永清. 2012. 转型期农村土地冲突爆发原因探究[J]. 经济问题, (7): 92-95.

谭敏, 孔祥斌, 段建南, 等. 2010. 基于生态安全角度的城镇村建设用地空间预警: 以北京市房山区为例[J]. 中国土地科学, 24(2): 31-37.

谭术魁. 2008. 中国土地冲突的概念、特征与触发因素研究[J]. 中国土地科学, 22(4): 4-11.

谭术魁, 邹尚君, 曾忠平, 等. 2022. 基于 RF-MLP 集成模型的耕地生态安全预警系统设计与应用[J]. 长江流域资源与环境, 31(2): 436-446.

谭万能, 李志安, 邹碧, 等. 2005. 地统计学方法在土壤学中的应用[J]. 热带地理, 25(4): 307-311.

汤燕良, 詹龙圣. 2018. 基于耦合神经网络与元胞自动机的城镇开发边界划定: 以惠州市为例[J]. 规划师, 34(4): 101-106.

唐承丽, 贺艳华, 周国华, 等. 2014. 基于生活质量导向的乡村聚落空间优化研究[J]. 地理学报, 69(10): 1459-1472.

唐凯, 周国华. 2013. 基于经济学视角的空间冲突形成原因及其风险测度: 以长株潭城市群为例[J]. 湖南师范大学自然科学学报, 36(3): 90-94.

唐丽静, 王冬艳, 杨园园. 2019. 基于"多规合一"和生态足迹法的土地利用结构优化[J]. 农业工程学报, 35(1): 243-251.

陶聪, 吴承照, 石鼎. 2009. 生态环境预警理论与关键技术研究动态的评述[C]// 中国科学技术协会、重庆市人民政府. 自主创新与持续增长第十一届中国科协年会论文集(1). 重庆: 中国科学技术协会学会学术部: 272-278.

田丰昊. 2017. 延龙图地区城市生态用地评价与空间格局优化研究[D]. 延边大学硕士学位论文.

仝洁. 2020. 基于蚁群优化的 SVM 语音情感识别算法研究[D]. 南昌大学硕士学位论文.

屠爽爽, 周星颖, 龙花楼, 等. 2019. 乡村聚落空间演变和优化研究进展与展望[J]. 经济地理, 39(11): 142-149.

汪什豪, 李全, 邓少华, 等. 2017. 基于生态敏感性和用地适宜性分析的农村居民点评价与优化: 以海南省屯昌县为例[J]. 中国农业资源与区划, 38(3): 27-35.

汪应洛. 2015. 系统工程(第 5 版)[M]. 北京: 机械工业出版社.

王成新, 万军, 于雷, 等. 2017. 基于生态网络格局的城市生态保护红线优化研究: 以青岛市为例[J]. 中国人口·资源与环境, 27(S1): 9-14.

王丹阳, 陈逸, 黄贤金, 等. 2022. 基于空间冲突的区域国土空间优化研究: 以江苏省为例[J]. 长江流域资源与环境, 31(4): 832-839.

王根绪, 程国栋. 1999. 荒漠绿洲生态系统的景观格局分析: 景观空间方法与应用[J]. 干旱区研究, 16(3): 6-11.

王耕, 王利, 吴伟. 2007. 区域生态安全概念及评价体系的再认识[J]. 生态学报, 27(4):

1627-1637.

王观湧, 张乐, 于化龙, 等. 2015. 基于生态安全的土地利用结构优化研究[J]. 土壤通报, 46(6): 1321-1327.

王宏达, 尚久浩, 樊养余. 2004. 智能排样算法分析与展望[J]. 机电工程技术, 33(10): 9-11, 82.

王辉, 宋长春. 2019.三江平原湿地区域生态风险评价研究[J]. 地理科学进展, 38(6): 872-882.

王惠勇, 曲衍波, 郑晓梅, 等. 2007. 主成分分析法在城镇土地生态安全评价中的应用: 以山东省临沂市为例[J]. 安徽农业科学, 35(15): 4614-4617.

王慧芳, 饶恩明, 肖燚, 等. 2018.基于多风险源胁迫的西南地区生态风险评价[J]. 生态学报, 38(24): 8992-9000.

王健, 刘欣雨. 2022. 基于"风险-效应"的土地利用空间冲突识别与测度[J]. 农业工程学报, 38(12): 291-300.

王洁, 摆万奇, 田国行. 2020. 土地利用生态风险评价研究进展[J]. 自然资源学报, 35(3): 576-585.

王瑾, 钱新, 洪坚平, 等. 2010. 忻州市土地利用现状的环境敏感区分析[J]. 中国环境科学, 30(12): 1702-1707.

王娟, 崔保山, 刘杰, 等. 2008. 云南澜沧江流域土地利用及其变化对景观生态风险的影响[J]. 环境科学学报, 28 (2): 269-277.

王娟, 盖艾鸿, 谢保鹏, 等. 2015. 基于GIS的土地生态安全综合评价: 以合水县为例[J]. 甘肃农业大学学报, 50(1): 147-153.

王军, 赵金龙, 崔秀丽, 等. 2007. 建立河北省农业生态安全预警机制的理论探讨[J]. 生态经济, 23(5): 130-133.

王敏, 阮俊杰, 王卿, 等. 2016. 快速城镇化地区景观生态风险变化评估: 以上海市青浦区为例[J]. 水土保持通报, 36(5): 185-198.

王娜, 李满春, 陈振杰, 等. 2022. 生态网络约束下的长沙市景观格局模拟[J]. 水土保持研究, 29(3): 269-275, 283.

王鹏, 况福民, 邓育武, 等. 2015. 基于主成分分析的衡阳市土地生态安全评价[J]. 经济地理, 35(1): 168-172.

王桥, 侯鹏, 蔡明勇, 等. 2017.国家生态保护红线监管业务体系的构建思路[J]. 环境保护, 45(23): 22-25.

王舒, 张骞, 王子芳, 等. 2022. 基于 GIS 的三峡库区生态风险评估及生态分区构建[J]. 生态学报, 42(11): 4654-4664.

王涛, 张超, 于晓童, 等. 2017. 洱海流域土地利用变化及其对景观生态风险的影响[J]. 生态学杂志, 36(7): 2003-2009.

王婷婷, 蒋知栋, 杨耀淇, 等. 2013. 农村生态文明建设中的环境污染问题与治理对策[J]. 贵州农业科学, 41(10): 203-208.

王伟, 孙雷. 2016. 区域创新系统与产业转型耦合协调度分析: 以铜陵市为例[J]. 地理科学, 36(2): 204-212.

王尧. 2017. 基于景观格局和蚁群算法的横山区农村居民点布局优化研究[D]. 长安大学硕士学位论文.

王影影. 2017. 精明收缩视角下苏南乡村空间发展策略研究[D]. 苏州科技大学硕士学位论文.

王玉明. 2011. 地理环境演化趋势的熵变化分析[J]. 地理学报, 66(11): 1508-1517.

王媛, 周长威. 2019. 黔中城市群景观生态安全格局构建[J]. 生态与农村环境学报, 35(9): 1111-1117.

王兆林, 刘福兵, 杨庆媛, 等. 2022. 山区农村居民点时空格局演变特征及蚁群仿真优化: 以重庆澄江镇为例[J]. 自然资源学报, 37(8): 2065-2084.

王志海, 徐建华, 董山. 2008. 楼宇经济空间集聚效应: 上海陆家嘴功能区域的实证[J]. 经济师, (4): 225-226, 238.

王志涛, 哈凯, 门明新. 2016. 沽源县生态用地重要性识别及生态用地类型划定[J]. 土壤通报, 47(4): 769-776.

韦仕川, 吴次芳, 杨杨, 等. 2008. 基于 RS 和 GIS 的黄河三角洲土地利用变化及生态安全研究: 以东营市为例[J].水土保持学报, 22 (1): 185-189.

魏洪斌, 罗明, 吴克宁, 等. 2021. 长江三角洲典型县域耕地土壤重金属污染生态风险评价[J]. 农业机械学报, 52(11): 200-209, 332.

魏后凯, 张燕. 2011. 全面推进中国城镇化绿色转型的思路与举措[J]. 经济纵横, (9): 15-19.

魏华杰. 2012. 广西人地关系现状、趋势与优化对策研究[D]. 广西师范大学硕士学位论文.

魏婷婷, 徐逸伦. 2012. 基于 "反规划" 生态视角下的城乡空间生长潜力研究: 以河北省霸州市为例[J]. 江西农业学报, 24(08): 174-178.

魏小衬, 李陇堂. 2021. 基于 DPSIR 模型的西北干旱风沙区旅游生态安全预警研究: 以宁夏回族自治区中卫市为例[J]. 生态经济, 37(6): 134-139.

温明馨. 2021. 巢湖流域土地生态安全评价及预警研究[D]. 中国矿业大学硕士学位论文.

文博, 朱高立, 夏敏, 等. 2017. 基于景观安全格局理论的宜兴市生态用地分类保护[J]. 生态学报, 37(11): 3881-3891.

文军. 2004. 千岛湖区域生态风险评价研究[D]. 中南林学院博士学位论文.

文兰娇, 张晶晶. 2015. 国土空间管制、土地非均衡发展与外部性研究: 回顾与展望[J]. 中国土地科学, 29(7): 4-12.

邬建国. 2000. 景观生态学: 概念与理论[J]. 生态学杂志, 19(1): 42-52.

邬建国. 2007. 景观生态学: 格局, 过程, 尺度与等级(第二版)[M]. 北京: 高等教育出版社.

巫丽芸, 何东进, 游巍斌, 等. 2020. 东山岛海岸带景观破碎化时空梯度分析[J]. 生态学报, 40(3): 1055-1064.

吴传钧. 1991. 论地理学的研究核心: 人地关系地域系统[J]. 经济地理, 11(3): 1-6.

吴次芳, 叶艳妹, 吴宇哲, 等. 2019. 国土空间规划[M]. 北京: 地质出版社.

吴冠岑. 2008. 区域土地生态安全预警研究[D]. 南京农业大学博士学位论文.

吴黎军, 贺军亮, 冯晓淼. 2009. 地统计学及其在土壤生态学研究中的应用与进展[J]. 安徽农业科学, 37(25): 12353-12356.

吴秋菊, 杨子生. 2022. 土地和国土概念与边界的区别初探[J]. 国土与自然资源研究,(5): 22-26.

夏楚瑜, 董照樱子, 陈彬. 2022. 城市生态韧性时空变化及情景模拟研究: 以杭州市为例[J].生态学报, 42(1): 116-126.

肖善才, 欧名豪. 2022.基于生态位适宜度模型的江苏省陆域生态保护红线划定研究[J]. 长江流域资源与环境, 31(2): 366-378.

谢高地, 肖玉, 甄霖, 等. 2005.我国粮食生产的生态服务价值研究[J]. 中国生态农业学报, 13(3): 10-13.

谢高地, 张彩霞, 张昌顺, 等. 2015.中国生态系统服务的价值[J]. 资源科学, 37(9): 1740-1746.

谢花林. 2008. 土地利用生态安全格局进展[J]. 生态学报, 28(12): 6305-6311.

谢花林. 2011. 基于 Logistic 回归模型的区域生态用地演变影响因素分析;以京津冀地区为例[J]. 资源科学, 33(11): 2063-2070.

谢花林, 李秀彬. 2008.基于分形理论的土地利用空间行为特征: 以江西东江源流域为例[J]. 资源科学, 30(12): 1866-1872.

谢花林, 李秀彬. 2011.基于 GIS 的农村住区生态重要性空间评价及其分区管制: 以兴国县长冈乡为例[J]. 生态学报, 31(1): 230-238.

谢花林, 刘黎明, 李波, 等. 2006.土地利用变化的多尺度空间自相关分析: 以内蒙古翁牛特旗为例[J]. 地理学报, 61(4): 389-400.

谢花林, 姚干, 何亚芬, 等. 2018. 基于 GIS 的关键性生态空间辨识: 以鄱阳湖生态经济区为例[J]. 生态学报, 38(16): 5926-5937.

谢冉. 2020. 复杂系统建模方法综述[J]. 现代防御技术, 48(3): 31-36, 68.

解品磊, 段海燕, 王宪恩. 2017. 博弈视角下我国生态保护红线制度的公众参与[J]. 环境保护, 45(14): 59-61.

熊建华.2018a. 土地生态安全研究理论框架初探[J]. 国土资源情报,(7): 22-27.

熊建华.2018b. 土地生态安全评价研究回顾、难点与思考[J]. 地理与地理信息科学, 34(6): 71-76.

熊建华.2018c. 土地生态安全预警初探[J]. 国土资源情报,(4): 30-34, 40.

熊建华. 2019.土地生态安全评价指标体系构建的几个误区[J]. 国土资源情报, (4): 22-26.

熊鹰, 李静芝, 蒋丁玲. 2013. 基于仿真模拟的长株潭城市群水资源供需系统决策优化[J]. 地理学报, 68(9): 1225-1239.

熊鹰, 孙维筠, 汪敏, 等. 2019.长株潭城市群水资源与经济发展要素的时空匹配[J]. 经济地理, 39(1): 88-95.

熊勇, 赵翠薇. 2014. 山地城镇化进程中土地生态安全动态评价研究: 以贵阳市为例[J]. 水土保持研究, 21(4): 195-202.

修春亮, 魏冶, 王绮. 2018.基于"规模—密度—形态"的大连市城市韧性评估[J]. 地理学报, 73(12): 2315-2328.

徐枫, 王占岐, 张红伟, 等. 2018.随机森林算法在农村居民点适宜性评价中的应用[J]. 资源科学, 40(10): 2085-2098.

徐兰, 罗维, 周宝同. 2015.基于土地利用变化的农牧交错带典型流域生态风险评价: 以洋河为例[J]. 自然资源学报, 30(4): 580-590.

徐樑, 桑劲, 彭敏学, 等. 2020. 生态保护红线评估调整过程中的现实问题与优化建议[J]. 城乡规划,(1): 48-57, 78.

徐美, 朱翔, 刘春腊. 2012.基于 RBF 的湖南省土地生态安全动态预警[J]. 地理学报, 67(10): 1411-1422.

徐梦佳, 刘冬, 林乃峰, 等. 2020.长三角一体化背景下生态保护红线的管理方向思考[J]. 环境保护, 48(20): 16-19.

徐萍, 吴群, 刘勇, 等. 2003.城市产业结构优化与土地资源优化配置研究: 以南京市为例[J]. 南京社会科学,(S2): 340-346.

徐学选, 张世彪, 王栓全. 2001. 黄土丘陵区生态建设中农林牧土地结构优化模式探讨[J]. 干旱地区农业研究, 19(2): 94-99.

徐英, 陈亚新, 王俊生, 等. 2006.农田土壤水分和盐分空间分布的指示克立格分析评价[J]. 水科学进展, 17(4): 477-482.

许超, 孟楠, 张岩, 等. 2021. 城市生态保护红线划定与管理: 以澳门特别行政区为例[J]. 生态学报, 41(22): 9103-9117.

许建和, 柳肃, 熊鹰, 等. 2017.南方山地乡村聚落空间分布及其格局优化调整: 以临武县西山瑶族乡为例[J]. 经济地理, 37(10): 221-227.

许学工, 林辉平, 付在毅, 等. 2001.黄河三角洲湿地区域生态风险评价[J]. 北京大学学报(自然科学版), 37(1): 111-120.

许妍, 高俊峰, 赵家虎, 等. 2012.流域生态风险评价研究进展[J]. 生态学报, 32(1): 284-292.

许月卿, 田媛, 孙丕苓. 2015. 基于 Logistic 回归模型的张家口市土地利用变化驱动力及建设用地增加空间模拟研究[J]. 北京大学学报(自然科学版), 51(5): 955-964.

薛朝浪, 赵宇鸾. 2018.太行山区土地利用冲突测度及其时空特征[J]. 资源开发与市场, 34(12): 1677-1684.

闫玉玉, 曹宇, 谭永忠. 2016.基于景观安全格局的县域生态用地保护研究: 以浙江省青田县为例[J]. 中国土地科学, 30(11): 78-85, 97.

严超, 张安明, 吴仕海. 2015.基于GM(1, 1)模型的土地生态安全动态分析与预测: 以安徽省池州市为例[J]. 西南大学学报(自然科学版), 37(2): 103-109.

杨娟, 王昌全, 夏建国, 等. 2010. 基于元胞自动机的土地利用空间规划辅助研究: 以眉山市东坡区为例[J]. 土壤学报, 47(5): 847-856.

杨俊, 裴颖, 席建超, 等. 2016.基于BDI决策的MAS-CA模型黄海海滨城镇格局模拟研究: 以大连金石滩为例[J]. 地理科学, 36(3): 410-416.

杨磊, 刘建平. 2014.权力边界模糊与策略化治理: 土地冲突演变机制研究: 基于对湖北省L市和G开发区的调查[J]. 公共管理学报, 11(4): 71-82, 142.

杨念慈. 2018. 基于精明收缩的农村居民点空间布局优化研究[D]. 湖南师范大学硕士学位论文.

杨青山, 刘继斌. 2005.区域人类社会与自然环境相互作用的类型分析及其实践意义[J]. 人文地理, 20(6): 111-114.

杨青生, 黎夏. 2007. 多智能体与元胞自动机结合及城市用地扩张模拟[J]. 地理科学, 27(4): 542-548.

杨忍. 2017.基于自然主控因子和道路可达性的广东省乡村聚落空间分布特征及影响因素[J]. 地理学报, 72(10): 1859-1871.

杨小雄, 刘耀林, 王晓红, 等. 2007. 基于约束条件的元胞自动机土地利用规划布局模型[J]. 武汉大学学报(信息科学版), 32(12): 1164-1167,1185.

杨晓平. 2005. 济南市南部山区景观安全格局的研究[D]. 山东师范大学硕士学位论文.

杨彦昆, 王勇, 程先, 等. 2020. 基于连通度指数的生态安全格局构建: 以三峡库区重庆段为例[J]. 生态学报, 40(15): 5124-5136.

杨永芳, 朱连奇. 2012.土地利用冲突的理论与诊断方法[J]. 资源科学, 34(6): 1134-1141.

杨振民, 刘新平. 2021.新疆阿克苏河流域土地生态安全预警演变与时空格局分析[J]. 生态科学, 40(5): 129-139.

杨壮壮, 袁源, 王亚华, 等. 2020. 生态文明背景下的国土空间用途管制: 内涵认知与体系构建[J]. 中国土地科学, 34(11): 1-9.

叶长盛, 冯艳芬. 2013. 基于土地利用变化的珠江三角洲生态风险评价[J]. 农业工程学报, 29(19): 224-232, 294.

易平, 方世明. 2014.地质公园社会经济与生态环境效益耦合协调度研究: 以嵩山世界地质公园为例[J]. 资源科学, 36(1): 206-216.

殷贺, 王仰麟, 蔡佳亮, 等. 2009. 区域生态风险评价研究进展[J]. 生态学杂志, 28(5): 969-975.

殷雪妍, 宋思敏, 严广寒, 等. 2022. 洞庭湖水生态风险评价模型构建及应用[J]. 水利水电技术(中英文), 53(S1): 45-53.

尹航, 李小敏, 董林艳, 等. 2008.风险评价在规划环境影响评价中的运用[J]. 环境科学研究, 21(3): 190-194.

于伯华, 吕昌河. 2006. 土地利用冲突分析: 概念与方法[J]. 地理科学进展, 25(3): 106-115.

于化龙, 陈青锋, 田超, 等. 2016.基于景观结构的土地利用生态空间特征及风险评估: 以怀来县为例[J]. 水土保持研究, 23(3): 155-163.

于林松, 万方, 范海印, 等. 2022.姜湖贡米产地土壤重金属空间分布、源解析及生态风险评价[J]. 环境科学, 43(8): 4199-4211.

俞孔坚. 1999. 生物保护的景观生态安全格局[J]. 生态学报, 19(1): 8-15.

俞孔坚, 李迪华.2002.论反规划与城市生态基础设施建设[C]//中国风景园林学会, 四川省建设厅, 成都市建设委员会, 成都市园林局. 中国科协 2002 年学术年会第 22 分会场论文集. 成都: 26-37.

俞孔坚, 李迪华, 韩西丽. 2005. 论"反规划"[J].城市规划, (9): 64-69.

俞孔坚, 李迪华, 吉庆萍. 2001.景观与城市的生态设计: 概念与原理[J].中国园林, (6): 3-10.

俞孔坚, 李海龙, 李迪华, 等. 2009.国土尺度生态安全格局[J]. 生态学报, 29(10): 5163-5175.

喻琳. 2014.城市化进程中农村土地冲突的类型及其治理[J]. 改革与开放, (6): 13-14.

袁家根. 2017. 区域生态用地识别及空间管理策略研究: 以安康市为例[D]. 西北大学硕士学位论文.

岳文泽, 王田雨. 2019. 中国国土空间用途管制的基础性问题思考[J]. 中国土地科学, 33(8): 8-15.

曾浩, 张中旺, 张红, 等.2011. BP 神经网络方法在城市土地生态安全评价中的应用: 以武汉市为例[J].安徽农业科学, 39(33): 20687-20689, 20740.

曾辉, 刘国军. 1999. 基于景观结构的区域生态风险分析[J]. 中国环境科学, 19(5): 454-457.

臧淑英, 梁欣, 张思冲. 2005.基于 GIS 的大庆市土地利用生态风险分析[J]. 自然灾害学报, 14(4): 141-145.

张宝秀, 熊黑钢, 徐长春. 2008.新疆于田绿洲生态弹性度与景观环境分析[J]. 水土保持研究, 15(6): 112-114.

张晨星, 徐晶晶, 温静, 等. 2021.基于 CA-Markov 模型和 MCE 约束的白洋淀流域景观动态研究[J]. 农业资源与环境学报, 38(4): 655-664.

张成, 黄芳芳, 尚国琲. 2020.土地生态安全预警系统设计与实现[J]. 中国生态农业学报(中英文), 28(6): 931-944.

张晟源. 2015. 延吉市城市生态用地空间结构评价[D]. 延边大学硕士学位论文.

张红旗, 许尔琪, 朱会义. 2015. 中国"三生用地"分类及其空间格局[J]. 资源科学, 37(7): 1332-1338.

张虹波, 刘黎明. 2006.土地资源生态安全研究进展与展望[J]. 地理科学进展, 25(5): 77-85.

张鸿辉, 曾永年, 刘慧敏. 2011. 多目标土地利用空间优化配置模型及其应用[J]. 中南大学学报(自然科学版), 42(4): 1056-1065.

张华兵, 高卓, 王娟, 等. 2020. 基于"格局-过程-质量"的盐城滨海湿地生境变化分析[J]. 生态学报, 40(14): 4749-4759.

张惠远, 王仰麟, 2000. 土地资源利用的景观生态优化方法[J]. 地学前缘, 7(S2): 112-120.

张俊杰, 叶杰, 刘巧珍, 等. 2018. 基于"精明收缩"理论的广州城边村空间规划对策[J]. 规划师, 34(7): 77-85.

张可云, 王裕瑾, 王婧. 2017. 空间权重矩阵的设定方法研究[J]. 区域经济评论, (1): 19-25.

张琨, 林乃峰, 徐德琳, 等. 2018. 中国生态安全研究进展: 评估模型与管理措施[J]. 生态与农村环境学报, 34(12): 1057-1063.

张利, 陈影, 王树涛, 等. 2015. 滨海快速城市化地区土地生态安全评价与预警: 以曹妃甸新区为例[J]. 应用生态学报, 26(8): 2445-2454.

张林波, 李伟涛, 王维等. 2008. 基于 GIS 的城市最小生态用地空间分析模型研究: 以深圳市为例[J]. 自然资源学报, 23(1): 69-78.

张珞平, 母容, 张冉. 2014. 多维决策法: 一种新的战略决策方法[J]. 战略决策研究, 5(1): 71-83.

张强, 薛惠锋, 张明军, 等. 2010. 基于可拓分析的区域生态安全预警模型及应用: 以陕西省为例[J]. 生态学报, 30(16): 4277-4286.

张青峰, 吴发启, 王力, 等. 2011. 黄土高原生态与经济系统耦合协调发展状况[J]. 应用生态学报, 22(6): 1531-1536.

张荣群, 王大海, 艾东, 等. 2018. 基于生态位和"反规划"思想的城市土地开发适宜性评价[J]. 农业工程学报, 34(3): 258-264.

张天华, 王彤, 黄琼中, 等. 2018. 西藏高原拉萨河流域生态风险评估[J]. 生态学报, 38(24): 9012-9020.

张小飞, 王如松, 李正国, 等. 2011. 城市综合生态风险评价: 以淮北市城区为例[J]. 生态学报, 31(20): 6204-6214.

张小虎, 雷国平, 袁磊, 等. 2009. 黑龙江省土地生态安全评价[J]. 中国人口·资源与环境, 19(1): 88-93.

张晓琳, 金晓斌, 吴心怡, 等. 2021. 基于系统保护理念的弹性生态保护空间划定: 以广东省茂名市为例[J]. 生态学报, 41(18): 7393-7405.

张晓媛, 周启刚, 张建军. 2013. 基于综合模糊评价的三峡库区屏障带重庆段土地利用生态风险评价[J]. 水土保持研究, 20(6): 262-266, 301.

张新长, 康停军, 张青年. 2017. 城市地理信息系统[M]. 北京: 科学出版社.

张雪飞, 王传胜, 李萌. 2019. 国土空间规划中生态空间和生态保护红线的划定[J]. 地理研究, 38(10): 2430-2446.

张英佳, 韩会庆, 郜红娟, 等. 2017. 遵义市生态系统服务价值与土地生态安全协调度分析[J]. 西南林业大学学报(自然科学), 37(5): 141-146.

张英男, 屠爽爽, 龙花楼, 等. 2017. 平原农区空心村整治潜力测算模型构建及应用: 以山东省禹城市为例[J]. 农业资源与环境学报, 34(4): 335-342.

张莹. 2022. 挠力河流域耕地利用水土资源优化配置研究[D]. 东北大学硕士学位论文.

张颖, 徐辉. 2014. 基于 MCR 模型的农村居民点布局适宜性分区及优化模式研究: 以南京市六合区金牛湖街道为例[J]. 长江流域资源与环境, 23(11): 1485-1492.

赵冠伟, 龚建周, 谢建华, 等. 2009. 基于 CA 模型的城市边缘区土地利用演变模拟: 以广州市花都区为例[J]. 中国土地科学, 23(12): 56-62.

赵莉, 李吉, 石启富. 2016. 基于 Z 指数分析西北地区干旱的时空特征[J]. 河南农业(05): 43-44, 60.

赵玲. 2020. 生态约束下人口承载力预测分析研究: 以黑河流域为例[M]. 北京: 中国经济出版社.

赵明月, 王仰麟, 胡智超, 等. 2016. 面向空心村综合整治的农村土地资源配置探析[J]. 地理科学进展, 35(10): 1237-1248.

赵小娜, 宫雪, 田丰昊, 等. 延龙图地区城市土地生态适宜性评价[J]. 自然资源学报, 2017, 32(5): 778-787.

赵晓波. 2013.新古典理论框架下土地要素与经济增长关系的理论研究[J]. 商业时代, (11): 25-26.

赵旭, 汤峰, 张蓬涛, 等. 2019. 基于 CLUE-S 模型的县域生产-生活-生态空间冲突动态模拟及特征分析[J]. 生态学报, 39(16): 5897-5908.

赵岩洁, 李阳兵, 邵景安. 2013. 基于土地利用变化的三峡库区小流域生态风险安全评价: 以草堂溪为例[J]. 自然资源学报, 28(6): 944-956.

赵艳, 杜耘. 1998. 人类活动与武汉市自然地理环境[J]. 长江流域资源与环境, 7(3): 278-283.

郑度. 2002. 21 世纪人地关系研究前瞻[J]. 地理研究, 21(1): 9-13.

郑华, 欧阳志云. 2014.生态红线的实践与思考[J]. 中国科学院院刊, 29(4): 457-461, 448.

郑岚, 张志斌, 笪晓军, 等. 2021. 嘉峪关市土地生态安全动态评价及影响因素分析[J]. 干旱区地理, 44(1): 289-298.

郑艳, 翟建青, 武占云, 等. 2018.基于适应性周期的韧性城市分类评价: 以我国海绵城市与气候适应型城市试点为例[J].中国人口•资源与环境, 28(3): 31-38.

钟莉娜, 王军, 白中科, 等. 2019.农用地整理对区域景观动态与生态风险影响研究: 以福建省建溪流域为例[J]. 中国土地科学, 33(1): 73-82.

周成虎, 孙战利, 谢一春. 1999. 地理元胞自动机研究[M]. 北京: 科学出版社.

周德, 徐建春, 王莉. 2015.近 15 年来中国土地利用冲突研究进展与展望[J]. 中国土地科学, 29(2): 21-29.

周国华, 陈炉, 唐承丽, 等. 2018.长株潭城市群研究进展与展望[J]. 经济地理, 38(6): 52-61.

周国华, 彭佳捷. 2012.空间冲突的演变特征及影响效应: 以长株潭城市群为例[J]. 地理科学进展, 31(6): 717-723.

周惠成, 彭慧, 张弛, 等. 2007.基于水资源合理利用的多目标农作物种植结构调整与评价[J]. 农业工程学报, 23(9): 45-49.

周俊驰. 2017. 基于 GIS 及地统计学的县域耕地重金属污染评价预警与源解析[D]. 湖南农业大学硕士学位论文.

周鹏. 2020. 太行山区国土空间格局优化与功能提升路径研究[D]. 中国科学院大学(中国科学院水利部成都山地灾害与环境研究所)博士学位论文.

周启刚, 张晓媛, 王兆林. 2014. 基于正态云模型的三峡库区土地利用生态风险评价[J]. 农业工程学报, 30(23): 289-297.

周锐, 王新军, 苏海龙, 等. 2015. 平顶山新区生态用地的识别与安全格局构建[J]. 生态学报, 35(6): 2003-2012.

周士园. 2020. 基于情景模拟的煤炭资源型城市湿地景观生态安全评价与预警研究[D]. 中国矿业大学博士学位论文.

周晓艳, 宋亚男. 2017. 1982—2015 年国际土地利用冲突研究文献计量分析[J]. 城市发展研究, 24(1): 100-108.

周旭, 彭建, 翟紫含. 2021. 国土空间生态修复关键技术初探[J]. 中国土地,(8): 30-33.

周颖. 2021. 滁州市土地生态安全预警研究[D]. 安徽农业大学硕士学位论文.

周正龙, 沙晋明, 范跃新, 等. 2020. 厦门市不透水面景观格局时空变化及驱动力分析[J]. 应用
    生态学报, 31(1): 230-238.

庄伟, 廖和平, 潘卓, 等. 2014. 基于变权 TOPSIS 模型的三峡库区土地生态安全评估: 以巫山县
    为例[J]. 西南大学学报(自然科学版), 36(8): 106-112.

庄至凤, 姜广辉, 何新, 等. 2015. 基于分形理论的农村居民点空间特征研究: 以北京市平谷区
    为例[J]. 自然资源学报, 30(9): 1534-1546.

邹长新, 徐梦佳, 林乃峰, 等. 2015. 生态保护红线的内涵辨析与统筹推进建议[J]. 环境保护,
    43(24): 54-57.

Aburas M M, Ho Y M, Ramli M F, et al. 2017.Improving the capability of an integrated CA-Markov
    model to simulate spatio-temporal urban growth trends using an Analytical Hierarchy Process
    and Frequency Ratio [J]. International Journal of Applied Earth Observation and Geoinformation,
    59: 65-78.

Amato F, Maimone B, Martellozzo F, et al. 2016.The effects of urban policies on the development of
    urban areas [J]. Sustainability, 8(4): 297.

Aminzadeh B, Khansefid M. 2010. A case study of urban ecological networks and a sustainable city:
    Tehran's metropolitan area [J]. Urban Ecosystems, 13(1): 23-36.

Anselin L. 1988. Spatial Econometrics: Methods and Models [M]. Dordrecht: Kluwer Academic
    Publishers, Dordrecht.

Anselin L.1990. Spatial econometrics: methods and models [J]. Studies in Operational Regional
    Science, 85(411): 310-330.

Anselin L.1995.Local indicators of spatial association—LISA[J]. Geographical Analysis, 27(2):
    93-115.

Awotwi A, Anornu G K, Quaye‐Ballard J A, et al. 2018. Monitoring land use and land cover
    changes due to extensive gold mining, urban expansion, and agriculture in the Pra River Basin of
    Ghana, 1986–2025[J]. Land Degradation & Development, 29(10): 3331-3343.

Babette W, 2006. Cadastre in itself won't solve the problem: the role of institutional change and
    psychological motivations in land conflicts case from Africa[EB/OL]. https://www.fig.net/
    resources/monthly_articles/2006/wehrman_march_2006. asp.

Baldini C, Marasas M E, Tittonell P, et al. 2022. Urban, periurban and horticultural
    landscapes—conflict and sustainable planning in La Plata district, Argentina[J]. Land Use Policy,
    117: 106120.

Battamo A Y, Varis O, Sun P Z, et al. 2021. Mapping socio-ecological resilience along the seven
    economic corridors of the Belt and Road Initiative[J]. Journal of Cleaner Production, 309:
    127341.

Batty M. 1998. Urban evolution on the desktop: simulation with the use of extended cellular
    automata[J]. Environment and Planning A: Economy and Space, 30(11): 1943-1967.

Boori M S, Choudhary K, Paringer R, et al. 2022. Using RS/GIS for spatiotemporal ecological
    vulnerability analysis based on DPSIR framework in the Republic of Tatarstan, Russia[J].
    Ecological Informatics, 67: 101490.

Brouwer R, van Ek R. 2004. Integrated ecological, economic and social impact assessment of alternative flood control policies in the Netherlands[J]. Ecological Economics, 50(1/2): 1-21.

Calow P.1998.Ecological risk assessment: risk for what? how do we decide?[J]. Ecotoxicology and Environmental Safety, 40(1/2): 15-18.

Campbell D J, Gichohi H, Mwangi A, et al. 2000. Land use conflict in Kajiado District, Kenya[J]. Land Use Policy, 17(4): 337-348.

Carl F.2006.Resilience: the emergence of a perspective for social-ecological systems analyses[J]. Global Environmental Change, 16: 253-267.

Carr M H, Zwick P. 2005. Using GIS suitability analysis to identify potential future land use conflicts in North Central Florida[J]. Journal of Conservation Planning, 1(1): 89-105.

Chen B, Sharifi A, Schlör H. 2022.Integrated social-ecological-infrastructural management for urban resilience[J]. Resources, Conservation and Recycling, 181: 106268.

Chen L L, Song G, Meadows M E, et al. 2018. Spatio-temporal evolution of the early-warning status of cultivated land and its driving factors: a case study of Heilongjiang Province, China[J]. Land Use Policy, 72: 280-292.

Chen S Q, Chen B, Fath B D. 2013. Ecological risk assessment on the system scale: a review of state-of-the-art models and future perspectives[J]. Ecological Modelling, 250: 25-33.

Chen Y H, Li X B, Su W, et al. 2008. Simulating the optimal land-use pattern in the farming-pastoral transitional zone of Northern China[J]. Computers, Environment and Urban Systems, 32(5): 407-414.

Cumming G S, Allen C R. 2017. Protected areas as social–ecological systems: perspectives from resilience and social–ecological systems theory[J]. Ecological Applications: a Publication of the Ecological Society of America, 27(6): 1709-1717.

Dadashpoor H, Ahani S. 2019. Land tenure- related conflicts in peri-urban areas: a review [J]. Land Use Policy, 85: 218-229.

Darvishi A, Yousefi M, Marull J. 2020. Modelling landscape ecological assessments of land use and cover change scenarios. Application to the Bojnourd Metropolitan Area(NE Iran)[J]. Land Use Policy, 99: 105098.

David F. 2008. Smarter land-use analysis: the land-use conflict identification strategy model TMof Christian County, Missouri[R]. Missouri: Christian County, Missouri Planningand Zoning Department.

de Jong L, De Bruin S, Knoop J, et al. 2021.Understanding land-use change conflict: a systematic review of case studies[J]. Journal of Land Use Science, 16(3): 223-239.

Deininger K, Castagnini R. 2006. Incidence and impact of land conflict in Uganda [J]. Journal of Economic Behavior & Organization, 60(3): 321-345.

Dong G L, Ge Y B, Jia H W, et al. 2021. Land use multi-suitability, land resource scarcity and diversity of human needs: a new framework for land use conflict identification[J]. Land, 10(10): 1003.

Dorigo M, Gambardella L M. 1997.Ant colony system: a cooperative learning approach to the traveling salesman problem[J]. IEEE Transactions on Evolutionary Computation, 1(1): 53-66.

Erwin T L.1991.An evolutionary basis for conservation strategies[J]. Science, 253(5021): 750-752.

Fan F F, Liu Y X, Chen J X, et al. 2021. Scenario-based ecological security patterns to indicate landscape sustainability: a case study on the Qinghai-Tibet Plateau[J]. Landscape Ecology, 36(7): 2175-2188.

Fan J E, Wang Q A, Wang Y F, et al. 2018. Assessment of coastal development policy based on simulating a sustainable land‐use scenario for Liaoning Coastal Zone in China[J]. Land Degradation & Development, 29(8): 2390-2402.

Faucett D. 2008. Smarter land use analysis: The land use conflict identification strategy model of Christian County, Missouri[J] Journal of the American Planning Association, 62(3): 296-312.

Feist B E, Buhle E R, Baldwin D H, et al. 2017. Roads to ruin: conservation threats to a sentinel species across an urban gradient[J]. Ecological Applications: a Publication of the Ecological Society of America, 27(8): 2382-2396.

Feng Q, Zhao W W, Fu B J, et al. 2017. Ecosystem service trade-offs and their influencing factors: a case study in the Loess Plateau of China[J]. Science of the Total Environment, 607/608: 1250-1263.

Feng Y J, Yang Q Q, Tong X H, et al. 2018. Evaluating land ecological security and examining its relationships with driving factors using GIS and generalized additive model[J]. Science of the Total Environment, 633: 1469-1479.

Foley J A, DeFries R, Asner G P, et al. 2005.Global consequences of land use[J]. Science, 309(5734): 570-574.

Forman R T T. 1995. Some general principles of landscape and regional ecology [J]. Landscape Ecology, 10(3): 133-142.

Froese R, Schilling J. 2019.The nexus of climate change, land use, and conflicts [J]. Current Climate Change Reports, 5(1): 24-35.

Frondoni R, Mollo B, Capotorti G. 2011.A landscape analysis of land cover change in the Municipality of Rome(Italy): Spatio-temporal characteristics and ecological implications of land cover transitions from 1954 to 2001[J]. Landscape and Urban Planning, 100(1/2): 117-128.

Fu X, Wang X H, Yang Y J.2018. Deriving suitability factors for CA-Markov land use simulation model based on local historical data [J]. Journal of Environmental Management, 206: 10-19.

Fu Y J, Shi X Y, He J, et al. 2020. Identification and optimization strategy of County ecological security pattern: a case study in the Loess Plateau, China[J]. Ecological Indicators, 112: 106030.

Fu Z, Li D J, Hararuk O, et al. 2017.Recovery time and state change of terrestrial carbon cycle after disturbance [J]. Environmental Research Letters, 12(10): 104004.

Gao J B, Du F J, Zuo L Y, et al. 2021. Integrating ecosystem services and rocky desertification into identification of Karst ecological security pattern [J]. Landscape Ecology, 36(7): 2113-2133.

Gao J X. 2019.How China will protect one-quarter of its land [J]. Nature, 569(7757): 457.

Goovaerts P.1999.Geostatistics in soil science: state-of-the-art and perspectives [J].Geoderma, 89(1/2): 1-45.

Guan S U, Zhang S. 2003. An evolutionary approach to the design of controllable cellular automata structure for random number generation[J] IEEE Transactions on Evolutionary Computation, 7(1): 23-36.

Guo S S, Wang Y H.2019. Ecological security assessment based on ecological footprint approach in hulunbeir grassland, China [J]. International Journal of Environmental Research and Public Health, 16(23): 4805.

Guo X D, Chang Q, Liu X, et al. 2018. Multi-dimensional eco-land classification and management for implementing the ecological redline policy in China [J]. Land Use Policy, 74: 15-31.

Harris L D. 1984.The Fragmented Forest: Island Biogeography Theory and Preservation of Biotic Diversity [M]. Chicago: University of Chicago Press.

Hartigan J A, Wong M A. 1979. Algorithm AS 136: a K-means clustering algorithm[J]. Applied Statistics, 28(1): 100-108.

He C Y, Liu Z F, Tian J, et al. 2014. Urban expansion dynamics and natural habitat loss in China: a multiscale landscape perspective [J]. Global Change Biology, 20(9): 2886-2902.

He J H, Huang J L, Li C.2017. The evaluation for the impact of land use change on habitat quality: A joint contribution of cellular automata scenario simulation and habitat quality assessment model [J].Ecological Modelling, 366: 58-67.

He Y F, Cheng H, Xie H L, et al. 2022. Early warning of regional land-use ecological security issues: a case-study of Xingguo County, China[J]. Land Degradation and Development. 33(14): 2528-2542.

Henderson S R. 2005. Managing land-use conflict around urban centres: Australian poultry farmer attitudes towards relocation[J]. Applied Geography, 25(2): 97-119.

Herrmann S, Osinski E. 1999. Planning sustainable land use in rural areas at different spatial levels using GIS and modelling tools[J]. Landscape and Urban Planning, 46(1/2/3): 93-101.

Hou Y Z, Zhao W W, Liu Y X, et al. 2021. Relationships of multiple landscape services and their influencing factors on the Qinghai–Tibet Plateau [J]. Landscape Ecology, 36(7): 1987-2005.

Howard S M. 1998.Land conflict and Mayangna territorial rights in Nicaragua's Bosawás reserve [J]. Bulletin of Latin American Research, 17(1): 17-34.

Huang D Q, Huang J, Liu T. 2019. Delimiting urban growth boundaries using the CLUE-S model with village administrative boundaries [J]. Land Use Policy, 82: 422-435.

Huang Q, Song W, Song C. 2020.Consolidating the layout of rural settlements using system dynamics and the multi-agent system [J]. Journal of Cleaner Production, 274: 123150.

Jayanthi M, Duraisamy M, Thirumurthy S, et al.2021. Dynamics of land-use changes and their future trends using spatial analysis and theCA‐Markov model—a case-study with a special emphasis on aquaculture development in India[J]. Land Degradation and Development, 32: 2563-2579.

Jiao M Y, Wang Y F, Hu M M, et al.2021. Spatial deconstruction and differentiation analysis of early warning for ecological security in the Pearl River Delta, China [J]. Sustainable Cities and Society, 64(January): 102557.

Journel A G, Huijbregts C .1978.Mining Geostatistics [M]. London: Academic Press.

Junior R F, Varandas S G, Fernandes L F, et al. 2014. Environmental land use conflicts: a threat to soil conservation [J]. Land Use Policy, 41: 172-185.

Keeney R L.1996.Value-focused thinking: identifying decision opportunities and creating alternatives [J]. EuropeanJournalof Operational Research, 92(3): 537-549.

Klein C J, Wilson K A, Watts M, et al. 2009.Spatial conservation prioritization inclusive of wilderness quality: a case study of Australia's biodiversity[J]. Biological Conservation, 142(7): 1282-1290.

Knaapen J P, Scheffer M, Harms B. 1992. Estimating habitat isolation in landscape planning [J]. Landscape and Urban Planning, 23(1): 1-16.

Kong X S, Liu D F, Tian Y, et al. 2021. Multi-objective spatial reconstruction of rural settlements considering intervillage social connections [J]. Journal of Rural Studies, 84: 254-264.

Kuby M J, Fagan W F, ReVelle C S, et al. 2005.A multiobjective optimization model for dam removal: an example trading off salmon passage with hydropower and water storage in the Willamette Basin [J]. Advances in Water Resources, 28(8): 845-855.

Lambin E F, Geist H J. 2001. Global land-use and land-cover change: What have we learned so far [J]. Economic Nature and Policy, 46: 27-30.

Lambin E F, Meyfroidt P. 2010. Land use transitions: Socio-ecological feedback versus socio-economic change [J]. Land Use Policy, 27(2): 108-118.

Landis W G, Wiegers J A. 1997. Design considerations and a suggested approach for regional and comparative ecological risk assessment [J]. Human and Ecological Risk Assessment, 3(3): 287-297.

Laurien F, Martin J G C, Mehryar S. 2022. Climate and disaster resilience measurement: persistent gaps in multiple hazards, methods, and practicability[J]. Climate Risk Management, 37: 100443.

Lett C, Silber C, Barret N. 1999. Comparison of a cellular automata network and an individual-based model for the simulation of forest dynamics [J]. Ecological Modelling, 121(2/3): 277-293.

Li H L, Jian P, Liu Y X et al. 2017. Urbanization impact on landscape patterns in Beijing City, China: a spatial heterogeneity perspective [J]. Ecological Indicators, 82: 50-60.

Li M S, Mao L J, Zhou C G, et al. 2010. Comparing forest fragmentation and its drivers in China and the USA with Globcover v2.2 [J]. Journal of Environmental Management, 91(12): 2572-2580.

Li Q G, Wang L C, Gul H N, et al. 2021.Simulation and optimization of land use pattern to embed ecological suitability in an oasis region: a case study of Ganzhou district, Gansu Province, China [J]. Journal of Environmental Management, 287: 112321.

Li S C, Xiao W, Zhao Y L, et al. 2020. Incorporating ecological risk index in the multi-process MCRE model to optimize the ecological security pattern in a semi-arid area with intensive coal mining: a case study in northern China [J]. Journal of Cleaner Production, 247: 119143.

Li X A, Yeh A G O. 2002. Neural-network-based cellular automata for simulating multiple land use changes using GIS [J]. International Journal of Geographical Information Science, 16(4): 323-343.

Li X N, Cundy A B, Chen W P, et al. 2020. Dynamic capacity modelling of soil environment carrying capacity, and developing a soil quality early warning framework for development land in China[J]. Journal of Cleaner Production, 257: 120450.

Li X, Lao C H, Liu Y L, et al. 2013. Early warning of illegal development for protected areas by integrating cellular automata with neural networks [J]. Journal of Environmental Management, 130: 106-116.

Li Z T, Li M, Xia B C. 2020. Spatio-temporal dynamics of ecological security pattern of the Pearl River Delta urban agglomeration based on LUCC simulation [J]. Ecological Indicators, 114: 106319.

Liang X, Liu X P, Li X, et al. 2018. Delineating multi-scenario urban growth boundaries with a CA-based FLUS model and morphological method[J]. Landscape and Urban Planning, 177: 47-63.

Ligtenberg A, Bregt A K, van Lammeren R. 2001. Multi-actor based land use modelling: spatial planning using agents[J]. Landscape and Urban planning, 56(1/2): 21-33.

Lin G, Jiang D, Fu J Y, et al. 2020.Spatial conflict of production – living – ecological space and sustainable-development scenario simulation in Yangtze River Delta agglomerations [J]. Sustainability, 12(6): 2175.

Liu C X, Wu X L, Wang L. 2019. Analysis on land ecological security change and affect factors using RS and GWR in the Danjiangkou Reservoir area, China [J]. Applied Geography, 105: 1-14.

Liu J, Jin X B, Xu W Y, et al. 2020.A new framework of land use efficiency for the coordination among food, economy and ecology in regional development [J]. Science of the Total Environment, 710: 135670.

Liu X P, Liang X, Li X, et al. 2017. A future land use simulation model(FLUS)for simulating multiple land use scenarios by coupling human and natural effects [J]. Landscape and Urban Planning, 168: 94-116.

Liu X P, Ou J P, Chen Y M, et al. 2019.Scenario simulation of urban energy-related CO_2 emissions by coupling the socioeconomic factors and spatial structures[J]. Applied Energy, 238: 1163-1178.

Liu Y S, Yang Y Y, Li Y R, et al. 2017. Conversion from rural settlements and arable land under rapid urbanization in Beijing during 1985-2010[J]. Journal of Rural Studies, 51: 141-150.

Liu Y S, Zhou Y. 2021.Territory spatial planning and national governance system in China[J]. Land Use Policy, 102: 105288.

Liu Z S, Bai G l, Liu Y L, et al. 2022.Long-term study of ecological restoration in a typical shallow urban lake[J]. Science of the Total Environment, 846: 157505.

Long H L, Li Y R, Liu Y S, et al. 2012. Accelerated restructuring in rural China fueled by "increasing vs. ecreasing Balance" land use policy for dealing with hollowed villages [J]. Land Use Policy, 29(1): 11-22.

Lu F, Li Z Z. 2003. A model of ecosystem health and its application [J]. Ecological Modelling, 170(1): 55-59.

Luo K S, Zhang X J.2022. Increasing urban flood risk in China over recent 40 years induced by LUCC [J]. Landscape and Urban Planning, 219: 104317.

Ma L B, Bo J, Li X UY, et al. 2019. Identifying key landscape pattern indices influencing the ecological security of inland river basin: the middle and lower reaches of Shule River Basin as an example [J]. Science of the Total Environment, 674: 424-438.

Ma Q W. 2020. Integrating ecological correlation into cellular automata for urban growth simulation: a case study of Hangzhou, China [J]. Urban Forestry & Urban Greening, 51: 126697.

Machado R A S, Oliveira A G, Lois-González R C. 2019. Urban ecological infrastructure: the importance of vegetation cover in the control of floods and landslides in Salvador/Bahia, Brazil[J]. Land Use Policy, 89, 104180.

Makowski D, Hendrix E M T, van Ittersum M K, et al. 2000. A framework to study nearly optimal solutions of linear of programming models developed for agricultural land use exploration[J]. Ecological Modelling, 131(1): 65-77.

Mao X Y, Meng J J, Xiang Y Y. 2013. Cellular automata-based model for developing land use ecological security patterns in semi-arid areas: a case study of Ordos, Inner Mongolia, China [J]. Environmental Earth Sciences, 70(1): 269-279.

Margules C R, Nicholls A O, Pressey R L. 1988. Selecting networks of reserves to maximise biological diversity [J]. Biological Conservation, 43(1): 63-76.

Martellozzo F, Amato F, Murgante B, et al. 2018. Modelling the impact of urban growth on agriculture and natural land in Italy to 2030 [J]. Applied Geography, 91: 156-167.

Matheron G. 1963. Principles of geostatistics[J]. Economic Geology, 58(8): 1246-1266.

Mathey A H, Krcmar E, Dragicevic S, et al. 2008. An object-oriented cellular automata model for forest planning problems [J]. Ecological Modelling, 212(3/4): 359-371.

Mathey A H, Krcmar E, Innes J, et al. 2008. Opportunities and costs of intensification and clustering of forest management activities[J]. Canadian Journal of Forest Research, 38: 711-720.

Mathey A H, Krcmar E, Tait D, et al. 2007. Forest planning using co-evolutionary cellular automata[J]. Forest Ecology and Management, 239(1/2/3): 45-56.

Mbonile M J. 2005. Migration and intensification of water conflicts in the Pangani Basin, Tanzania[J]. Habitat International, 29(1): 41-67.

McHarg I L. 1969.Design with Nature [M]. New York: American Museum of Natural History.

Ménard A, Marceau D J.2007. Simulating the impact of forest management scenarios in an agricultural landscape of southern Quebec, Canada, using a geographic cellular automata [J]. Landscape and UrbanPlanning, 79(3/4): 253-265.

Meyer K, Hoyer-Leitzel A, Iams S, et al. 2018.Quantifying resilience to recurrent ecosystem disturbances using flow-kick dynamics [J]. Nature Sustainability, 1(11): 671-678.

Moilanen A, Arponen A. 2011. Administrative regions in conservation: balancing local priorities with regional to global preferences in spatial planning [J]. Biological Conservation, 144(5): 1719-1725.

Mourato S, Fernandez P, Marques F, et al. 2021. An interactive Web-GIS fluvial flood forecast and alert system in operation in Portugal [J]. International Journal of Disaster Risk Reduction, 58: 102201.

Niels S, Henrik M, Jellesmark T B. 2002 Optimization of land use in afforestation areas using evolutionary self-organization[J]. Forest Science, 48(3): 543-555.

Okayasu S, Suzuki W, Kumar R, et al.2018.Summary for policymakers of the regional assessment report on biodiversity and ecosystem services for Asia and the Pacific[M]. Bonn: Intergovernmental Science-Policy Platform on Biodiversity and Ecosystem Services.

Orsi F, Church R L, Geneletti D. 2011.Restoring forest landscapes for biodiversity conservation and rural livelihoods: a spatial optimisation model [J]. Environmental Modelling & Software, 26(12): 1622-1638.

Pacheco F A L, Varandas S G P, Sanches, Fernandes L F, et al. 2014. Soil losses in rural watersheds with environmental land use conflicts [J]. Science of the Total Environment, 485/486: 110-120.

Pan Y J, Ding L, Xie S Y, et al. 2021. Spatiotemporal simulation, early warning, and policy recommendations of the soil heavy metal environmental capacity of the agricultural land in a typical industrial city in China: case of Zhongshan City [J]. Journal of Cleaner Production, 285: 124849.

Pantus F J, Dennison W C. 2005.Quantifying and evaluating ecosystem health: a case study from

Moreton Bay, Australia [J]. Environmental Management, 36(5): 757-771.

Peng C C, Li B, Nan B. 2021. An analysis framework for the ecological security of urban agglomeration: a case study of the Beijing-Tianjin-Hebei urban agglomeration [J]. Journal of Cleaner Production, 315: 128111.

Peng J, Pan Y J, Liu Y X, et al. 2018a. Linking ecological degradation risk to identify ecological security patterns in a rapidly urbanizing landscape [J]. Habitat International, 71: 110-124.

Peng J, Yang Y, Liu Y X, et al. 2018b. Linking ecosystem services and circuit theory to identify ecological security patterns [J]. Science of the Total Environment, 644: 781-790.

Peng J, Zhao S Q, Dong J Q, et al. 2019. Applying ant colony algorithm to identify ecological security patterns in megacities [J]. Environmental Modelling & Software, 117: 214-222.

Piet G J, Knights A M, Jongbloed R H, et al. 2017.Ecological risk assessments to guide decision-making: methodology matters [J].Environmental Science ＆ Policy, 68: 1-9.

Platt R H. 1996. Land Use and Society: Geography, Law and Public Policy [M]. Washington, D.C: Island Press.

Potgieter L J, Richardson D M, Wilson J R U. 2014. Casuarina cunninghamiana in the Western Cape, South Africa: determinants of naturalisation and invasion, and options for management[J]. South African Journal of Botany, 92: 134-146.

Prăvălie R, Patriche C, Borrelli P, et al. 2021. Arable lands under the pressure of multiple land degradation processes. A global perspective [J]. Environmental Research, 194: 110697.

Punzo G, Castellano R, Bruno E. 2022. Using geographically weighted regressions to explore spatial heterogeneity of land use influencing factors in Campania(Southern Italy)[J]. Land Use Policy, 112: 105853.

Qiao J M, Yu D Y, Wu J G. 2018. How do climatic and management factors affect agricultural ecosystem services: A case study in the agro-pastoral transitional zone of northern China [J]. Science of the Total Environment, 613-614: 314-323.

Rhodes J, Russo J. 2013. Shrinking "Smart"?: Urban Redevelopment and Shrinkage in Youngstown, Ohio[J]. Urban Geography, 34(3): 305-326.

Rienow A, Kantakumar L N, Ghazaryan G, et al. 2022. Modelling the spatial impact of regional planning and climate change prevention strategies on land consumption in the Rhine-Ruhr Metropolitan Area 2017-2030 [J]. Landscape and Urban Planning, 217: 104284.

Romano B, Zullo F, Fiorini L, et al. 2021. Illegal building in Italy: too complex a problem for national land policy [J] Cities, 112: 103159.

Rouget M, Cowling R M, Pressey R L, et al. 2003. Identifying spatial components of ecological and evolutionary processes for regional conservation planning in the Cape Floristic Region South Africa [J]. Diversity and Distributions 9(3): 191-210

Ruan J E, Chen Y B, Yang Z W. 2021.Assessment of temporal and spatial progress of urban resilience in Guangzhou under rainstorm scenarios [J]. International Journal of Disaster Risk Reduction, 66: 102578.

Saha T K, Pal S. 2019. Exploring physical wetland vulnerability of Atreyee River Basin in India and Bangladesh using logistic regression and fuzzy logic approaches [J]. Ecological Indicators, 98: 251-265.

Seppelt R, Voinov A. 2002.Optimization methodology for land use patterns using spatially explicit landscape models [J]. Ecological Modelling, 151(2/3): 125-142.

Sheng X W, Cao Y G, Zhou W. et al. 2018. Multiple scenario simulations of land use changes and countermeasures for collaborative development mode in Chaobai River region of Jing-Jin-Ji, China [J]. Habitat International, 82: 38-47.

Snyder S, ReVelle C, Haight R.2004.One- and two-objective approaches to an area-constrained habitat reserve site selection problem [J]. Biological Conservation, 119(4): 565-574.

Steffen W, Richardson K, Rockström J, et al. 2015.Planetary boundaries: guiding human development on a changing planet [J]. Science, 348(6240): 1217.

Stoddard M T, Roccaforte J P, Meador A J S, et al. 2021. Ecological restoration guided by historical reference conditions can increase resilience to climate change of southwestern U.S. Ponderosa pine forests [J]. Forest Ecology and Management, 493: 119256.

Strange N, Meilby H, Thorsen B J. 2002. Optimization of land use in afforestation areas using evolutionary self-organization[J]. Forest Science, 48(3): 543-555.

Strassburg B B N, Iribarrem A, Beyer H L, et al. 2020. Global priority areas for ecosystem restoration[J]. Nature, 586(7831): 724-729.

Suter G W, Vermeire T, Munns W R, et al. 2003. Framework for the integration of health and ecological risk assessment: an International Journal [J]. Human and Ecological Risk Assessment, 9(1): 281-301.

Talukdar S, Eibek K U, Akhter S, et al. 2021. Modeling fragmentation probability of land-use and land-cover using the bagging, random forest and random subspace in the Teesta River Basin, Bangladesh [J]. Ecological Indicators, 125: 1-16.

Tian G J, Ma B R, Xu X L, et al. 2016. Simulation of urban expansion and encroachment using cellular automata and multi-agent system model—a case study of Tianjin metropolitan region, China [J]. Ecological Indicators, 70: 439-450.

Tian G J, Qiao Z. 2014. Assessing the impact of the urbanization process on net primary productivity in China in 1989-2000 [J]. Environmental Pollution, 184: 320-326.

Tian Y Y, Tsendbazar N E, van Leeuwen E, et al. 2022. A global analysis of multifaceted urbanization patterns using Earth Observation data from 1975 to 2015[J]. Landscape and Urban Planning, 219: 104316.

Tobler W R. 1970. A computer movie simulating urban growth in the Detroit Region [J]. Economic Geography, 46: 234-240.

Tong X W, Brandt M, Yue Y M, et al. 2020. Forest management in Southern China generates short term extensive carbon sequestration [J]. Nature Communications, 11: 129.

Torrens P M, O'Sullivan D. 2001. Cellular automata and urban simulation: where do we go from here?[J]. Environment and Planning B: Planning and Design, 28(4): 163-168.

Turner M, 1989. Landscape ecology: the effect of pattern on process[J]. Annual Review of Ecology and Systematics, 20: 171-197.

Upreti B. 2004. Land conflict in Nepal: peasants' struggle to change unequal agrarian social relations[J]. Community ,Work & Family, 7(3): 371-393.

Valbuena D, Verburg P H, Bregt A K, et al. 2010. An agent-based approach to model land-use change at a regional scale[J]. Landscape Ecology, 25(2): 185-199.

Vergnes A, Kerbiriou C, Clergeau P. 2013.Ecological corridors also operate in an urban matrix: a test case with garden shrews[J]. Urban Ecosystems, 16(3): 511-525.

Vimal R, Pluvinet P, Sacca C, et al. 2012.Exploring spatial patterns of vulnerability for diverse biodiversity descriptors in regional conservation planning [J]. Journal of Environmental Management, 95(1): 9-16.

von der Dunk A, Grêt-Regamey A, Dalang T, et al. 2011. Defining a typology of peri-urban land- use conflicts–A case study from Switzerland [J]. Landscape and Urban Planning, 101(2): 149-156.

Vos C C, van der Hoek D C J, Vonk M. 2010. Spatial planning of a climate adaptation zone for wetland ecosystems [J]. Landscape Ecology, 25(10): 1465-1477.

Wang J, He T, Lin Y F. 2018. Changes in ecological, agricultural, and urban land space in 1984—2012 in China: land policies and regional social-economical drivers[J]. Habitat International, 71: 1-13.

Wang C X, Yu C Y, Chen T Q, et al. 2020. Can the establishment of ecological security patterns improve ecological protection? An example of Nanchang, China [J]. Science of the Total Environment, 740: 140051.

Wang Y, Pan J H. 2019. Building ecological security patterns based on ecosystem services value reconstruction in an arid inland basin: a case study in Ganzhou District, NW China [J]. Journal of Cleaner Production, 241: 118337.

Ward M D, Gleditsch K S. 2002.Location, location, location: an MCMC approach to modeling the spatial context of war and peace [J]. Political Analysis, 10(3): 244-260.

Warner M, Jones P G. 1998. Assessing the Need to Manage Conflict in Community-Based Natural Resource Projects[M]. London: Overseas Development Institute.

Warner M. 2000. Conflict management in community-based natural resource projects: experiences from the Lakekamu basin integrated conservation and development project, Papua New Guinea[J]. Overseas Development Institute.

Warntz W. 1957.Geography of prices and spatial interaction [J]. Papers in Regional Science, 3(1): 118-129.

Warntz W. 1966.The topology of a socio-economic terrain and spatial flows [J]. Papers of the Regional Science Association, 17(1): 47-61.

White R, Engelen G. 1997. Cellular automata as the basis of integrated dynamic regional modelling [J]. Environment and Planning B: Planning and Design, 24(2): 235-246.

Wu J G, Hobbs R. 2002. Key issues and research priorities in landscape ecology: An idiosyncratic synthesis [J]. Landscape Ecology, 17(4): 355-365.

Wu J G, Xiang W N, Zhao J Z. 2014. Urban ecology in China: historical developments and future directions [J]. Landscape and Urban Planning, 125: 222-233.

Xie H L, Yao G R, Liu G Y. 2015. Spatial evaluation of the ecological importance based on GIS for environmental management: a case study in Xingguo County of China[J]. Ecological Indicators, 51: 3-12.

Xie H L, He Y F, Choi Y, et al. 2020. Warning of negative effects of land-use changes on ecological security based on GIS [J]. The Science of the Total Environment, 704: 135427.

Xie H L, Wang P, Huang H S. 2013. Ecological risk assessment of land use change in the Poyang Lake Eco-economic Zone, China [J]. International Journal of Environmental Research and Public Health, 10(1): 328-346.

Xu L Y, Yin H, Li Z X, et al. 2014. Land ecological security evaluation of Guangzhou, China [J]. International Journal of Environmental Research and Public Health, 11(10): 10537-10558.

Yang X, Zheng X Q, Lv L N. 2012. A spatiotemporal model of land use change based on ant colony optimization, Markov chain and cellular automata [J]. Ecological Modelling, 233: 11-19.

Yang Y, Cai Z X. 2020. Ecological security assessment of the Guanzhong Plain urban agglomeration based on an adapted ecological footprint model [J]. Journal of Cleaner Production, 260: 120973.

Yao G R, Xie H L. 2016. Rural spatial restructuring in ecologically fragile mountainous areas of Southern China: a case study of Changgang Town, Jiangxi Province [J]. Journal of Rural Studies, 47: 435-448.

Yao Y, Fu B J, Liu Y X, et al. 2022.Evaluation of ecosystem resilience to drought based on drought intensity and recovery time[J]. Agricultural and Forest Meteorology, 314: 108809.

Yu K J. 1995.Security Patterns in landscape planning: with a case in South China [D]. Doctoral Thesis, Harvard University.

Yu K J.1996. Security patterns and surface model in landscape ecological planning [J]. Landscape and Urban Planning, 36(1): 1-17.

Yu K J, Wang S S, Li S H, et al.2010. Ecological baseline for Beijing's urban sprawl: basic ecosystem services and their security patterns [J]. City Planning Review, 34(2): 19-24.

Zagas T D, Raptis D I, Zagas D T. 2011. Identifying and mapping the protective forests of southeast Mt. Olympus as a tool for sustainable ecological and silvicultural planning, in a multi-purpose forest management framework [J]. Ecological Engineering, 37(2): 286-293.

Zhai L, Cheng S Y, Sang H Y, et al. 2022.Remote sensing evaluation of ecological restoration engineering effect: a case study of the Yongding River Watershed, China [J]. Ecological Engineering, 182: 106724.

Zhang D, Wang W J, Zheng H F, et al. 2017. Effects of urbanization intensity on forest structural-taxonomic attributes, landscape patterns and their associations in Changchun, Northeast China: Implications for urban green infrastructure planning [J]. Ecological Indicators, 80: 286-296.

Zhang D, Wang X R, Qu L P, et al.2020. Land use/cover predictions incorporating ecological security for the Yangtze River Delta region, China[J]. Ecological Indicators, 119: 106841.

Zhang L P, Chen W Q, Fang Q H, et al. 2006. Resources-oriented principle and sustainability: theory and application in China [J]. Environmental Informatics Archives, 4: 459-464.

Zhang M, Wang J M, Li S J, et al. 2020.Dynamic changes in landscape pattern in a large-scale opencast coal mine area from 1986 to 2015: a complex network approach [J]. Catena, 194: 104738.

Zhang Y Y, Yang Y J, Chen Z X, et al. 2020.Multi-criteria assessment of the resilience of ecological function areas in China with a focus on ecological restoration [J]. Ecological Indicators, 119: 106862.

Zhao R D, Fang C L, Liu H M, et al. 2021.Evaluating urban ecosystem resilience using the DPSIR framework and the ENA model: a case study of 35 cities in China[J]. Sustainable Cities and Society, 72: 102997.

Zhao X Q, Xu X H. 2015.Research on landscape ecological security pattern in a Eucalyptus introduced region based on biodiversity conservation [J]. Russian Journal of Ecology, 46(1): 59-70.

Zhao X Q, Yue Q F, Pei J C, et al. 2021. Ecological security pattern construction in Karst area based on ant algorithm [J]. International Journal of Environmental Research and Public Health, 18(13): 6863.

Zheng H, Wang L J, Peng W J, et al. 2019. Realizing the values of natural capital for inclusive, sustainable development: informing China's new ecological development strategy [J]. Proceedings of the National Academy of Sciences of the United States of America, 116(17): 8623-8628.

Zhou C H, Yang O U, Ting M A, et al. 2009. Theoretical perspectives of CA-based Geographical System Modeling [J]. Progress in Geography, 28(6): 833-838.

Zhou D, Lin Z L, Lim S H. 2019. Spatial characteristics and risk factor identification for land use spatial conflicts in a rapid urbanization region in China [J]. Environmental Monitoring and Assessment, 191(11): 1-22.

Zhou D, Xu J C, Lin Z L. 2017. Conflict or coordination Assessing land use multi-functionalization using production-living-ecology analysis [J]. Science of the Total Environment, 577: 136-147.

Zhou X P, Lu X, Lian H P, et al. 2017. Construction of a Spatial Planning system at city-level: case study of "integration of multi-planning" in Yulin City, China[J]. Habitat International, 65: 32-48.

Zhu W J, Gao Y, Zhang H B, et al.2020. Optimization of the land use pattern in Horqin Sandy Land by using the CLUMondo model and Bayesian belief network [J].The Science of the Total Environment, 739: 139929.